LAW'S ORDER:

WHAT

ECONOMICS
HAS TO DO WITH

LAW
AND WHY IT

MATTERS

经济学

与

法律

的

对话

[美] 大卫·D.弗里德曼

著

徐源丰——译

叶家兴——审订

GUANGXI NORMAL UNIVERSITY PRESS

广西师范大学出版社

·桂林·

经济学与法律的对话
JINGJIXUE YU FALÜ DE DUIHUA

Law's order: What Economics Has To Do With Law and Why It Matters
Copyright © 2000 by Princeton University Press
仅限中国大陆销售。
著作权合同登记号桂图登字：20-2016-260 号

图书在版编目（CIP）数据

经济学与法律的对话 ／（美）大卫·D. 弗里德曼著；徐源丰译. —桂林：广西师范大学出版社，2019.6（2022.1 重印）
书名原文：LAW'S ORDER: What Economics has to do with Law and Why It Matters
ISBN 978-7-5495-6371-5

Ⅰ. ①经… Ⅱ. ①大…②徐… Ⅲ. ①法律经济学－通俗读物 Ⅳ. ①D90-056

中国版本图书馆 CIP 数据核字（2019）第 003154 号

广西师范大学出版社出版发行

（广西桂林市五里店路 9 号　邮政编码：541004
网址：http://www.bbtpress.com　　　　　　　　　）
出版人：黄轩庄
全国新华书店经销
广西广大印务有限责任公司印刷
（桂林市临桂区秧塘工业园西城大道北侧广西师范大学出版社集团有限公司创意产业园内　邮政编码：541199）
开本：880 mm × 1 230 mm　1/32
印张：12.625　　　字数：280 千字
2019 年 6 月第 1 版　　2022 年 1 月第 7 次印刷
印数：21 001~25 000 册　　定价：79.00 元

如发现印装质量问题，影响阅读，请与出版社发行部门联系调换。

献给我敬爱的亚伦·戴雷科特和罗纳德·科斯

目 录

经济学与法律的对话

导　论

我要做的事

如果世界上只有我一个人，各种问题一定很多，但绝不会有法律问题。如果再加一个人，便有发生冲突的可能：我们都想摘同一树枝上的同一个苹果；我射伤了一头鹿，沿路追赶下去，却发现已经被你宰来吃了。

暴力相向是显而易见的解决办法，但不是很好的方法。使用暴力，我们的小小世界可能缩小成只剩一人，或者谁也不存在。更好的解决办法是有明示或暗示的法律体系，以和平的方式化解冲突，决定谁该做什么事，以及如果不做，会遭遇什么后果。目前所有已知的人类社会都发现这个办法可行。

我们最熟悉的法律，是由立法机构制定、由法院和警察执行的。但即使在我们的社会中，也有许多法律不是由立法机构制定，而是由法官创造——它们存在于过去的判例中，用以决定未来的案件如何判决；不少法律的执行是由私人实施，而不是由警方执行，如侵权受害者和代表他们的律师；许多法规以私部门规章（private norms，也译为私人规范）而不是法律的形式存在，并由私人执行。

扩大时空环境，法律的来源和执行方式会更多样。如果我们考虑所有时空环境下的法律体系，那么现在美国制定和执行法律的方式，只能算是其中的一个样本——要解决人际冲突的问题，可行的方法有很多，美国的方法只是其中之一；可行的法律体系有许多，美国的体系只是其中之一。本书重点放在过去一两个世纪的英美法上，并不是因为它们比其他的法律体系重要，而是因为作者、大部分美国读者以及本书所提大多数学者，比较了解这套体系。但本书讨论的观念也适用于其他法律体系。第17章简述其他的法律体系时会谈到这一点。

有许多方法可以探讨法律体系，如从法律史学家、法律哲学家或律师的观点来看。本书作者——我则为经济学家。我的探究方法是去问：在这个理性个人面对法律会调整行为的世界里，法律体系将产生什么样的结果？

虽然这不是唯一可行的探究方法，应用范围却很广。法律存在的目的，是为了改变人们的行为方式。行车速限的存在，是因为有人希望人们减慢开车速度。法律可能对合约上的暧昧难明之处做出不利拟约方的解释，目的是要人们拟约时更慎重。

这种经济探究方法可以从目标和法律这两方面着手：从目标着手，可以评估法律，确定它们有没有达成目标；从某个法律条文甚或某个法律体系着手，可以了解法律的目标何在。

经济学的中心假设是**理性**（rationality）——从希望达成的目的切入，最能了解行为。贯穿本书的第二个假设是，法律体系（或者至少其中一大部分）都有其意义，是带有目的的工具。这里不质疑第一个关于理性的假设，虽然它已有大量文献探讨，而我觉得其中最有趣的，当属近来的演化心理学（evolutionary psychology）。第二个假设则会在本书中被一再检视。本书不断提出的一个问题，即是法律在多大的程度内可以被解释成工具，尤其是作为达成经济效率这个特殊目的的工具。这是法律的经济分析最关心的事情。第19章汇总了相关的证据，结果是尚难盖棺论定。

有什么不对？

法律体系不完全是人类深思熟虑下的产物。在很大的程度内，它是由无数个别决定组成的非计划性结果。这些个别决定包括议员对于法律中特定条款的磋商，以及法官针对特定案例所做的判决。因此，我们有可能无法找到这种体系的目标。法律体系不一定有意义，而我们也不一定能够了解其意义。人类生来就有绝佳的模式辨识能力（pattern-recognition engine），找得到计算机无法辨识的模式，甚至有时能找到不存在的模式。读者应该问自己一个问题，特别是在接近读完本书时这么问：经济学能在多大的程度上发现法律中的秩序？经济学在多大的程度上能够创造这种秩序？

反对以经济方法探讨法律逻辑的一种说法，在于法律可能没有任何逻辑可资探讨。另一种反对意见认为法律有逻辑，但它关心的不是经济效率（economic efficiency），而是公理正义（justice）。我们惩罚罪犯不完全是为了获得好结果，而是因为罪犯该受惩罚。我们要求侵权者赔偿受害者，不是因为这么做可以给人不去侵权的诱因，而是因为凡造成损害者应该付出代价。我们坚持小孩子把房间弄得一团乱时应该清理干净，也是基于同样的理由。

对这些言之成理的说法，我有两点回应。第一，公理正义无法适度解释法律，因为数量多得惊人的法律问题与之无关，也因为我们没有适当的理论，可以告诉我们哪些法律合乎公理正义，哪些法律不合公理正义。在很大程度上，我们对公理正义的大部分直觉是结果，不是原因——我们认为法律合乎公理正义，因为我们从小到大被教的就是这些法律。

第二，在许多案例中，我们认为自己支持的法律合乎公理正义，其实它们本来就具有经济效率。为使这件事更清楚地浮现出来，我在分析中完全忽视公理正义的问题。为了衡量及判断法律如何成功地满足人之所欲，我把想保有自身财物的欲望与小偷想偷走这些财物的欲望，放在完全相同的立足点上。另一方面，读者将看到很多看似合乎公理正义的规则（如惩罚盗贼的法律，以及要求把房间弄乱的人收拾干净），到头来适得其反。我想，这是很有趣的一件事。

为谁而写？

本书的读者对象有三类。第一类是所谓的聪明外行人。这种人认为了解法律和经济学本身、这两者间的关系以及这两者跟他自己和这个世界的关系，是很有意思的事。这些也是我读《自私的基因》（*The selfish Gene*）和《红色皇后》（*The Red Queen*）的原因。第二类是法律专业人士。他们希望多了解如何在本行运用经济方法。第三类是学生，最有可能是经济系或法学院学生。他们看这本书是因为教授要他们看，但我希望这不是唯一的理由。

为这么多不同类型的读者而写的一个问题是，他们的要求各不相同。学生，尤其是法律系的学生，以及法律专业人士，希望多读到一些学术性注释、案例和参考书目，但聪明的外行读者可能觉得累赘和没必要。于是我把学术性的参考工具移到网络上。本书是为外行读者而写，不加注释，引用的案例或参考书目很少。我采取的配套措施是建立一个网站，尽量加进学生或法律专业人士觉得本纸书遗漏的内容。本书利用页边的图示把两者连接起来，网址及对应的内容如下所示：

www.daviddfriedman.com/laws_order

- Ⓑ 引用一本书或一篇文章
- Ⓦ 链接到网络书或文章
- Ⓒ 案例
- Ⓜ 数学运算
- Ⓡ 其他评论

用这种方式写书的一个原因，是我对学术性参考工具不是那么有好感。把参考案例、文章等开列出来，当然有帮助，但本书基本上是谈一个观念结构，很容易在学术细节中迷失方向——不只读者会这样，连作者也难免。

我希望把本书精简到只谈要谈的事，其余的就利用现代科技移到唾手可得的网络上，如此便可享受学术参考工具带来的好处，却不必负担成本。同时我也有个地方，能够不断更新和扩充内容，不需要花大笔钱重新排印付梓。读者如愿助一臂之力，请在本书网页上找我的电子邮件地址。

本书架构

进行法律的经济分析有两种方法，一个是依经济观念，另一个是依法律领域。本书两者兼容并蓄。第一部分概述基本经济概念，如理性、经济效率、外部性、生命价值、风险分配的经济原理。它们可以用来了解范围广泛的法律问题。之后有一章间奏，简述美国的法律体系如何建立，主要是供律师和法律系学生以外的读者阅读。第二部分把经济学用在分析法律的核心领域。大致来说，内容包括法律系学生一年级课程会学到的东西，并据此安排前后顺序。

最后一部分用各种方式把本书所谈付诸应用。里面有一章探讨与英美法非常不同的法律体系；有一章讨论为什么美国要用两套法律体系（侵权法和刑法），以不同的方式做大致相同的事情，以及能不能废除其中之一；还有一章探讨法律（至少是法院判例）具有经济效率或不具经济效率的各种证据；最后一章总结全书对法律体系所做的分析。

1 经济学与法律相遇

美国有些州最严重的刑罚是无期徒刑。由于持械抢劫是非常严重的罪行，有人建议对持械抢劫者处以死刑。宪法律师质疑这么做是否符合禁止使用残酷和异常惩罚方式的原则。法哲学家则质疑是否适当。

经济学家则指出，如果持械抢劫的刑罚和持械抢劫加杀人相同，那么杀人受到的额外刑罚是零。我们不禁要问：这是不是鼓励歹徒在抢劫之余再杀人？

这就是经济学关乎法律的地方。经济学最根本的研究对象不是金钱或经济体，而是理性选择的含意，因此它是了解法律效果的基本工具。明白法律产生的效果，不仅可了解现有的法律，并且能决定我们应该制定什么法律。

经济方法的基本假设是人有理性，不管是在法律上或是其他事务上。强盗之所以是强盗，和我当经济学家的理由相同：个人的偏好（tastes）、机会和能力，决定了什么是最吸引自己的职业。哪些法律会通过，如何解读和执行，最后要取决于什么行为符合立法者、法官和警察的理性利益。

理性并不意味着窃贼会先仔细计算成本收益，再决定要不要入屋行窃。持械抢劫者不会去做精确的分析，分析射杀受害者会使落网概率降低10%还是20%。但如果射杀受害者显然能降低落网风险，刑罚却不会加重，他很有可能扣下扳机。

即使在这种较弱的意义上，人也不见得一直保持理性。比方说，即使不应该吃那么多，我偶尔还是会吃三份意大利面。当我熟悉本身的非理性行为后，可以想办法去克服。如果薯条放在唾手可得处会被我不知不觉地吃光，有时我会故意把它们放得远远的。

但我对其他人的认识并没有那么清楚，无法把他们的非理性纳入法律如何影响行为的分析中。但我知道他们和我一样，有想要完成的目的，而且会选择正确的方法（虽然并不完美）去完成。这是人的行为中可以预测的部分，也是经济学赖以建立的基础。

持械抢劫者应判十年有期徒刑还是无期徒刑？大部分人不会将其视为燃眉之急的问题。更重要的问题是举证标准：为了把某人定罪或让他在民事诉讼中败诉而赔偿损失，必须有多强的不利证据？

我们会倾向于认为，除非确定一个人有罪，否则不应予以惩罚。但依这标准，没有任何人会受到惩罚——即使最确凿的证据也有概率上的问题。就算招供认罪，也不能当作绝对的证据——虽然我们的法律体系不再允许刑讯，却允许认罪减刑协议存在，所以无辜的被告可能宁愿认小罪，以免因重罪而服长期徒刑。科学证据不再能够作为真凭实据，即使DNA比对完美无瑕，因为实验室的工作人员可能会犯错，或者嫌犯可能有个一模一样的双胞胎手足。所以，要定一个人的罪，没办法拿出绝对证据。

那么和绝对证据差上多少可以接受？提高举证标准能够降低无

罪被判有罪的概率，但也提高有罪被判无罪开释的概率。两者相抵的结果是不是值得去做，要看两种错误的相对成本而定。如果按照威廉·布莱克斯通（Blackstone）在两百多年前说的，"宁可错放十人，也不要冤枉一个好人"，我们就应该不断提高举证标准。

事实上，美国的法律体系在刑事案件中采取高举证标准（"排除合理怀疑"原则［beyond a reasonable doubt］），在民事案件中只用低标准（"优势证据"原则［preponderance of the evidence］）。为什么？答案不纯粹在于"刑事案件的刑罚较重，因此我们比较慎重"。对大部分人来说，一百万美元的损害赔偿判决和拘役一个星期比起来，前者的惩罚确实比较严重。

经济学提出了简单的解释。民事官司败诉的后果通常是被告支付现金给原告，但刑事犯罪判刑确定的后果很可能是坐牢或死刑。民事案如果误判，表示我应该胜诉的官司竟然败诉，必须付钱给你，或是你应该胜诉的官司结果败诉，必须付钱给我。平均而言，惩罚本身的净成本为零——那只是资金的移转。刑事案如果发生错误，表示我因未曾犯下的杀人罪而被处死，或是你因未曾犯下的杀人罪而被处死。刑事案和民事案不同，因为一方之所失并非另一方之所得。刑罚会产生净成本，而非移转，因此审慎量刑是有道理的。

至于经济学在另一个法律领域的应用，不妨拿"强制适宜居住保证"（nonwaivable warranty of habitability）来说明。这是一种法律理论：若干法院主张公寓必须在暖气、热水、空调等方面符合法院定义的标准，不管租赁合同有没有明载相关条款。如此一来，立即产生的影响是房东（出租人）本来不提供的服务，也必须提供给租客（承租人）。有些房东将因此受到不利影响，有些租客则将获益。支持或反对这种规定，主要看你站在哪一边。

长远来看，产生的影响则相当不同。每一份租赁合同现在自动包含质量保证。出租屋将更吸引租客，房东的负担则加重。供给曲线、需求曲线、价格、公寓的租金全部上移。从租客的观点来看，问题不在于法院规定的条款是不是有价值，而是这些条款提供的服务的价值是否高于这些服务的成本。

答案很可能是否定的。如果这些保证对租客的价值高于房东的成本负担，房东应该已将它们包含在租赁合同中，并为此收费。如果房东的成本负担高于租客获得的价值，则强行规定并促使租金因此调整，反而可能使房东和租客同受其害；尤其可能使较穷的租客处境更糟，因为他们最不愿意增加支出以享受额外的服务。有人可能挖苦说，这个理论的真正功能，是把穷人赶出采取这个理论的法律管辖区之外，因为在这样的管辖区中，提供穷人住得起的房子是非法行为。

如果这个分析看起来不尽合理，可以想想法律规定所有汽车都装天窗和CD换片机的结果。本来就会买这类车子的顾客将不受影响，但有些人会觉得没什么价值，还要多花钱。

虽然以上这些经济问题的概述很简短，但结果并不如概述所说的那么显而易见。只要费点心思，我们就可以在租赁条款加上限制，这些限制对若干租客和房东有利，但会牺牲其他人（大部分租客或房东）。我们也可以另外创造一些限制，让房东和租客同蒙其利。重点不在于对合同条款的限制是好或坏，而是我们没办法只根据限制所约束的条款来评估其影响。我们还必须观察这些限制对其他合同条款的影响。

在任何特定法律案件中，大家关心的是现行法律如何处理已经发生的事件。但从这种事后的观点出发，往往难以理解现行的法律。原因不在于法律没有道理，而是我们搞错了思考的方向。

比方说吧，假设我逮到一个千载难逢的良机，可以把有钱的叔叔从悬崖上推下去。但我的运气坏到极点，有位野鸟观察员正巧把照相机对准我这边，害我被捕、受审而被判刑。审判时，我的律师指出，由于罕见的诱惑（叔叔很有钱，而我很穷）和难得一见的好机会碰到一起，我才会犯下那种罪行，而且我只有一位有钱的叔叔。此外，一旦判我有罪，将来就没有潜在的受害者会和我一起去攀岩。因此，他辩称法院应该判我有罪并把我放走。不管怎样，我都没有机会再杀人，何况判我死刑或监禁也不会让我叔叔起死回生。

结论很奇怪，理由却头头是道。许多法律学者对这种说法的回应是，法律不只关心结果，也关心公理正义。放我走可能无害，但仍然不对。

经济学家则有不同的回应。错的不是看了结果，而是看了错误的结果——回头去看已经发生的杀人事件，而没有往前看将来可能发生的杀人事件。法院如果放我走，不处以任何惩罚，等于宣布其他人面对类似诱惑并犯下杀人罪行后，遭到惩罚的风险将降低。处决杀人犯并不能使受害者起死回生，但它所建立的判例可以吓阻（deter，也译为威慑）未来的杀人犯，并拯救可能的被害人。**人们是根据法律建立的诱因结构（the structure of incentives，激励机制），以及因应这些诱因（incentives，激励）而改变行为的结果，来判断法律。**

经济方法能够分析的法律领域，不是只有犯罪和合同。超速罚款不是一种特别的税收，而是希望驾驶人不要开快车。侵权法决定车祸肇事人的责任归属，因而影响可能导致车祸的诱因，例如不检查煞车系统或醉酒驾车。民事诉讼程序决定诉讼当事人有权彼此要求索阅哪一类信息，因此影响企业保存（或不保存）记录、检查（或不检查）可能成为诉讼主体的产品瑕疵问题、提出（或不提出）诉讼等行为的诱因。离婚法决定你在什么情况下可以脱离婚姻，而这是在结婚前应该考虑的事情之一。在法律的经济分析中，主体是法律，无一例外。

法律理论大震撼

物理系学生学了经典力学和电磁理论，就已经具备基本学识来处理20世纪以前的物理问题。他们只要利用事实和数学就能应付自如。如果再学会相对论和量子力学，20世纪后的问题也能迎刃而解。经济学系学生通晓价格理论后，便几乎可以处理所有经济理论能够清楚解答的问题，因此经济学系开的许多课程，都只是价格理论在运输、农业、贸易或法律等特殊领域的应用。但法律系学生读懂侵权法，就只懂得侵权法。如果他要了解刑法，就必须从头念起。

经济学改变了这种情形。你会在后面几章学到一套知识工具，而本书其余各章都是这些工具在不同法律领域的应用。你将发现，一旦你从经济学的角度来了解财产法、合同法或侵权法，其他领域也已了解大半。虽然每个领域各有特殊的问题，基本分析方法则是一样的。

这是经济学在法学界具争议性的原因之一。它让我们能够理解法律学者的思考模式，并且也断言法律学者若要充分了解法律的影响，必须先学经济学。学术界和地缘政治世界一样，帝国主义往往不受欢迎。

经济分析具争议性的第二个原因，在于它有时得出的结论不被许多法律学者接受，例如，"保护"租客的法律很可能反而不利租客。把经济分析应用到法律上的学者，总是被人指称是保守主义者，但意思不是说他们希望所有的事物一成不变，而是从当前的政治观点来看显得保守。

这种说法倒有几分真实，但如果把"保守"改成"自由意志"就更符合事实。部分原因在于经济学家所持的基本假设是人有理性。虽然这种假设并没有排除干预市场的所有理由，却也排除了许多。用到追求本身利益的个人身上时，如买卖商品、签署合同、结婚或离婚，理性是一种乐观的假设，但用到为他人谋求利益的人时，如法官或国会议员，则是悲观的假设。理性可能引导他们为了一己私利，而牺牲服务对象（如正义和公益）的利益。

经济学家得出的结论虽和传统的法律学者不尽相同，但经济分析的主要影响不是改变结论（conclusions），而是改变论证（arguments）。对于死刑的吓阻作用（威慑作用），经济分析有强力的论据，但如第15章所述，它也提出反对死刑的新论据。经济分析对租赁法最突出的影响，是你赞同的法规不应该取决于你更关心哪一方的利益，因为在大部分情况中，恶法使双方同受其害，好法使双方同蒙其利，至少长期而言是如此。经济分析彻底重塑了几乎所有能得出法律结论的论证，它是能够处理各种政治议题的工具，或者可称之为武器。

经济学家必须学法律

以上是从经济学家的观点来看法律，目的是向法律学者说明：想了解法律，必须先学经济学。但这不是一条单行道。经济学家也有该学的东西。

经济学的一般理论主要是在讨论抽象的概念，如财产、交易、企业、资本和劳工，律师和法学教授处理的则是这些概念的实际状况。

经济学家谈起某人拥有一块土地，不会再扯出别的事，但面对财产纠纷的律师，则不认为土地所有权是个简单的概念。如果我拥有一块土地，而别人要飞越上空，或在旁边挖洞使我的房屋可能陷落，或放任他的牛闯进来吃掉我的蔬菜，或盖了一栋建筑害我的游泳池照不到阳光，我的土地所有权能为我做什么事？如果别人真的损害我的财产权，我可以怎么做？请他离开，用地雷炸他，还是告他伤害？

这些是真实生活中出现的案例，法官和律师非处理不可。而你愈仔细思考，你会看得愈清楚，那就是你拥有的不是一块土地，而是和土地有关的一组权利。

比方说，某人在佛罗里达盖了一栋新酒店，遮蔽了旁边酒店的游泳池。旧酒店业主控告新酒店造成损害，传统的经济分析认为他们会打赢官司。由于新酒店对旧酒店造成成本，因此业主在决定新酒店是否值得兴建时，必须考虑这项成本——经济学家称其为外部成本或**外部性**（externality）。

但科斯（Ronald Coase）在一篇文章中指出，这样的答案太过 Ⓑ
简单。他写的这篇文章，奠定了法律的经济分析的重要基础。如果新
酒店（在法律上）不必负责任，就不需要考虑建筑物遮蔽邻近酒店游
泳池所造成的成本。但如果新酒店必须负责任，邻近酒店把游泳池盖
在阳光被新酒店遮蔽的地方时，就不必考虑给新酒店造成的成本，也
就是新酒店因此放弃兴建，或盖了之后赔偿损害的成本。因此这不是
一方对另一方造成的成本，而是双方决策共同产生的成本。

对于这个问题，科斯的解决方法不是用外部成本来解释，而
是以财产权来重新诠释。两家酒店业主重视的一个权利，是目前游
泳池上的日照权。如果这个权利属于目前阳光照射得到的土地所有
人，也就是旧酒店业主，则新酒店业主可能需要为妨碍阳光照射而
负起法律责任；如果不然，就不需要负责。邻近两块土地的所有人
都重视这个权利：一方需要它来保护游泳池的日照，另一方则需要
它来兴建会遮蔽光线的酒店。

科斯建议不要从责任的归属，而是从交易的角度去解决问题。
他主张制定相关的法律，明确表示其中一方拥有日照权。如果另一
方觉得日照权有更高的价值，也就是从兴建酒店获得的利益高于拆
迁游泳池的成本，可以把它买下来。因此，科斯经由观察实际的个
案，彻底修改了外部性的经济分析。我们将在第4章谈这个主题。

法律经济学的三大要务

法律的经济分析由三项紧密相关的要务构成：预测特定的法律

将带来的影响，解释为什么特定的法律会存在，决定应该制定什么样的法律。

第一项要务争议最少。虽然许多人相信法律的影响不是决定它是好或坏的唯一因素，但几乎没有人认为它的影响无关紧要。经济分析可以帮助我们看清法律和法律裁决所产生的影响，特别是隐而不显的影响，这对于想要制定或了解法律的人很有用。要是持械抢劫要判死刑反而造成更多人遇害，死刑的做法就有可议之处。如果租赁合同的限制条款使租赁双方同受其害，那也有可议之处，双方可能因此重订合同。

第二项要务是利用经济学来解释目前的法律为何存在。这是难以处理的问题。法律由议会和法院创造，但我们没有很好的理论可以解释两者的行为。从理论的观点来说，这是经济学领域中公共选择理论的一部分，但它尚未提供完整且普遍为人接受的政府经济理论。

不过，法律上有一种理论，在法律和经济学的发展上扮演了中心角色。这种看法源自波斯纳（Richard Posner）法官。他认为习惯法（不是产生自立法机构，而是来自法官的判决先例。也称为普通法、判例法）通常具有经济效率。我在解释刑事案和民事案的举证标准偏差时，便隐含着这种理论；我相信法律是在权衡定罪错误和开释错误两者成本后形成的。

为什么有人会把法律想成是这个样子？波斯纳提供了一个答案：因为我们可能期望法官关心两项中心课题：一是效率（法律影响饼的大小），二是分配（法律影响每个人分到多大的饼）。习惯法有很大一部分由自愿交易的法律架构所组成。如前面租赁合同的例子所示，这种架构造成了法律的改变不会对分配有实际的影响。当我们改变一项合同条件而有利于某一方时，其他条件如价格会反向调整，消除了希望达到的分配效果。如果法官很难利用法律来达成重新分配的目的，可能最好还是把这项工作留给立法机构去做，而只关心效率问题。

也有人提出非常不同的论点，但结论相同。他们指出，不合经济效率的法律会制造诉讼，而诉讼最后会使法律发生变化。如果某些习惯法的规定禁止人们去做互利的事，受到影响的人便会试着去改变或规避法律，最后得偿所愿。如此一来，习惯法"好像被一只看不见的手牵引"，努力追求最高的经济效率。

除了这些理论支持习惯法具有经济效率的看法，也有经验论证指出，我们遵守的习惯法法规，绝大多数（虽然不是全部）是我们在设计具有经济效率的法律体系时会得到的法规。在波斯纳十足多产的法律生涯中，主要就是在搜集这个论点的证据。我们会在后面各章检视这些证据，并拿经济理论的含义与我们遵行的法律相互比较。在第19章，我们会回头探讨波斯纳的论点，总结正反两面的理论性和经验性论证。

波斯纳认为习惯法具有经济效率的论点，自然引出了法律经济学上最具争议的第三部分：利用经济分析以决定法律应该是什么样子。如果我们推断某个特定的习惯法法规没有经济效率，使每个人成为净输家，如前面谈过的强制适宜居住保证，则波斯纳的论点就是错的，或是我们可能需要改变这个法规。

宣称法律具有经济效率和宣称法律应该具有经济效率，在逻辑上完全是两回事。我们可能相信法律应该具有经济效率，但其实没有，或者法律确实具有经济效率，却不应该如此，或者在决定法律时，我们应该重视其他的价值甚于经济效率。不过在实务上，两种说法很容易混为一谈，而且往往合而为一。波斯纳两者都谈，但各附加很多条件。

前面一再提及"经济效率"（economic efficiency），却没有解释这个名词到底是什么意思。把这种技术性名词的意义定于一尊，是很危险的做法。例如，"strike"一字在棒球、保龄球、劳资关系中都有不同的意义。而"efficient"在引擎、劳工和经济上的意义也很不一样。

经济效率一词最好的譬喻，是经济学家所谓的"饼的大小"。但困难的是，这个饼不是可以秤重或衡量的单一物体，而是由一堆不同种类的商品和服务、成本和收益所构成，并且需要分配给数亿人。我们无法明确知道如何用相同单位来衡量与加总，进而理解某项法律的改变会使饼变大或缩小。解决这个问题是下一章的主题。

现在你应该想到一个问题：以上所说是否和真实世界有关？回答这个问题的一个方法，是回头去看本章一开始举的两个例子，一是持械抢劫的刑罚，二是租赁合同的规定。你应该问的不是你是否相信我对这些例子的分析是正确的，而是你是否比在阅读本章前更了解这些议题。如果答案为是，表示法律的经济分析和真实世界是有关系的。

回答这个问题的第二个方法，是去思考你是否相信人在大体上具有理性。如果我们晓得做某件事对某人有利，那么这是否是期待他会去做那件事的好理由？如果你的答案为"是"，那么你是否愿意推而广之，将这个逻辑一体适用于警察、法官、议员、窃贼、强盗和可能的受害者身上？如果答案仍为"是"，那么你已经同意经济理论所根据的基本假设。

2 经济效率及其他

法律以种种不同的方式影响许多人。在我们复杂而庞大的社会中，通过或废除一项法律必定会使有些人的处境变糟，有些人的处境变好，不管这些人的行为是否活该或值得如此。我们如何决定法律应该是什么样子呢？

一个可能的答案是，我们应该拥有最能照顾众人利益的法律——使得人们所获得的更接近他们想要的结果。而这引出了一个明显的问题：如何加总众人的利益？换句话说，如果法律造福某些人并伤害另一些人（大多数确实如此），我们如何决定它的净效果是得还是失、产生成本还是带来收益？如何把包含发生在地球上（或全国）每个人身上的所有事情的大饼放在秤上，量出它的大小？

一、包含所有人的大饼

一百多年前，经济学家马歇尔（Alfred Marshall）提出了一个解决这道题的方法。它不是很好的方法，只是比后来其他人提出的方法好。因此，不论是法学院和经济系的经济学家，都继续使用马歇尔的方法，只不过有时候，它隐藏于后来较不令人满意的解释与辩解之中。

马歇尔的方法始于考虑做某种改变，如执行或废除某项关税、修改税法、侵权法从严格责任原则改为过失责任原则。这种改变的结果是某些人的处境变好，而某些人的处境变差。原则上，我们可以问每个受影响的人，必要时他们愿意付多少钱去取得好处（如果改变使他的处境变好）或阻止损失（如果改变使他的处境变差），进而衡量出影响的程度。如果总和（净效果）为正值，也即总利益高于总损失，我们就称这种改变是经济改善（economic improvement）

这种评估改变的方法，有几件事值得一提。第一件事是我们接受每个人能自行判断事物的价值。衡量毒品合法化对海洛因吸毒者的影响时，要问的不是我们认为吸毒者在合法取得海洛因后，处境会不会更好，而是他们（即吸毒者）认为自己的处境会不会更好——即每个吸毒者必要时愿意支付多少钱使海洛因合法化。第二件事是我们使用金钱为共同的单位，去比较不同的人所受的影响。此处的金钱不是指实际收受的金钱，而是作为价值的共同衡量标准的金钱，可以衡量所有的成本和收益。

二、如何加总个体？

询问个人处境的实验只能凭想象进行，因为我们无法实际去做，即使做了，也没理由期望人们会说实话。如果有人问你多想要某样东西，理性的反应可能是大幅夸张它对你的价值，希望别人把它送给你。

因此，我们搜集这类相关的信息不是靠问问题，而是靠观察行为，看人们愿意付出多少以取得某些事物，并从中进行推论。我相信海洛因吸毒者愿意付出一大笔钱让海洛因合法化，是因为我观察到他们支付很高的金额来取得非法海洛因。经济学家称这种推论方法为"显示性偏好"（revealed preference）：个人的偏好因为所做的选择而显示出来。

如果你仍然不能因此明了如何估计某种法律对数亿人的净效果，不妨看看马歇尔方法在下面例子中的简单应用：

玛莉有一个苹果。约翰想要这个苹果。这个苹果对玛莉值50美分，表示玛莉觉得拥有这个苹果，或拥有50美分但没有苹果，并没有什么差别。而约翰认为这个苹果值1美元，于是他用75美分买到了这个苹果。

玛莉不再拥有苹果，但身上有了75美分，所以净效果是比以前富有25美分，因为这个苹果对她值50美分。约翰身上少了75美分，但有了苹果后，他也觉得比以前富裕25美分，因为这个苹果对他值1美元。两人都感到更为富有；他们的净利益是50美分。可见苹果的移转增进了经济效率。

要是约翰擅长杀价而以50美分买到苹果，整体而言仍有改善，因为他获利50美分，玛莉一无所获，净利益仍是50美分。如果玛莉比较会卖东西，以1美元的价格卖出苹果，刚好等于约翰所认为的价值，整体净利益也是50美分。

如果约翰把苹果偷过来，即他取得苹果的价格为零，或者玛莉遗失苹果而被约翰捡到，整体利益仍见改善，而且改善程度相同：

玛莉损失50美分，约翰获利1美元，净利益为50美分。不管在何种情况下，苹果都有相同的分配效率：分给约翰，苹果在他心中的价值比在玛莉心中更高。不同的是所得的分配——约翰和玛莉最后获得不同的金额。

因为我们是用金钱来衡量价值，所以很容易把"获得价值"和"拿到金钱"混为一谈。但就我们的例子来说，总金额是不变的，我们只是把它从一人手中移转给另一人。财货的总数量也不变，因为我们的分析是在约翰获得苹果，但还没吃掉之前。不过总价值增加了50美分。价值会增加，是因为苹果对约翰的价值高于对玛莉的。把钱移来移去并不会改变总价值，因为对每个人来说，一块钱的价值就是一块钱。

我们可以把马歇尔的方法从交易（约翰买玛莉的苹果）扩大应用到法律，也就是自由交易的法律：任何人只要拥有苹果，可以根据彼此接受的任何条件，自由出售或不出售。

在上述的两人世界中，我们得到了符合经济效率的结果。如果苹果对约翰的价值高于对玛莉的价值，约翰会买它；如果苹果对玛莉的价值较高，她会留着不卖。要是一开始拥有苹果的是约翰，情形也一样。在各种状况下，结果都能带来最高的总价值。这是符合经济效率的结果，所以自由交易是有效率的规则。

我们可以为这个两人世界多加一个人——安，她也可能买玛莉的苹果。

首先假设安很喜欢苹果，愿意支付高达1.5美元的价格购买一个苹果。安出的价格比约翰高，买到苹果，于是苹果从认为它值50美分的人手中，转给认为它值1.5美元的人，净利益是1美元，而玛莉和安的利益分配取决于谁比较会讲价。这样的结果比把苹果卖给约翰、净利益为50美分，或者留在玛莉手中、净利益为零都要好。到目前为止，自由交易的法律看起来具有经济效率。

若是安没有那么喜欢苹果，最多只愿意支付75美分，则约翰出的价格比安高，于是他买到了苹果。此时净利益是50美分，比苹果卖给安（净利益只有25美分）要好，也比苹果留在玛莉手中（净利益是0）要好。

从以上的例子应能看出，在三个人和一个苹果的小小世界中，自由交易是符合经济效率的法律。不管你假设每个人认为苹果有多少价值，苹果最后都会流向认为它价值最高的人手中，而使净利益达到最大。

这是小小世界里的简单例子，但已足以说明马歇尔的方法在实务上运作的基本原理。以上的例子虽然假设了苹果在每个人心中的价值，但最后论点的成立则并不依赖这些苹果价值的假设。经济效率的推论方式不是"安认为苹果的价值较高，所以这个法律具有经济效率"，而是"如果安认为苹果的价值较高，她会买到苹果，而这符合经济效率；如果认为苹果价值较高的是约翰，他会买到苹果，这也符合经济效率"。

关于法律具有经济效率的论据，极少是以真实世界人们认定的事物价值为依据。一般来说，我们试着考虑所有可能的价值，或者至少合理的价值，并且找到一种对全体有好处的法律——在前面的例子中是指自由交易。如果这不可能做到，我们会得到一种比较弱的结论，通常是以这样的形式呈现："如果多数人如何如何……则法律 X 比较有经济效率，但如果……"

前面的简单例子也说明了另一个要点——虽然金钱在进行和谈论交易时很方便，但它不是经济学探讨的对象。在没有金钱的世界中，也可以得出同样的经济效率的论点。比方说，玛莉有一个苹果，约翰有一条面包，安有一个梨子，而三个人都有刀子可切东西来进行交易，使大家都更好。这样的结果可不需要用到钱。

三、效率一定是好事？

马歇尔定义经济效率的方法有两大优点：

1. 有时能够回答这种问题：侵权法采用严格责任原则在何种情况下会具有经济效率？为什么？或者：对某一犯罪行为处以何种程度的刑罚会符合经济效率？

2. 虽然"有效率的"不完全等同于"合意的"（desirable）或"应该"，但相当接近。所以"何谓经济效率"的答案，和"我们应该怎么做"的答案虽然不见得完全相同，至少彼此相关。

换句话说，马歇尔指出的"更有（经济）效率"，至少与人们所说的"更好"相似，而且远为精确，更容易拿来应用。但相似不等于完全相同，就像我的六岁儿子没办法拿我的附照片的身份证去买酒一样。在接受经济效率的观念非常实用之前，这里值得先指出它所受到的限制：

1. 经济效率假定只有结果才重要。因此它不用非结果性的标准，如公理正义，来判断法律的好坏。

假设一位郡保安官目睹一群暴徒将对三个无辜的杀人嫌犯处以私刑。他谎称握有其中一人犯罪的证据，所以将他射杀，解决了问题。假设没有其他更好的解决方法，这个结果看来确实有所改善——留下两条人命。但从道德上来看，许多人对郡保安官的行为一定不敢苟同。

2. 经济效率在评估法律对人产生的影响时，考虑的价值是人的行动所表现出的价值，而不管该价值背后相关的是胰岛素或海洛因。

3. 在加总各人感受到的价值时，经济效率假定支付意愿是合适的量尺，因此一个人愿意支付10美元以取得的某项利益，正好抵销另一人愿意支付10美元以避开的某种损失。但大部分人相信，如以幸福等更基本的标准来衡量时，一块钱对每个人的价值不会一样——对穷人的价值高于对富人的价值，对重欲者的价值高于对禁欲者的价值。

如果我们宣称经济效率是判断法律好坏的完美标准，即任一法律，只要能产生更好的结果（依马歇尔的标准），它就是更可取的（更好的），那么上述限制将构成这种说法的重要乃至致命的反对意见。但如果说经济效率只是我们所能找到的最好标准，上述限制就没那么重要了。要了解原因何在，可以从其他的说法来思考。

我们应该选择合乎公理正义的法律，这种说法虽然大振人心，却没有传递太多信息。经济价值可能只捕捉到我们想从法律体系中获得的一部分东西，但至少经济理论告诉我们如何获得它。而法律体系产生的结果，是我们希望从中获得的重要部分。依我的经验，"就算天要塌下来，也要主张公理正义"的说法，无一例外是那些深信主持正义不会使天塌下来的人讲的。

当我们在探讨法律的经济分析时，可以看到正义和效率有惊人的雷同处。许多情况中，我们认为合乎正义的法律，与具有经济效率的法律相当接近。这方面的例子有"不可偷盗""因罪量刑"，以及"必须有排除合理怀疑的证据才能判刑"。由此可以大胆推测，一般所称的正义原则，实际上可能创造符合经济效率的结果，也就是那些已经被我们内化认同的法律。至于这能不能充分解释公理正义，读者必须自行斟酌。

根据人们为取得所需而采取的行为来定义价值，或许不一定总能得出真正的答案，但别无更好的办法。如果对我的价值不是用我的行为来定义，为了能够计算，它就必须用别人的行为来定义。而只要正义女神仍牢牢站在基座上，没有走下来发号施令，人的行为仍然是促使世界运转的唯一工具。因此我们面对的问题，是要找到"某个人"比我清楚自己的利益何在，而且我能够放心托付他去追求利益。

关于效率的最后一个、也可能是最严重的批评，是它忽视了一块钱对某些人的价值高于对其他人的价值。马歇尔的回应是：大部分经济问题涉及一大群高度异质性的人的成本与收益，所以不同个体对金钱的估值差异（以经济学的术语来说，是指"收入边际效用"的差异）可以经平均后消除。

这个论点乍看之下似乎无法适用于法律。因为人们普遍相信，有些法律对富人有利，有些则对穷人有利，在这种情况下，以对金钱价值的影响和以对整体幸福（happiness）的影响来判断法律，得出的结果可能并不相同。其实不然。我们从法律的经济分析中学到一点：我们很难利用一般法律来重新分配财富，而所谓"亲富"或"亲贫"的法律通常都不是真正有利于富人或穷人。

经济学与法律的对话

关于这一点，前一章举过一个例子。包括法官在内的许多人都认为，"强制适宜居住保证"可以造福贫穷的租客而牺牲房东。为了某个租客而改变某一合同中的某项条款，或许可以使他受惠，但如果法律对这类合同一率改变某项条款来造福一群人，其他条款就会跟着作补偿式的调整。由事后来回顾单一个案，也许从一方到另一方的再分配是法律所追求的，但若从事前的角度观察某种法律对各方行动的影响，其结果可能与预期大相径庭。

假设有某种"嘉惠"贫穷租客的极端法律，规定房东不可执行对租客不利的条款。如此一来，极少人会出租给贫穷的租客，因为在收不到租金的情形下，没有必要出租公寓。

以上论点并非都是想象，18世纪保护妇女的政策便是如此。在大部分情况下，已婚妇女不可订立具有约束力的合约，导致她们无法参与众多经济活动。这项政策在19世纪被废弃后，妇女及想与妇女做生意的男士都同蒙其利。这些例子表明，如果大部分法律议题关注的是经济效率，而非收入分配，则设计能使经济效率达到最高的法律，可能是使幸福达到最大化的好方法，纵使它仍不完美。 Ⓡ

另一个有关效率的论点是，即使法律可以用来重新分配收入，我们仍有更好的工具可以利用，譬如租税（taxation）。也就是说，利用法律体系把饼做到最大，再让议会和国税局去分配大饼，可能才是明智的做法。 Ⓑ

我的结论是：马歇尔定义的经济效率，提供了一个虽不完美但有用的方法，来判断法律及其运作结果的好坏。阅读本书时，这个结论可能是一个实用的假设，但读者读完之后，不必受这个假设的限制。

到目前为止，我把经济效率当作一种规范性标准，是决定法律形貌的一种方法，也就是前面所说的，法律的经济分析中最具争议性的第三项要务。针对前两项要务，即了解法律的影响，以及了解为什么特定的法律会存在，我提出的反对意见大致无关紧要。法律的影响结果不是由人们应该重视什么，而是由人们实际重视什么来决定，因为后者决定了他们的行动。而且在制定法律的体系中，衡量价值用金钱比用抽象的幸福更切合实际。聘请律师或贿赂议员时，富人的钱和穷人的钱有一样的分量，因此如果要用某种净价值来判断结果，金钱价值似乎是最好的选择。

四、非马歇尔的解释方法

现代经济学家经常试图避开马歇尔方法隐含的问题，他们使用意大利经济学家维弗雷多·帕累托（Vilfredo Pareto）对经济效率改善的定义。帕累托舍弃会让某些人有所得而某些人有所失的定义方法，他把"经济效率改善"定义为，让某些人受益但没有人受损的变化。

不幸的是，这个方法不能解决问题。回头看一开始的两人小世界，不管使用马歇尔的定义（净收益），还是帕累托的定义（有得无失），自由交易都具有经济效率。当价格介于50美分到1美元间，玛莉和约翰都能获益。安（对苹果的评价只值75美分）加入以后，她根据妇女应该团结的原则，提议一条新律法：女性只能和女性交易。当法律从妇女团结原则改成自由交易原则，依马歇尔的标准，这可以产生净利益，因为买到苹果的是约翰而不是安，而且苹果对约翰的价值高于对安的价值。但安的处境变差，所以这不是帕累托所说的改善。

加进数亿人之后，帕累托方法会有更严重的问题。在复杂的社会中，法律的改变不可能只有得没有失。连最热心的自由贸易支持者（我自己就是）也不否认废除关税会使某些人的处境变差。如果我们要整体评估这些变化产生的影响，必然会面对权衡得失的问题。虽然马歇尔的解决之道并不完美，但帕累托却回避了这个问题。因此我要使用马歇尔的方法定义经济效率改善和法律的经济效率——其他的经济学家也总是这么做，不管他们是否承认。

读者若有兴趣对这些问题做更详细的讨论，可以参考我的其他著作和个人网站。

自由放任的假设

以上讨论提出了一种简单的方法，它可以解决制定符合经济效率的法律时会产生的问题。这个方法是"私有财产加上自由交易"：每一样东西都属于某个人，而每个人都能在任何彼此接受的条件下来自由买卖。

这个方法可以应用在交易苹果上，也能直接地推广到种植苹果的活动。任何新的物品都属于生产它的人，因此如果生产一种物品的成本（所有必要投入因素的成本总和）低于他人所认定的最高价值，就有人会花钱去生产那种物品，然后卖给出价最高的人。所有的物品最后都会流向价值最高的用途，而且只在最高价值高于最低生产成本时才会被生产出来。

如果本书谈的是价格理论，我会在接下来的7章里，用这种论证逻辑来探讨更复杂的世界，加进企业、资本货物、国际贸易，以及其他各式各样的复杂事物。有兴趣的读者可参考拙著《隐藏的秩序》第3章到第7章的相关内容。此处我则假设自由交易——即私有财产和自由放任政策——的基本逻辑明确成立，并简短说明它的限制。

自由放任的简化假设有何问题？

到目前为止，自由交易的论点隐含了许多简化的假设。其中最重要的一个假设是，所有交易都是自愿交易。这个假设之所以重要，原因有二。第一，自愿交易的各方一定能够获益，否则不会进行交易。第二，虽然可能使第三者的处境变差——在前例中，约翰出价高而使安买不到苹果——但这个损失一定低于交易者所获得的利益，不然的话，安会出更高的价格买到苹果。

我的车子和汽油都是由自愿交易而取得，但当我开车上街，我和可能被我撞倒的行人，以及住在下风处、会吸到汽车废气的住户间的关系则非如此。我和偷我车轮圈的窃贼之间也没有自愿关系。

自由交易的论点隐含的第二个假设，是交易无需负担成本。如果苹果对约翰的价值高于对玛莉的价值，约翰会把它买下来。不过如果玛莉相信苹果对约翰的价值是1.5美元（实际上是1美元），她可能要1.25美元才肯卖，但约翰却不愿购买，于是苹果仍留在玛莉手中。即使没有人错估别人所认定的价值，同样的事情也可能发生。假设玛莉将价格喊到99美分，期望从交易中获得最大的利益，但约翰也抱着类似的期望，只肯出51美分，双方没有交集，于是苹果仍为玛莉所有。就算苹果最后流入正确的人手中，我们还是必须把其中的转移成本考虑在内，才能做完整的分析。

基于以上所述理由以及其他理由，以自由放任为基础的法律体制的论点只是分析的起步而已。接下来几章，我们将看到经济理论——和法律体系——如何处理更复杂的真实世界问题。

延伸阅读：

关于市场安排有效率的论证可在很多书中找到，包括：

大卫·D. 弗里德曼，《价格理论》（*Price Theory: An Intermediate Text*），1990年South-Western Pub. Co. 出版。

大卫·D. 弗里德曼，《隐藏的秩序》（*Hidden Order: The Economics of Everyday Life*），1996年出版。本书已于2006年在中信出版社出版简体中文版，书名为"弗里德曼的生活经济学"。

3 这个世界哪里出了问题?（Ⅰ）

接下来几章探讨两个非常简单的问题。第一个问题是，以符合本身利益的方式采取正确行动的理性个人，在什么状况下会产生不合经济效率的结果？换个方式问，在什么状况下，个人的理性没办法导引出群体的理性（即对群体而言可能的"最好"结果，而"最好"是从经济效率的角度来定义）？第二个是，我们如何改变这种状况，尤其是如何设计法律来把这种问题的严重程度降到最低？

先从最简单的状况谈起。假设我的行为产生的所有成本和收益，由我一肩承担；不管我做什么事，没人因此变得更糟或更好。因为我有理性，所以我会选择对自己净收益最大的行为。所有人获得的净收益，是我的净收益加上其他每个人的净收益，而我的行为使我的净收益达到最高，但不影响后者，所以总和净收益也会达到最高。

举个简单的例子：我正考虑晚上要玩哪种电脑游戏。我已经拥有所有的游戏，所以我的决定不影响游戏生产公司的营业收入。我的书房离卧室够远，因此我的决定不影响内人和小孩的睡眠。唯一受影响的是我自己，而在理性驱使下，我选了此刻我觉得最有趣的游戏。

我们可以扩大例子范围，考虑我的行为影响到别人，但效果会互相抵消的情况。假设我决定卖房子，使邻居的房子可能要便宜5000美元出售，因为他必须降价，买主才不会来买我的房子。由于我的行为，邻居少赚了5000美元，但买他房的人也少花了5000美元，因此我对他人产生的净效果是零。这种状况称作"金钱"外部性或"移转"外部性——受影响的他人之间出现净移转，但没有负担净成本。由于我对他人没有造成净成本，我采取行为来使自己的净收益达到最高，也使所有人的净收益达到最高。

个人理性导引出群体理性的情况，在市场环境中十分常见。在竞争市场中，某样东西的出售价格同时等于其生产成本（更精确地说，指多生产一单位产品的成本，即**边际成本**）以及消费者所认定的价值（更精确地说，指多消费一单位产品的价值，即**边际价值**）。当你在竞争市场买一个苹果或一个小时的劳力，你支付的价格刚好足够补偿出售它的人；当你出售一个苹果或一个小时的劳力，你获得的价格刚好等于购买者所认定的价值。市场价格会传达所有和你的行为有关的成本与收益。因此，在你做出决定以极大化自己的收益时，等于也做出了极大化净收益的决定。这个事实正是完全竞争市场能产生经济效率的重要证据。

虽然这种情况十分常见，却不是放之四海而皆准。当我的炼钢厂要生产一吨钢品，我必须为了支付劳工薪资、向矿业公司购买矿砂而花钱，但我没有付钱给住在工厂下风处、吸入二氧化硫的人。在决定钢品的生产数量和方式时，我做出的决定使自己的净收益达到最大，使我、我的供货商和顾客、工厂上风处的人的净收益总和达到最大，但没有使所有人的净收益达到最大。

由于我生产钢品的成本低于真实的成本，我的售价会低于实际成本，而人们会参考价格来决定购买数量，所以会有太多的钢品被购买。如果我们生产和消费较少的钢品，并以其他材料来替代，那么工厂下风处的邻居以及所有相关人士会有更高的收益。

外部成本导致我生产太多钢品，也让我在污染防治上做得太少。或许有办法降低我的工厂制造的污染：不同的生产方式、更干净的煤、更高的烟囱，或是过滤器。如果我能以1美元的污染防治措施，消除2美元的污染损害，以经济效率的角度来看，这是值得做的——成本是1美元，收益是2美元。但成本由我支付，收益是由下风处的人享受，所以做这件事不符合我的利益。

问题不单纯在于污染是坏事。所有的成本都是坏事；所以才叫作成本（cost，也译为代价）。我们愿意负担一些成本，是因为可以换得收益；在我们可以玩乐时却愿意工作，是因为工作可以产生有用的产品。外部成本（如污染）的问题就在于，当我们考虑什么事情值得做、什么事情不值得做时，没有将这些成本计算在内，结果就是，我们不只有符合经济效率的污染，即污染防治的成本高于它的价值（所以不值得防治），也有不符合经济效率的污染。

一个解决方法是直接管制：环境保护署等政府机关会订立规定，要求炼钢厂必须过滤废烟、建高烟囱或以其他方式来降低污染。这个方法虽然可行，却有一些严重的问题。

第一，环保署可能对经济效率的最大化不感兴趣。炼钢厂、产煤商以及过滤器和洗净器的制造商，同时是选民和潜在的政治捐献者。我们不清楚他们的政治活动，是不是能影响掌控环保署的政治人物运用权力，去产生具有经济效率的结果。如果来自生产高硫煤炭之州的参议员拥有足够的政治力量，则法律会被修改以鼓励洗净器的使用（这是真实的案例），即使改用低硫煤炭是更有经济效率的污染控制方法。

第二个问题是，即使环保署希望最大化经济效率，也不知道该怎么做。在适当考虑生产的外部成本之后，某些污染防治措施值不值得去做，以及钢品应该生产多少，这些问题仍不容易处理。要回答这些问题，需要各炼钢厂采取不同措施下的成本和收益的详细信息，但大部分信息握在企业而不是主管机关手中。要是环保署问企业，知不知道有哪种有效方法可以控制污染，企业一定回答"不知道"，因为若环保署相信找不到有效的方法，企业就可以继续污染环境，而不必负担任何防治成本。有效的方法也许真的找不到，但不论如何，这种情况下问到的信息只会产生误导。

由于以上所说的种种困难，对负外部性控制问题有兴趣的经济学家，通常主张采取较不直接的管制形式。环保署不必告诉企业该怎么做，只要针对它们造成的污染收费。如果制造1吨钢品会产生20磅的二氧化硫，造成价值4美元的损害，则企业每制造1磅二氧化硫，会收到20美分的账单。

这种方法称作"排放费"（effluent fee，一般称之为"庇古税"[Pigouvian tax]，因为经济学家庇古[A. C. Pigou]首先提出这个观念），相对于直接管制，它拥有多项优点。首先，主管机关不必知道污染防治成本为何；这种事情留给企业去做就可以了。如果企业能以低于每磅20美分的成本去减少废气排放，它们自然会去做这有利的事。要是企业抗议，说它们没办法在生产钢品时不制造污染，环保署可以接受它们的说辞，然后寄发制造污染的账单。

第二项好处是这种方法不只能够产生适量的污染防治，也能产生适量的钢品。因为企业生产钢品的成本同时包含控制污染的成本和没有控制导致的污染的成本，所以钢品的售价会反映真实的生产成本。钢品比水泥便宜时，建筑物会用钢品建造，水泥比较便宜时，则用水泥建造。

遗憾的是，排放费没有解决污染防治的所有问题。比方说，它无法驱使主管机关做正确的事。主管机关有可能刻意压低排放费以换取政治献金，或为官员未来的工作机会铺路，也可能刻意抬高费用以惩罚站错政治立场的企业。

即使主管机关试图创造符合经济效率的结果，也可能不容易衡量每增加1磅二氧化硫、二氧化碳或其他任何废气所实际造成的损害。但至少缺乏信息的问题不如直接管制时那么严重，因为主管机关不再需要知道如何控制污染或者成本为何。政治问题虽仍存在，但也应该会减轻，因为根据不同的污染物而非不同的企业来制定收费标准，比较难以对特定的人提供特殊优惠。

以上是在环保署这类主管机关的架构内探讨庇古税，但同样的分析可用于解释大部分的侵权法。如果不由环保署课征排放费，我们也可以允许住在下风处的人对炼钢厂提出诉讼，控告它的污染物损害他们的房子、衣物和肺。炼钢厂可以选择消除污染、赔偿损害，或者减低污染并就其余的污染赔偿损害。

上述分析也可用于违规停车和超速罚款。我开快车会对其他驾驶人产生成本，因为发生车祸的风险提高了。法律会在抓到我超速时开单罚款，强迫我负担本身行为所造成的成本。

当然，这些例子有不尽相同的地方。排放费和罚款是缴给国家，侵权损害赔偿则是给受害者及其律师。还有其他重要的不同点，将在以后各章讨论。

但这三种状况的基本逻辑都相同。某人的行为对别人产生成本，即使这个行为会产生净损失，只要对他有净收益，他仍有动机去做。我们解决这个问题的方法，是制定法律来强迫行为者自行负担外部成本，把外部性内部化。如此一来，行为者的净成本就是每个人的净成本，因此他只会在有净收益时采取行为。也就是说，我们利用个人的理性来产生群体的理性。读者可在以后各章发现，这个解决方法虽称不上完美，但确实很漂亮。

寻租：如何不被别人抢走财富？

前面提过一种特殊的外部性，称作"金钱外部性"，它不会产生净成本，因为对他人的影响会相互抵消。金钱外部性和其他的外部性不同，它不会导致无效率，因为行为者本身的净成本等于总净成本，就像完全没有外部性一样。我在市场上卖房子对邻居产生的外部性也属此类。我的邻居不应该因为他的房子折价出售而向我要求损害赔偿，因为竞争不应该算侵权行为，实际上也不是。这个法律原则至少早在1410年就出现在习惯法中。当时一所学校的业主控告竞争对手抢走学生，结果败诉。

聪明又爱抬杠的读者可能会把上述论点从竞争引申到盗窃。扒手从我口袋偷走50美元，他身上多了50美元，我却少了50美元。可见盗窃的净效果只是一种移转，对只关心效率的经济学家来说，应该没有理由反对这种事。这是否在说，就像竞争不该算是侵权行为，盗窃也不该算是犯罪行为？

错了！金钱外部性是指 A 的行为造成从 B 到 C 的移转，这跟 A 的行为造成从 B 到 A 的移转，是相当不同的。

扒窃并非是没有成本的行为；它需要时间、训练，并且承受各种风险。假设我从你的口袋扒得 50 美元的平均成本是 20 美元，因此扒你的钱是很划得来的事；我可赚到 30 美元。但由净效果来看，我是以 20 美元的成本从你那边移转 50 美元过来，因此我们两人有 20 美元的净损失。

再进一步推论。假设有许多人的扒窃技巧不亚于我，而投入 20 美元的心力可以获得 50 美元的收入，对他们来说是很诱人的机会。扒手人数因此激增。

随着人数增加，扒窃的利润会降低。某人不小心露出一沓钞票，马上成为 6 名扒手觊觎的目标，一人偷走之后，其余 5 人再无下手机会。由于人们被窃的风险提高，因此会加强防范措施，开始把钱藏在鞋子里，这比放在口袋里还难扒走。

只有在更多的人当扒手不再有利可图时，这个过程才会结束。我们最后会有许多扒手，其中大部分放弃生产性工作，只为了靠扒窃多得一点钱。受害者损失的钱大多用于补偿窃贼所花的时间和心力，使得净损失大约等于被偷的金额——或稍低一些，因为一些技巧特别出众的扒手，在这一行赚的钱多于在其他行业。

到目前为止，我们忽略了受害者采取防范措施所花的成本——脚下放零钱把脚走疼了，时刻留意身边的人使眼睛酸涩。如果把这些成本也加进去，则扒窃的净成本会增加，很可能高于被偷的金额。

这种现象通称"寻租"（rent seeking）。当某些人有机会动用资源，将财富从他人那里移转给自己时，就会发生这种现象。就这些"收租者"而言，只要利益高于成本，就值得做这种财富移转。随着愈多人竞当收租者，利益会下降。到了均衡状态，边际收租者（技巧最差的扒手）刚好收支两平。边际内收租者（技巧特别突出的扒手）有所得，但所得低于受害者的损失（即使技巧高超的扒手也有成本）。受害者则同时损失移转金额和防范成本。

寻租发生在多种情境中，其中许多和本书的主题有关。这个名词本来是描述竞逐政府给予的优惠——进口许可证，即允许持有者以人为压低的便宜价格购买外币。各家企业通过公共关系、游说、政治献金及贿赂，竞相争取这种宝贵的优惠。若能以远低于100万美元的成本取得100万美元的优惠，就会有其他公司出更高一点的价格，因此最后赢得许可证的公司的平均负担成本约等于优惠的价值。创造"寻租"一词的克鲁格（Anne Krueger）曾估计，贫穷的印度和土耳其因为实施外汇管制和进口许可制度，浪费5%到10%的国民生产总值（GNP）在这种非生产性的竞争上。

以诉讼为例，双方都花钱请律师、专家证人等来提高胜诉的概率。原告花钱以提高钱财从被告移转给他的概率，被告则设法降低这种概率。移转本身既非净收益，也非净损失；花在诉讼上的支出则是净损失。

这是比较不明显的寻租例子，因为其中的支出至少有可能产生某种有价值的东西：提高裁决正确的概率，进而增加体系中更好的诱因（激励）。为了控制污染而允许住在下风处的居民对制造污染的工厂提起诉讼，只有在制造污染的工厂比不制造污染的工厂更有可能败诉时才有用，或是说，至少法院有可能做出正确裁决时才有用。双方在收集证据和辩论上的支出，可能提高了裁决正确的概率，更有助于控制污染。

预测错误：欺骗市场的官司

一家公司的首席执行官（CEO）发表乐观的演说。但六个月后，新上市产品的销路很差，公司的股价应声下滑。一位敢冒险的律师代表从演说到股价下跌之间买进该公司股票的人，提出集体诉讼。他的理由是，CEO的演说忽略了可能导致悲观结论的事实，诱骗投资人以高于实际价值的价格购买股票，所以该公司应该补偿他们的损失。这种"欺骗市场"（fraud on the market）的官司偶尔会打赢。由于对被告的潜在伤害很大，所以即使只有一丝胜诉的可能，也足以让若干被告设法在庭外和解。这对敢于冒险的律师而言，是种获利机会很大的官司。

这类诉讼所依凭的基本理论有许多问题。CEO并没有比其他人更无所不知，因此把先前乐观的声明当作欺诈行为而控诉，其实是很夸张的事。投资人可以自行决定要相信谁的预测。把乐观的演说和新闻报道当作福音的投资人，或许床垫底下才是他们最佳的存钱地点。

此处跟本章主题特别有关的一个问题，是损害的计算。即使我们承认演说内容刻意欺诈，但其责任应取决于造成的净损害。假设我从你那里用100美元买到一张股票，后来跌到50美元。如果没有那次演说和我的购买行为，股价还是会下跌；唯一的差别是持有股票的人是你，不是我。但我因为相信CEO的话而损失50美元，你却因此少赔50美元。

要是CEO的乐观演说只造成股价下跌时股票持有人的不同，这种移转就纯属金钱外部性，根本没有责任。只有在我从CEO手里买了股票，使得演说效果从他身上转移到我身上时，才会产生净外部性，因为这种情况不是金钱外部性，而是寻租。

法院如果接受原告那套计算损失的说辞，做出的裁决便没有经济效率。第一种无效率是投资人获得的信息数量会减少，因为企业CEO怕预测错误而被惩罚。另一种无效率是将本该用于生产产品和服务的实际资源转到了诉讼上。

为这种理论辩护的人可能会说，即使损害赔偿和实际发生的损害无关，还是能够提供一个诱因给受害的投资人，去控告和阻止企业经理人做出不实的声明。问题是，潜在的损害赔偿愈高，起诉的诱因（动机）就愈高——甚至证据薄弱或诉讼成本高昂的案件也会愈多。有人或许因此会以类似的理由辩称，既然我们希望消除违规停车，应该允许发现违规停车的人有罚款请求权。但我们要的不是诱因，而是正确的诱因。这是以后各章会再探讨的主题。

问题：除了首席执行官的例子，我刚刚也谈到一种情况与金钱外部性和寻租有关，请说明这种情况是什么。

延伸阅读：

"寻租"一词源于1974年克鲁格在《美国经济评论》

（*American Economic Review*）发表的文章《寻租社会的政治经济原理》（The Political Economy of the Rent-Seeking Society）。但塔洛克（Gordon Tullock）在1967年即提出这个一般性的概念，可参考他发表在《西方经济期刊》（*Western Economic Journal*）的论文《关税、垄断与盗窃的福利效果》（The Welfare Consequences of Tariff, Monopoly and Theft）。

4　这个世界哪里出了问题?(Ⅱ)

两辆马车互撞,如果任何一辆都没有过失,那么两边的责任相同。

　　　　　　——布拉姆韦尔法官在弗莱彻诉赖兰兹案上的说辞

[Bramwell, B., in Fletcher v. Rylands 3 H. & C. 774 (Ex. 1865)]

前一章的内容,可以简单地陈述如下:

A采取一项行动,造成B要负担成本。为了让A只在产生净收益的情形下采取行动,我们必须把外部成本回转给他。例如,制造污染的公司会被罚款,粗心的驾驶人撞到别人的车子会被控告损害。由于外部性已被内部化,因此行为者在决定采取什么行动时,考虑到了所有的相关成本,结果出现符合经济效率的决策模式。

源于庇古的这种外部性观点,在1960年某个晚上以前,几乎普遍为经济学家所接受。这一天,英国经济学家科斯向芝加哥大学提交了一篇论文。晚上他待在《法律与经济学期刊》(*Journal of Law and Economics*)创办主编戴雷科特(Aaron Director)家中。

包括科斯在内，在场的经济学家共有十四位，其中三位后来成为诺贝尔奖得主。

起先，十三位经济学家支持前述传统外部性观点。到那天晚上结束时，没有人再支持。科斯说服他们相信庇古的分析错了，而且不只错一个地方，是错三个地方。首先，外部性的存在不见得导致无效率的结果。其次，大体来说，庇古税并没有带来符合经济效率的结果。第三点最重要，问题根本不在于外部性，而在于交易成本。

我要分三部分说明科斯的论点：无一行得通；样样行得通；一切视情况（交易成本）而定。

无一行得通

外部成本不纯粹是一个人制造而另一个人承受的成本。在几乎所有的情况中，外部成本的存在和多寡取决于双方的决定。如果你的炼钢厂不排放二氧化硫，我不会咳嗽。但如果我没有碰巧住在下风处，你的炼钢厂也不会对我造成损害。双方的共同决定（你污染，而我住在你污染的地方）才会产生成本。如果你的污染对我造成损害，但你又不用负责，那么你决定污染将对我构成成本。如果你必须负责，那么我住在下风处的决定，会增加你在责任或污染防治上的成本。

假设炼钢厂的污染每年造成20万美元的损害，并能以一年10万美元的成本消除（以下所述都是每年的成本）。再假设把下风处所有土地改为不受污染影响的新用地，从避暑休假胜地转为林场，成本只要 5 万美元。如果我们一年征收 20 万美元的排气费，炼钢厂会停止污染，而以 10 万美元的成本消除损害。如果不课征排气费，炼钢厂会继续制造污染，地主则会停止做广告招徕暑期游客，改为在土地上造林，因此问题同样得到解决，成本只要 5 万美元。不课庇古税的结果符合经济效率（以最低的可能成本解决问题），课征庇古税的结果却不合经济效率。

但在南加州，即使实施严峻的排气限制，也比撤离人员的成本要低；事实上，要解决空气污染的问题，迁移受害者往往不是符合经济效率的解决方法。但把同样的道理用在测试高爆炸药产生的外部性上，情况将如何？一千磅的炸弹落在露营场地旁 50 英尺的地方，会产生巨大的外部性。不准野营者进入试爆范围，和允许他们进入、然后提起损害诉讼比起来，是比较合理的解决方法。

我们可以不举那么奇怪的例子，比如谈谈如何解决飞机噪音的问题。第一个解决方法是降低噪音，另一个方法是替房子装隔音设备，第三个方法是把机场附近的土地用来种小麦或盖嘈杂的工厂。没有特别的理由可以认定其中一种永远是最好的方法。我们不是很清楚受害者是晚上被呼啸而过的飞机吵得睡不着的屋主，还是被强迫采用昂贵噪音管制措施的航空公司（只因为法院或主管机关要保护在以前的麦田盖新房子的人的睡觉权利）。

最后举一个大部分人会同情"污染者"的例子。有两块邻近的土地，其中一块土地的地主早在其上设立工厂，经营了 20 年而邻居不曾抱怨。另一块土地的买主在紧接工厂的自家土地上盖了一座录音室。工厂虽然不是特别吵，但对两英尺外的录音室来说还是太吵。录音室主人要求工厂关闭，否则必须支付相当于录音室总值

Ⓒ 的损害赔偿。在录音室附近经营工厂的确有外部成本，但是符合经济效率的解决方法，是把录音室盖在土地的另一头，而不是紧靠工厂，然后要求工厂关闭。

因此科斯的第一个论点是说，因为外部成本是由污染者和受害者共同造成的，所以将责任归咎于某一方的法律，只有当它碰巧能以较低的成本避免问题发生，才能产生正确的结果。整体而言是，无一行得通。不管责任由哪一方承担，如果另一方能以较低的成本防止问题发生，或者最适当的解决方法是由双方共同采取防范措施，那么由政府主管机关或法院来裁定责任归属，结果都不会符合经济效率。

排放费相对于直接管制的一个好处是，主管机关不必知道污染防治成本，也能创造符合经济效率的结果；主管机关只需要把税赋定得和损害相同，并让污染者自行决定要在这样的价格下购买多少污染量。但科斯的论点有个含意，即指只有主管机关充分了解污染防治成本，能够决定哪一方应该负责避免共同产生的问题，而且这一方还必须在问题无法避免时负担成本，主管机关才能保证结果符合经济效率。

样样行得通

科斯的第二个论点是，只要双方能够订立和执行对彼此有利的合约，不用直接管制或课征庇古税也可达到符合经济效率的结果。你只需要清楚界定谁有权做什么事，市场就会自行设法解决问题。

前述炼钢厂和度假区的例子，说明了不必靠法律限制污染，也能取得符合经济效率的结果。能以最低成本避免问题的，是下风处的土地所有者；由于他们没办法防止污染，他们把度假区改为林地，这刚好是符合经济效率的结果。

但如果法律规定下风处的人有权不让空气受污染，情况将如何？结果还是相同。炼钢厂可以用一年10万美元的成本消除污染，但支付土地所有者一笔钱，比方说是7.5万美元，让工厂继续污染，成本会更便宜。土地所有者会因此得到更大的利益，因为收入大于变更土地用途的成本。炼钢厂也同样得利，因为支出金额低于消除污染的成本。所以签约对双方都有利。

假设污染防治成本降低为2万美元。如果炼钢厂有污染权，则土地所有者将支付超过2万美元的污染防治成本，跟炼钢厂交换干净的空气。如果炼钢厂没有污染权，炼钢厂最多愿意付给土地所有者2万美元来交换污染权，而土地所有者会拒绝接受。不管如何，炼钢厂最后都会控制污染，同时也达到经济效率。

由此可直接导出一个一般性的结论：**如果交易成本为零，换言之，如果双方能达成对彼此有利的协议，不管财产权属于谁，都会产生符合经济效率的结果**。这个结论有时被称为**科斯定理**（Coase Theorem）。

我们刚才是用比较复杂的形式，重新叙述自由放任的简单论点。我们拥有的不是财物，而是和财物有关的权利。炼钢厂的所有权包括一组权利：控制谁能进入厂区的权利、决定如何使用机器的权利等。也可能包括制造污染的权利。如果拥有"炼钢厂所有权"的人比别人更重视污染权，当他拥有这个权利时会保留不放，没有这个权利时会设法购买。如果下风处的土地所有者更重视这个权利，在拥有这个权利时，他们也会保留不放，而没有这个权利时也会设法去买。所有的权利会落到最重视它们的人手中，带来符合经济效率的结果。

一切视情况（交易成本）而定

如果科斯是对的，为什么洛杉矶仍有污染？一个可能的答案是：污染符合经济效率，也就是它造成的损害低于防治的成本。另一个更合理的答案是：大多数的污染欠缺经济效率，但消除污染必须进行的交易因为交易成本太高而受阻。

我们再回到炼钢厂的例子。假设它有权制造污染，且污染是没有经济效率的事，亦即污染防治比忍受污染或变更下风处的土地用途还便宜。此外，下风处有100位土地所有者。

只有1位土地所有者时不会有问题；他会提议支付污染防治设备的成本给炼钢厂，并多加一些钱以吸引后者成交。但现在有100位土地所有者，他们会面对经济学家所说的**公共产品问题**。如果其中有90人出钱，另外10人没有出，这10个人就可以免费搭便车——既不用忍受污染，也不用负担污染防治成本。每位土地所有者都有拒绝出钱的动机，因为他认为自己有没有付款，都不可能影响凑钱说服炼钢厂以消除污染的成败结果。如果有他参与仍会失败，那么有没有他参与都无关紧要。如果没有他参与仍会成功，那么拒绝参与可以免费搭便车。只有在他的参与确实攸关成败时，他才会同意参与以获取利益。

这种问题有时可以解决，但没有任何方法能永远行得通。涉及人数愈多，问题愈难解决。南加州的居民上百万，很难想象有合理的方法能让他们自愿筹措资金，支付给所有的污染者以减低污染。

以上是交易成本会造成无经济效率的一个例子。如果我们把假设倒过来，即污染（和植林）是符合经济效率的结果，且土地所有者有不受污染的法律权利，同样的问题还是会发生。如果只有1位土地所有者，炼钢厂可以向他买污染权。如果有100位土地所有者，炼钢厂必须向所有人购买污染权，但这些人都有不合作的动机，他们都希望再从炼钢厂因不必控制污染而省下的钱中，捞到一大笔钱。如果有太多人这么做，谈判就会破裂，双方永远得不到符合经济效率的结果。

从这个观点来看，问题不在于外部性，而在于交易成本。有外部性而没有交易成本的情况不会有问题，因为双方一定会磋商出符合经济效率的解决方法。当我们观察现实世界的外部性问题（或其他形式的市场失灵）时，不只应该探讨问题从何而来，也要探讨阻碍磋商的交易成本是什么。

科斯加庇古未必是好事

再借制造污染的工厂来说明。假设只有一座工厂和一位土地所有者，他们之间的讨价还价便很单纯。污染造成的损害是6万美元，污染防治成本是8万美元，度假区变更土地用途为植林的成本是10万美元。因为污染损害低于防治成本，具有经济效率的结果是继续污染。

要是环保署相信庇古税的优点，于是通知工厂继续污染必须赔偿损害——6万美元，这时情形将如何？

由于防治污染的成本高于罚款，一般人可能预期符合经济效率的解决方法是工厂支付罚款，并且继续污染。但这是错误的做法。

我们忘了土地所有者。罚款是给环保署，不是给土地所有者，所以如果工厂支付罚款并继续污染，土地所有者会承受6万美元未获赔偿的损害。他可以提议支付工厂一部分的防治成本，如3万美元，以消除污染。若工厂愿意控制污染，它可以省下6万美元的罚款，并从土地所有者身上获得3万美元，总计9万美元，比污染防治成本的8万美元还多。结果是，工厂会采取污染防治措施，但其成本大于其价值。

以上是把庇古的诱因（支付污染罚款）和科斯的诱因（受害者付费要求不制造污染）加起来，给了工厂控制污染的双重诱因。如果污染防治成本低于这两层收益，工厂会在即使不该那么做的情形下，也购买污染防治设备。

一个解决方法是用侵权法取代行政法规，把交给环保署的罚款改为对土地所有者的损害赔偿。土地所有者可以获得损害赔偿，所以没有诱因付钱给工厂以停止污染。

科斯、米德和蜜蜂

科斯发表《社会成本问题》（The Problem of Social Cost）之后，一些经济学家不接受他的分析。他们认为科斯定理只能满足理论上的好奇心，在交易成本极少为零的世界中，几无或毫无实用价值。一个有名的反例和蜜蜂有关。

早在科斯之前，米德（James Meade，后来因国际贸易理论获诺贝尔奖）就以蜜蜂产生的外部性为例，撰文指出市场在某些问题上无法提供务实的解决方法。蜜蜂喜欢采集某些植物的花蜜，农民如果种植那些作物，会生产对附近养蜂人有利的花蜜。但农民本身从这种利益中得不到什么好处，因此种植那些作物的诱因很低。 Ⓑ

由于我们没办法教蜜蜂尊重财产权或遵守合约，实务上似乎不可能应用科斯的方法来处理这种问题。我们必须补贴农民种植富含花蜜的作物（负的庇古税），或者接受作物和蜂蜜的整体产量不合经济效率的情形。

其实不然。科斯的支持者已经证明，至少自20世纪初以来， Ⓑ
养蜂人和农民订立合约已是常见的做法。农民的作物不需要授粉即可生产花蜜时，养蜂人会付钱给农民，以把蜂巢放在田里。作物生产的花蜜很少而需要授粉（以提高产量）时，则由农民付钱给养蜂人。蜜蜂不可能尊重财产权，但它们和人一样懒，喜欢在蜂巢附近寻找花蜜。

科斯的方法解决了这个特殊的外部性问题，不表示它能够解决所有的外部性问题。不过像米德那么出色的经济学家，都认为外部性问题除非有政府干预，否则无法解决，而科斯的市场解决方法实际上却是这种问题的标准实务做法。由此可见，科斯解决方法适用的问题范围，可能远比许多人乍看之下还要宽广。不管外部性问题能不能由讨价还价来解决，科斯的分析指出外部性的传统思维有根本上的错误：未能认清"污染者"和"受害者"间的对称性，也没有容许利用私人方法来解决这种问题。

用另一种方式来说，庇古的分析方法只在交易成本很高的特殊情况下才是对的，因此可以忽视双方间的交易，而且居中决定哪一方负有责任的当局（agent），已经知道谁能用最低的成本来避免问题。城市的空气污染是个明显的例子。而科斯提供了比较一般性的分析方法，可以涵盖这种案例和其他所有的案例。

从法院的观点来看，至少有两种方式可以应用以上的见解。法院可以采取一种政策，逐案裁决是原告还是被告能用最低的成本避免问题，并且只在它得出结论，认为污染制造者可以用低于受害者的成本解决问题时，才判决制造污染必须赔偿损害。或者，法院可以建立认定责任归属的通用规则，并将责任归于适当的一方。

这种通用规则的例子之一，是关于"自找妨害"（coming to the nuisance）的侵权抗辩。根据这个理论，如果你盖房子在我的猪舍旁，我可以辩称因为我盖猪舍在先，所以问题的产生由你负责，不是由我负责。这种理论在经济上的理由是，盖房子或猪舍之前就改变位置，比起盖好之后再来拆迁省钱，因此后来才动工的人通常能以较低的成本来避免问题。以后的章节会再回头谈这个例子，但会加进一些更复杂的状况。

相对于逐案裁决，通用规则有几项优点。通用规则通常更容易预料，因此各方在做决策时，不必猜测将来法院会认为谁能以最低的成本避免问题。通用规则也可以减低诉讼成本，因为利用昂贵的法律资源，说服法院相信另一方能以较低的成本解决问题，比起利用同样的资源，说服法院相信你早在十年前就有兴建房屋的计划，更有可能奏效。通用规则的缺点是，它在某些案例中会提出错误的答案，这表示在保证最后的结果符合经济效率方面，通用规则不如贤明的法院逐案裁决那么好。

通用规则能产生容易预测的结果，有时被称为**明确规则**

经济学与法律的对话

（bright line rules，明线规则）；而需要法院逐案裁决的规则，有时被称为准绳（standards，标准）。举例来说，美国宪法规定总统候选人必须年满35岁。这项规定的目的应该是确保候选人身心成熟，足以担负重任。这是明确规则，但不是很好，因为年龄只能大略衡量成熟度。每个人都能举出例子，说35岁以上的人不如35岁以下的人成熟。有些人甚至能够指出哪位总统是这个样子。

另一种方法是制定准绳，规定总统候选人至少必须像35岁那般成熟。这的确是很模糊的规则，而实务上的做法是，任何候选人必须通过最高法院多数法官的成熟度检验。

明确规则有一个更重要的例子，是除儿童和精神异常的少数人之外，所有的人都拥有相同的法律权利——这和动物的法律权利非常不同。赋予法律权利的人类特质并不是全有或全无；大部分人比大部分动物更有理性和更能沟通，但许多人也会想到例外的情形。完美的法律体系加上十分贤明的法官，应该能够在执行法律时因人而异（以及因动物而异），明辨赋予法律权利的特质有哪些差异。而这很可能是让智力低下的人拥有的权利少于非常聪明的黑猩猩。

我们的法律体系并非那么运作，也可能不应该如此。人和非人的区别并非智力、语言能力等十分完美的度量，但它们是非常好的度量，能够创造出明确规则，避免有些人试图说服法院去相信他们拥有不同于他人的权利。

科斯、财产和法律的经济分析

科斯的研究彻底改变了外部性的经济分析方法。他也提出一种有趣的新方法去处理财产权的界定问题，尤其是土地上的财产权。

法院裁决和财产有关的争议，或者立法机构拟定适用于这种争议的法律时，必须决定哪些和土地有关的权利会包含在"所有权"里。业主有权禁止飞机从土地上方1英里的地方通过吗？如果是100英尺呢？如果有人从他土地下1英里的地方钻采石油又如何呢？他有哪些权利可以应付邻居使用土地的方式对他的干扰？如果他把录音室盖在邻居工厂旁边，那是谁的错？他是否有权要求录音室不受噪音干扰，而这是否表示他可以禁止工厂运转，或只能提出诉讼以要求赔偿损害？我们应该拥有土地的私人权利，这话说起来简单，但土地所有权不是简单的观念。

科斯提出的答案是，法律在界定财产时，应该把用途互斥所造成的成本降到最低，如已讨论过的机场和住宅、炼钢厂和休闲度假区。第一步是试着用下面的方式界定权利：如果最重视A权利的人拥有B权利，则这两种权利应放在同一组权利中。如果最重视土地上方2英尺状况的决定权的人拥有土地使用权，把两者都纳入"土地所有权"中是合理的做法。但是谁能飞越土地上方1英里的决定权对地主没有特别的价值，因此没有理由把它纳入土地所有权中。

如果在建立通用规则时，我们已经知道哪些权利不可分离，则前段的论点足以告诉我们财产权应该如何界定。但情形很少如此。许多权利对双方或多方都很有价值，比方说，在某块土地上能否制造噪音的决定权，对地主和他的邻居而言都同样重要。没有一种普世通用的法律规则能够永远把财产权指定给合适的人。

在这种情况中，科斯定理的基本论点便派得上用场。如果我们起初把权利给错了人，则最应该得到、也是最重视那个权利的人，还是可以向前者购买。所以初步界定财产权时应该考虑的一件事，是设法将透过私人合约以修正错误的成本降到最低。

举个例子或许更清楚。假设污染造成的损害很容易衡量，而且住在下风处的人为数众多。在这种情况下，符合经济效率的法律可能是给下风处的地主（土地所有者）向污染者收取损害赔偿的权利，而不是给他们禁止后者制造污染的权利。把权利给地主可以避免面对公共产品的问题，也就是地主（在制造污染不合经济效率的情况中）不必筹集资金支付炼钢厂以停止污染。给所有地主要求损害赔偿的权利，而不是给每位地主申请命令以禁止炼钢厂制造污染的权利，可以避免炼钢厂（在制造污染符合经济效率的情况中）向全部地主购买许可时，会面对有人不合作的问题。

科斯的论点可以用来了解法律应该如何制定，下一章将有比较完整的解释；真正完整的解释需要用到一本书的篇幅，但还没有人写过这样一本书。我希望以上所说已经足以厘清基本观念。科斯先从简单的观点着手，其中有一部分是依据他参考的习惯法中的妨害案例，如录音室隔壁工厂制造噪音等问题。他最后证明，其他人认为正确的外部性问题的分析方法其实是错的，而且他还开启一个全新的方法，运用经济学来分析法律。

科斯的论点在《社会成本问题》一文中首次提出，这是法律的经济分析中最常被引用的文章，也是经济学中最常被引用的文章之一。除了说明传统的外部性分析的错误，这篇文章也提出许多相关的论点。

经济学（和其他学科）往往根据市场有时产生不合经济效率的结果，就遽下结论，认为政府应该出面干预解决问题。科斯指出，或许没有一种法律条文，也没有一种管制形式能够创造完全符合经济效率的解决方法。只有全能全知、唯一目标是经济效率的独裁者才能提出这种解决方法。他因此早于布坎南（James Buchanan，另一位诺贝尔奖得主）等公共选择经济学家提出：我们不是在市场创造的无效率解决方法和政府实施的有效率解决方法之间做选择，而是在包括民间和政府在内的各种无效率方案中做选择。科斯说："所有的解决方法都有成本，没有理由只因为市场或企业没有把问题处理好，就呼吁政府插手管制。"他进一步指出，人为去区别市场解决方法和政府解决方法是不必要的，因为任何市场解决方法都依赖立法机构和法院所建立的特定法律。

科斯论点的第二个有趣特色，已在第 1 章提及。科斯的结论有一部分来自经济理论，有一部分来自法律研究。他的论点根据的是习惯法中自找妨害的实际案例，如佛罗里达州的案例（一位土地所有者的建筑物遮蔽毗邻饭店的游泳池），以及英国的案例（一位医师在自己的土地边缘，紧接隔壁糖果工厂的地方，新盖一座诊疗室，后来要求糖果工厂关闭机器，因为机器的振动使他很难利用诊疗室）。他的结论是，习惯法法官已经晓得外部性的共同成因（joint causation）的问题，并且尝试解决，而外部性的经济分析却完全忽略这个问题。

延伸阅读：

科斯的《社会成本问题》，1960 年发表于《法律与经济学期刊》。

5 权利的界定和执行：财产、补偿和意面

　　科斯的研究提出了一种分析方法，可以用来建构有效率的法律。为了把这个方法讲得更清楚，本章大部分篇幅将针对一个特别的现实问题，利用科斯的观念分析法律权利的界定。庇古曾用这个问题来解释外部性，而科斯又用它来说明庇古的解释为何有误。

　　我们已大体了解，如何在个别的状况下寻找具有经济效率的法律规则，接着就可把论点一般化，从而决定权利该受什么规则保护，是财产法则（property rule，如偷车要坐牢），还是补偿法则（liability rule，即责任原则，如撞凹我的车子要赔钱修理），或者是罚款。

火车酿灾：长练习题

　　19世纪的火车会喷出火花，有时会引起附近田野的火灾。为减轻这个问题，铁路公司可以降低通行班次或安装火花消除器。火花消除器是装在火车烟囱上的装置，以防火花外射。农民也可以不在铁道附近的田地种植作物，或者种植不易起火燃烧的作物。

为方便说明，我把这个状况稍微简化。农民只有两个选择：种植易燃的小麦和不易燃烧的苜蓿。假设种植苜蓿的获利低于种植小麦，因为若非如此，每个人都会种植苜蓿，问题也就自然消失。铁路公司也只有两个选择：安装或不安装火花消除器。本例中所有的成本都是指一年的成本，如种苜蓿不种小麦而损失的一年收入、麦田偶尔失火而损失的一年收入、火车头安装火花消除器的一年成本。最后，假设我们探讨的地区有1家铁路公司和100位农民，所有的农民因火花而受灾的风险相同。

我们探讨四种不同的法律：

1. **铁路公司有财产权利（property right）**：火车可以任意喷出火花。

2. **农民有财产权利**：只有在所有农民许可的前提下，火车才能喷出火花。任何一位农民都可以上法院要求禁止火车喷出火花。

3. **农民有补偿权利（liability right）**：火车可以任意喷出火花，但必须为造成的损害赔偿农民。

4. **铁路公司有补偿权利**：任何农民都可以禁止火车喷出火花，但必须补偿铁路公司安装火花消除器的成本。

这种陈述法律的方式，模糊了各种法律的对称性。尤其是第四种法律（法律上称为"不完整权利"）似乎比其他三种法律不自然。如果我们把每种法律想成是回答以下两个问题，对称性会比较清楚：

由谁决定火车能不能喷出火花？

由谁负担决策成本？

每个问题有两个可能的答案：铁路公司或农民。把可能的答案组合起来，给了我们四种规则：

1. 铁路公司决定，农民负担成本。
2. 农民决定，铁路公司负担成本。
3. 铁路公司决定，铁路公司负担成本。
4. 农民决定，农民负担成本。

除了四种规则，我们也有四种可能的结果：

A. **火花＋小麦＝火灾**：火车喷火花，农民种小麦，结果是偶尔发生火灾。

B. **火花＋苜蓿＝没有火灾**：火车喷火花，农民种苜蓿，结果不会发生火灾，因为没什么东西可烧。

C. **火花消除器＋小麦＝没有火灾**：火车安装火花消除器，农民种小麦，结果不会发生火灾，因为没有火花引发火灾。

D. **火花消除器＋苜蓿＝没有火灾**：火车安装火花消除器，农民种苜蓿，结果不会发生火灾。

如图1所示，不论是直接产生或经由双方交易产生，每种规则都可以导引出任何一种结果。而如表1所示，每种结果都有其成本。我们的分析目标是选出正确的起点，也就是符合经济效率的法律。以下的分析将可清楚看出，选择哪个规则取决于想要达到的结果，更确切地说，取决于每个结果有多大的可能性具有经济效率。

图 1 意大利面条图

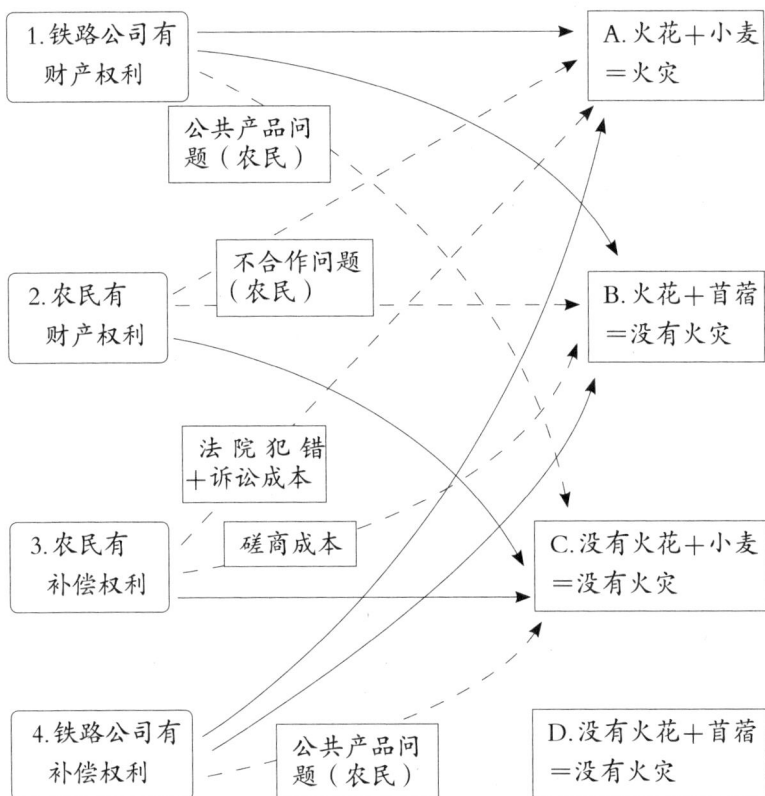

表 1 各种结果的成本

单位：美元

成本	成本	a	b	c	d
结果 A	火灾	**400**	800	800	**600**
结果 B	苜蓿	800	**400**	400	800
结果 C	火花消除器	1000	1000	**200**	1000

注：每一栏的最低成本解决方法以粗体表示。

我们从规则 1 谈起：铁路公司有权冒出火花，不必因后果为任何人负责。如此一来会发生什么事？

首先假设麦田火灾造成的损害是 400 美元，改种苜蓿的成本是 800 美元（每位农民 8 美元），火花消除器的成本是 1000 美元（表中的 a 栏）。发生火灾的成本低于另外两种防范措施，因此符合经济效率的结果是 A：火花＋小麦。双方不必进行交易就有这个结果，成本是 400 美元。农民不愿改种苜蓿，因为改种成本高于火灾损害。农民可以试着付钱给铁路公司以安装火花消除器，但他们最多只肯给 400 美元，而安装火花消除器的成本是 1000 美元，所以没有必要付这笔钱。双方不必交易、不用负担交易成本即可达到符合经济效率的结果，如图 1 中连接规则 1 到结果 A 的实线箭头所示。

若把种植苜蓿和发生火灾的成本对调，即改种苜蓿的成本是 400 美元，火灾造成的损害是 800 美元（b 栏）。农民考虑各种选择后会改种苜蓿，因为从避免火灾而省下的钱来看，这件事值得去做。所以结果 B（火花＋苜蓿）符合经济效率，而且双方同样不需交易，不必负担交易成本，如另一条实线箭头所示。

最后，假设安装火花消除器的成本降到 200 美元（c 栏）。火车仍可依法随意喷火花，但这时农民会愿意花钱替铁路公司买火花消除器，因为这么做的成本低于改种苜蓿，即改种苜蓿是次佳的选择。

这么做符合农民们的利益，但可能不会发生，理由在于前文提过的公共产品问题。只要有够多的钱买火花消除器，不出钱的农民就能免费搭便车。何况农民人数多达 100，一个农民出的钱不可能改变结果。许多农民因此可能拒绝出钱，因为他们认为，如果其他人不出，他们出的钱不足以扭转结果，但如果有足够多的人出钱，他们便可以免费搭便车：不必花钱就能避免火花。

农民有各种方法可克服这个公共产品问题。比方说，他们可以拟定合约，每个人都同意只有在其他所有人都出钱时才出钱。如果有人不合作，整个计划就会失败，但农民不会因为自己同意而其他人拒绝而须出钱，所以同意出钱的合约符合农民的利益。

这个解决方法取决于我们先前的假设：所有农民承受相同的火灾风险。如果没有这个假设，则每个农民应该出钱的比例就很复杂难解；即使只有一位农民认为费用高于火花消除器的价值，整宗交易也会告吹。意志够强的农民可能干脆宣布不出钱，如果其他人想要集资，最好另拟新合约，把他除名。由此可见，这中间会涉及很多讨价还价、恫吓、威胁与反威胁的情况。结果很可能是铁路公司没有安装火花消除器。所以规则 1 和结果 C 的连接是用虚线箭头，因为农民面对的公共产品问题，使这项因果关系不易实现。

有没有可能达到结果 D（火花消除器＋苜蓿）呢？如果安装火花消除器和改种苜蓿的成本都很高，这永远不是符合经济效率的结果，因为两种措施都不便宜，而且只要执行其中一种就能预防火灾。因此，没有一种规则会达到结果 D。但情况会改变，比如说，柴油火车头的出现使农民根本不用担心火花，而大量进口小麦使苜蓿成了更赚钱的作物。但如此一来，我们现在分析的问题也就不存在了。

现在谈规则 2：农民拥有绝对的财产权利，铁路公司只在取得每位农民的许可下才能喷出火花。这时情况将如何？

如果符合经济效率的结果是 C（没有火花＋小麦），这个结果显然不需要由任何交易来达成。铁路公司可以出钱买农民的许可，但成本会高于安装火花消除器，因此这不符合铁路公司的利益。规则 2 于是以实线箭头和结果 C 连在一起。

但假如符合经济效率的结果是 A 或 B，铁路公司必须向农民购买喷出火花的许可。若交易价格低于火花消除器的成本，并高于火灾的损失（A）或改种苜蓿的成本（B），铁路公司和农民就同时有意愿进行交易。

这样的交易对他们有利，但同样可能无法实现，这一次的原因是所谓的**不合作问题**（holdout problem）。倘若铁路公司提议给每位农民 6 美元来买喷火花的许可，而每位农民负担的成本（视何者成本低而定）只有 4 美元。有农民会想到，如果这项交易成立，铁路公司的成本可从 1000 美元（安装火花消除器）降为 600 美元（支付农民的钱），因而省下 400 美元。他也想到，如果他拒绝同意交易，铁路公司的省钱计划将成泡影。身为理性的人，他会提议利益均分：铁路公司必须多给他 200 美元，他才会同意。

如果只有一位农民采取这种策略，这项交易仍会成立，并达到符合经济效率的结果。但如果有两位以上的农民要多收 200 美元才肯同意，铁路公司便会拒绝支付，交易便告破裂。事实上，打算依样画葫芦的农民可能为数不少。这种策略性谈判的风险是失去 2 美元的利润（接受铁路公司 6 美元的支付，以补偿 4 美元的火灾损失），而潜在收益是 200 美元。由此段推论可知，虽然农民有各种方法来解决问题，但都不会成功。因此规则 2 是以虚线箭头与结果 A 和 B 连接，因为不合作问题使这项因果关系不易实现。

到目前为止我们处理的都是财产法则：其中一方有权决定火车是否可以喷火花。接着我们要考虑补偿法则：某一方有权决定火车是否可以喷火花，但必须为此产生的成本而补偿另一方。

规则3即是补偿法则，由铁路公司决定是否喷火花，但农民有权对所遭受的损害要求获得赔偿。这会发生什么情况呢？

首先假设成本如表1中的a栏所示，使得A成为符合经济效率的结果。铁路公司可以喷火花，并为因此而产生的火灾支付农民400美元，或者，它可花1000美元安装火花消除器。而它选择前者。不过，若火车喷出的火花引起火灾，农民会提出诉讼，要求赔偿损害。双方虽可得到符合经济效率的结果，但会负担额外的成本：侵权官司的诉讼成本。

这个结论隐含一个重要的前提：法院能够准确衡量损害的程度。假使情形并非如此，法院看到麦田冒烟的照片大为吃惊，高估了损害程度，裁决农民可获得1200美元的赔偿。倘若铁路公司能事先预测到法院高估损害金额，它会安装比较便宜的火花消除器，即使这样的结果不合经济效率。

这个问题的解决方法需要另一次交易。铁路公司为了避免诉讼，愿意给每位农民8美元，以买下他们的补偿权利。和规则2一样，双方也许能通过谈判而得出符合经济效率的结果，但他们必须克服不合作的问题。幸好这不困难。单单一位农民不再能够迫使铁路公司安装火花消除器，因为铁路公司可以选择喷火花，并支付他12美元的损害赔偿。因此不愿意合作的农民，最多只能期望获得12美元。

以上是a栏的成本假设，即改种苜蓿的成本高于火灾损害的成本，使得 A 成为符合经济效率的结果。如果现在把假设倒转过来，改种苜蓿的成本是 400 美元，火灾造成的损害是 800 美元（b 栏），则 B 将是符合经济效率的结果。我们要如何达到 B 呢？

答案取决于法院裁决损害赔偿时的信息是否充分。如果法院只知火灾的损害成本，却不知改种苜蓿的成本，农民一定会选择继续种小麦。因为一旦有火灾，把损失账单寄给铁路公司即可获得赔偿，不花自己一毛钱。而如果农民改种苜蓿，就必须自行负担 400 美元的改种成本，而且因为不会发生火灾，缺乏控诉依据，也无法获得赔偿。所以即使 B 是符合经济效率的结果，双方最后会得到的结果是 A。

要求铁路公司付钱给农民去改种苜蓿，可以解决这个问题。这么做也可能遭遇不合作的农民，但问题并不严重，因为仍有一些农民愿意接受铁路公司付钱来改种苜蓿。

如果法院够聪明的话，有更简单的方法可以达到符合经济效率的结果 B。根据习惯法原则，侵权受害者有义务在事实发生后采取行动，把损害减到最低。掌握充分信息的法院如果利用这个原则，可能拒绝让农民得到小麦全部烧毁的全额赔偿（800 美元），因为他们有一半的错；他们本来应该改种苜蓿。若农民果真改种苜蓿，够聪明的法院会观察到，即使没有火灾，农民还是因火花而负担了成本，因此会裁决农民得到 400 美元的赔偿。在这种情况下，农民最好改种苜蓿（改种成本是 400 美元，但法院裁决铁路公司要全额补偿），而不要继续种小麦（火灾损害是 800 美元，但只有 400 美元会获得赔偿）。所以，铁路公司与农民不需要进一步交易，透过信息充分的法院就可以直接达到结果 B。

暂时岔题，谈常被忽视的课题

法院的能力是决定法律有无经济效率的重要因素，这一点在第14章有更详细的讨论。如果法院拥有充分的信息，能够掌握每一方应有的行为，我们就不需要损害赔偿制度。法院只要宣布每个人应该怎么做，不从者就处以绞刑。这是用来协调人类行为的中央集权方式。无数的历史证据告诉我们这是行不通的，除了在非常小的社会中，而有许多经济理论可以解释原因。

如果法院处在另一个极端，对事一无所知，靠掷骰子来裁决，则法律的存在就没有任何意义。所以，如果我们的法律体系有合理的存在价值，表示法院必然介于一无所知和无所不知之间。至于到底处在何处，是我们的理论中非常重要的一个假设，但很少被明白表示。

就我们研究的例子来说，财产法则（规则1或2）只需要够聪明的法院，能够判断火车有没有喷火花并引起火灾。在补偿法则的规则下，若A是符合经济效率的结果，只要法院能够衡量火灾发生的成本，规则3可直接导致结果A（火花＋小麦＝火灾）。但是假若结果B是符合经济效率的结果，只有法院够聪明，不仅能够衡量火灾的实际损害，也能衡量为了避免损害而采取的防范措施（农民改种苜蓿）的成本，以及没有采取防范措施（农民不改种苜蓿）以避免损害的潜在成本，并把这些信息纳入损害的计算中，规则3才会直接导出结果B（火花＋苜蓿＝没有火灾）。如果法院不够聪明，无法直接引导出符合经济效率的结果，则科斯的方法便派上用场：

涉事双方会经由谈判而得出符合经济效率的法律，只要谈判的交易成本不是太高。

重回讨论

在上节文字之前，我们讨论到规则3（铁路公司决定火车是否喷火花，但铁路公司必须负担成本）的应用情况，在b栏的成本假设下，符合经济效率的解决方法是火车继续喷火花。现在来看另一种情况。假设各项成本如c栏所示，那么符合经济效率的结果是C：铁路公司应该购买火花消除器，让农民不必担心发生火灾，自由种植小麦。只要法院能够准确衡量损害程度，这不成问题。铁路公司会计算继续喷火花的损害赔偿费用，然后购买火花消除器。

规则4是规则3的颠倒，由农民决定是不是要装火花消除器，但如果他们坚持要装，必须付钱给铁路公司。这样很容易产生继续喷火花的结果：在a栏及b栏的成本假设下，农民遭受火灾或改种苜蓿的成本（视何者较低）低于为铁路公司买火花消除器。于是规则4与结果A和B的连接是实线箭头。

在c栏的成本假设下，结果C最符合经济效率，因为遭受火灾和改种苜蓿的成本，都高于付钱给铁路公司装火花消除器的成本。但因为公共产品的问题，结果C难以达成。如果有任何一位农民禁止火车喷火花，他必须支付火花消除器的全部安装费用，而让其他农民免费搭便车。为了达到结果C，农民们必须设法同意分摊火花消除器的费用，和规则1的情形相同。

在规则1（铁路公司决定火车是否喷火花，农民负担成本）的情况下，农民支付铁路公司以停止喷火花的价格，是由双方谈判决定；在规则4（农民决定火车是否喷火花，农民负担成本）的情况下，则是由法院决定。只要有农民愿意支付火花消除器的费用，铁路公司就无法以拒绝交易来要求更高的价格。何种规则运作得比较好，取决于谈判和诉讼的成本，以及达成正确结果的相对准确性。

我们已经谈完了"意大利面条图"。它可以用来做什么呢？

用来选择合适的法律。为此，我们需要额外的信息：各种结果符合经济效率的可能性，以及各种交易问题的严重程度。

假设无论法律为何，结果A最符合经济效率，那么合适的选择是规则1。因为它带我们直接到结果A，不需要交易，而且不需要法院来衡量和判断损害金额。日常生活的一个例子是，每次我呼气时就会产生外部性，增加这个世界的二氧化碳含量，这对全球的温室效应来说是雪上加霜。这个成本可能真有其事，但我们相当有信心，相信继续呼吸和忍受其后果，是解决问题成本最低的方法，所以每个人都有呼吸的权利，不必为可能产生的成本负侵权责任。

相反地，假设结果C最符合经济效率，则同样的论点会让我们选择规则2。一个例子是，不被邻居蓄意射击是我的绝对财产权利。虽然邻居因失去练习射击的机会而感到沮丧，但可以肯定的是，这种沮丧所隐含的成本低于我被射伤的成本。

如果不知道哪种结果最符合经济效率，事情会变得比较复杂。所以我们必须估计概率，也就是A、B、C三个结果分别是正确答案的可能性。有了概率，就可以观察每一种规则达到我们所要结果的难易程度。平均执行成效最好、交易成本最低、未进行交易时产生的无效率最少，就是我们想要的规则。

估计概率之外，也要估计交易成本。如果法院能以低廉的成本准确衡量损害（损失），并考虑所有可能的防范措施，那么规则 3 和规则 4 看起来就很有吸引力，两者都能直接得到 A、B 或 C，不需要农民和铁路公司进行交易。如果我们认为法院判决准确且成本低廉，但只能算出直接损失，那么规则 3 的吸引力取决于我们认为 B 符合经济效率的概率，因为 B 是唯一需要谈判才会得到的结果。

如果农民能够轻易解决他们面对的公共产品问题（因为农民人数可能不是很多，而且彼此是朋友和邻居），规则 1 看起来就很有吸引力。它会直接达到结果 A 和 B，间接但低成本地到达 C。如果诉讼成本很高，而且法院估计损害金额的能力很差，规则 1 的吸引力会更高。

推论至此，意大利面条图的基本逻辑与用意应该很清楚了。根据我们对这个世界的想法（每种结果符合经济效率的概率），以及处事的方法（交易成本、法院判断的准确性），可以推出每种规则会产生的平均成本，并从中选择成本最低的。这也就是说，原则上，我们拥有设计法律的智慧。

"原则上"一词隐藏了许多问题，因为要选出正确的法律，大部分取决于我们无法获得的信息。前面练习的目的，是弄明白如何在拥有完整信息的情况下做精确的计算，然后借此了解如何在现实中非常不完整的信息下，尝试粗略的计算。我们可能无法确定，哪种法律最适合决定火车喷火花酿成火灾的责任，但能够证明哪些因素令某种法律更具吸引力。

不过在以这种形式重述论点之前，值得多考虑另一种可能的规则——以庇古税控制火花（没有画进图内，因为图已经够复杂了）：

5.喷火花要付罚款：铁路公司支付的罚款，等于喷出的火花造成的损害。

乍看之下，这个规则似乎解决了所有的问题。要是损害低于火花消除器的成本（表示结果A或B符合经济效率），铁路公司会付罚款，继续喷火花。农民得不到补偿，只能决定种植小麦或苜蓿，看何者成本最低。如果损害高于火花消除器的成本，铁路公司会买火花消除器，于是得到结果C，农民和铁路公司之间不需要进行交易。

但这里面有一些问题。假设评估罚款的主管机关没有那么聪明，只能衡量出直接损害的金额并据以处罚。再假设改种苜蓿的成本低于火灾损害，但高于安装火花消除器。于是符合经济效率的结果是C，而各项成本如表1中 c 栏所示。

铁路公司会继续喷火花和支付罚款。铁路公司的股东可能会愤怒地质问：既然安装火花消除器比较便宜，为什么要缴罚款？而公司总裁会请他们保持耐心。理由是：农民见到火车继续喷火花，只好改种苜蓿以防止火灾，火灾不再发生，当然就不必支付罚款了。

铁路公司和农民卷入了一场相互虚张声势的博弈。农民可以不改种苜蓿，试图强迫铁路公司安装火花消除器，但铁路公司也可以拒绝安装，希望迫使农民改种苜蓿。但在这场博弈中，铁路公司有更强的优势（处于优势地位），因为铁路公司只有1家，农民却有100位。每位农民都有改种苜蓿以避免火灾的诱因，但也同时期望有其他农民会继续种植小麦，这样铁路公司才有诱因安装火花消除

　　　　　　　　　　　　　　经济学与法律的对话

器（因为怕付罚款）。农民们面对的是公共产品问题，因为他们希望继续看到别人的麦田失火，直到铁路公司让步。

还有第二个问题，前一章"科斯加庇古"一节有提过。假设火花消除器的成本是1000美元，改种苜蓿的成本是800美元，火灾损失是600美元，如表1的d栏所示。符合经济效率的解决方法应是让火车继续喷火花，而铁路公司每年要付600美元的罚款，农民要遭受600美元的损失。但如果铁路公司安装火花消除器，罚款和损失都会消失，也就是花1000美元的成本，可以获得1200美元的利益。农民因此愿意出500美元，分摊火花消除器的安装成本，而铁路公司也同意，结果双方得到的是无经济效率的结果C。

火车喷火花的讨论到此结束。接下来我们利用它来了解各种法律的利弊得失。

财产法则还是补偿法则

如果有人打破窗户或毁约，会被控告损害，赔偿金额约等于加诸被害人的成本。如果他偷车子被捕且经宣判有罪，就得坐牢。要求履行合同的权利，或财产不遭意外损毁的权利，属于补偿权利，受民法（合同法和侵权法）保障。拥有汽车的权利是财产权利，受刑法保障。

拥有某物的补偿权利，意味着某物如遭取走，取走之人应负赔偿之责。财产权利则意味着取走之人应受惩罚，让他了解不取走别人的财物才符合他的利益。大致而言，我们可以把补偿法则看成是"赔偿等于损害"，财产法则是"赔偿高到足以产生吓阻"。当然，

Ⓑ

现实世界的财产法则不一定都有吓阻作用。我们将在第15章讨论这一点，但暂时忽略那种复杂性，有助于简化目前的讨论。

假想这个世界只有补偿法则。如果某人想要你的车子，他不必找你购买，只要径行把车子取走，由你去控告他照价赔偿。这种方法有什么错误？为什么不能产生符合经济效率的结果？

如果法院能够准确衡量财物价值，且以极小的成本执行赔偿判决，则补偿法则会带来符合经济效率的结果。因为赔偿金额等于车子被偷的成本，所以只有在车子对窃贼的价值高于对车主的价值时，偷车才划得来，同时也是符合经济效率的结果。这种法律不会导致寻租行为，和第3章讨论的（未获赔偿的）窃案不同。车主没有诱因花费时间和金钱来保护车子，因为如果被偷，可获得全额赔偿；窃贼必须全额赔偿受害者，所以会销声匿迹。窃贼偷车的成本小到可被忽视，因为车主没有采取防范措施，窃贼只要溜进一辆未上锁的车子，用车主留在启动器上的钥匙，即可开走车子。

然而，在现实世界中，法院无法准确衡量车子对车主的价值。再者，找到偷车贼、证明是他所为、估计车子的价值，是很耗成本的事。因此，以补偿法则保障车主对车子的权利是十分昂贵的方法，往往导致不合经济效率的移转现象。

我们有更好的处理方法，即财产法则：没有车主的允许，其他人不能开走车子；如果你未经许可就开走我的车子，你就要倒大霉了。

对于财产法则是更好方法的理由，我们在第2章的安、玛莉和约翰的例子中已经谈过。如果我的车子对你而言更有价值，你会愿意出一个我愿意接受的条件；你不必去偷车，可以用买的。车子的价值不是根据法院尽力做出的裁判，而是根据你愿意出而我愿意接受的条件。把车卖给你的交易成本，远低于你偷车、然后我控告和收回车子的交易成本。

如果财产法则运作得那么好，我们为什么还需要补偿法则？因为在有些案例中，贩卖的交易成本高于控诉的交易成本。每次我把车子开出车道，总有伤害附近每位驾驶人和行人的小小风险。在我发动车子前取得所有这些人许可的交易成本会高得吓人。因此我们不是依赖财产法则来执行不被撞到的权利，而是依赖补偿法则：如果我开车撞到某人且法院认定错是在我，则我必须赔偿他。

从这些例子可以得出一个非常简单的结论：**透过市场交易来分配权利的成本很低时，财产法则富有吸引力；透过诉讼来分配权利的成本很低时，补偿法则富有吸引力**。如果市场能适当分配权利，但法院不能时，如分配汽车的所有权，我们使用财产法则，与之相反的情况则用补偿法则。若两种分配的成本都为零，则都会导致具有经济效率的结果；若成本都很高，可能就得另寻他法。

我们可用土地侵入者的不同来说明。如果我故意侵入你的土地，那么不管我造成多少损害，或我的行为多么合理，都必须负起责任。如果我家的牛闯进你的土地，我只需为它们实际造成的损害负责。未经许可不得侵入你家土地的权利，是以财产法则执行；不让牛闯进你家土地的权利，是以补偿法则执行。

如果穿越你家土地对我的价值高于对你的成本，如有必要，我可以向你买下永久的许可：地役权。但如果我要在我的土地上养牛，我无法轻易取得所有地主的许可，以防止我的牛擅闯他人土地。

法律处理意外事故和持续妨害的方式也有不同。如果我的干草堆无故起火燃烧，火势蔓延到你的房子，你可以控告我损害，也就是要求法院采用规则3，给你补偿权利。如果你制革厂的气味害我的房子不适人居，我可以要求法庭将制革厂作为妨害物关闭。也就是要求法院采用规则2，给我财产权利，即未经我的许可，他人不得以废气污染我的房子。

两种处理方式的差异，可能部分与法院的裁决能力有关。在持续妨害的案例中，消除或忍受妨害对双方造成的成本，在某种程度内是可以观察到的。因此法院容易确定谁能以最低的成本避免问题，并据此指定财产权利的归属，直接达成符合经济效率的结果，不论是用逐案审理还是用通用规则的方式。但意外事故是事前无法确定的事件，我们无法确定事后处理的成本，因此法院很难甚或不可能知道，谁能以最低的成本来避免问题。采用补偿法则后，决定是否采取防范措施（比如让干草堆远离火源或邻居的房子）的责任就落在了我身上，法院要做的，只是在意外事故发生后估计损害金额。

差异的第二个理由在于，在持续妨害的案例中，透过私人交易来重新分配权利往往是比较务实的方法。如果我的制革厂污染了你的工厂，我们彼此心知肚明，因此如果法院将禁令（injunction）的权利给错了人，另一人可以向这个人购买权利。但面对意外事故，这么做的效果并不好。即使法律体系给你绝对的权利，可因建筑物遭意外事故焚毁而寻求法定赔偿或刑罚，但我不可能知道要向哪位邻居买什么权利，才能避免在意外事故发生后负责。

补偿法则还是罚款

处理污染等外部性的一个方法是利用侵权法：如果邻居嘈杂的糖果工厂害你没法使用你的诊所，你可以控告他损害。美国现代的环境保护法则视外部性问题为违反联邦法规，并处以罚款。如果我们的目标是经济效率，我们如何在这两种方法中做选择？

一个答案是，这两种方法对受害者采取防范措施的诱因有不同的影响。如果火车喷火花让麦田失火后，农民可以获得损失赔偿，那么他们就没有改种苜蓿的诱因，即使改种成本低于火灾损失或安装火花消除器的成本。如果铁路公司被罚款但钱不是给农民，农民就有改种苜蓿以降低损害的诱因。罚款是否是比较好的方法，部分取决于铁路公司和农民进行谈判的难易程度。要是交易成本很低，补偿法则也会带来符合经济效率的解决方法，因为铁路公司会付钱给农民去改种苜蓿。

交易成本低不只使得补偿法则更容易运作，也会使罚款的效果更差，理由前文已述及。如果交易成本低而罚款没有给农民，铁路公司就有双重的诱因去安装火花消除器，不只不用缴罚款，也能迫使农民共同负担安装的成本。安装火花消除器可能符合铁路公司的利益，即使安装成本高于喷火花的损害。

在两种方法中做选择所依据的第二个基础是，这两种方法为告发和控诉违法行为提供的诱因。要某人受到惩罚，必须先告发和控诉他的违法行为。补偿法则给了受害者这么做的诱因，因为他可以获得损害赔偿。罚款则不然。

我们可以把侵权责任想成是一种庇古税，旨在强迫侵权者把外部成本内部化。另一种想法是把它当作赔偿受害者的方式，好像法院命令的保单。也可以将它视为一种奖励制度，私部门执法者（也即侵权受害者）将违法者告上法院，并获得后者上缴的罚款。此处只讨论了第一种方法，其余将在以后各章探讨。

附加说明

读者可能觉得就本章讨论的问题来说，考虑到的法律规则不够多。比方说，有人可能认为，农民面对的公共产品和不合作的问题，可以用一种法律来解决，即允许大多数农民制定全体农民与铁路公司交涉的条件。如果多数农民决定每位农民要出资4美元购买火花消除器，每位农民都必须遵守；如果多数农民同意允许火车喷火花，或者改种苜蓿，以交换铁路公司付钱给他们，每位农民都要受这项协议的约束。类似的法律不只存在于民主政府和许多私人组织，也因某些特殊背景而产生，如联合开采油田。

这种特定的法律制度可以解决此处讨论的问题，但会产生另一些问题。以表1中b栏所示的成本为例，但稍微修改原来的假设：已有40位农民种植苜蓿，另外60位农民的田地只适合种植小麦，所以会因火灾而损失800美元。在使用规则1的情况下，也就是火车可以自由喷火花，可能遭火灾的农民会提议每位农民出资10美元，帮铁路公司购买火花消除器。对承受火灾风险的农民来说，这是很吸引人的提议，因为每个人的火灾损失都超过10美元。这项提议会以60比40票通过，得到结果C，尽管A更符合经济效率。铁路公司最后装了火花消除器，成本高于火灾损失。

这个例子表明，光是提出在一组假设下运作得比较好的法律规则是不够的；在另一组假设下，它可能运作得很差。我可以把这个规则和其他许多规则加到意大利面条图内，并在表中多加几栏，描述更多不同的成本假设。这么做需要进行更复杂的分析（分析内容已经占掉本章的大部分篇幅），但不改变基本要点：我们不是要说明哪种规则符合经济效率，而是说明如何去找到它。

　　读者可能想到，正确法律的选择需要针对问题搜集很多相关信息，而法院可能没有这些信息。因此有人主张合同自由原则，允许双方在合同范围内制定规范；毕竟他们是这项合同范围内的专家，晓得可能遭遇什么样的问题。推而广之，这种说法表示法律体系可以充分分权，由了解问题的人自行订立适用于他们的法律。

6 燃烧的房屋和爆炸的可乐瓶：保险与经济学

　　当事情出差错时，法律可以协助我们决定由谁负责。若一个可乐瓶在炎热的夏日像手榴弹一样爆炸，产品责任法会决定由你或可口可乐公司负担医疗费用。一家公司向你下单购买产品后，发现不再需要而拒绝收货，合同法会决定由你或这家公司负担因此产生的成本。换句话说，法律会分配风险。

　　保险公司也会分配风险，但他们收费。早在法律的经济分析出现之前，保险活动的经济分析便已着力甚多。保险经济学——为什么人们要买保险，哪些成本与它有关，有什么方法能把成本降到最低——提供了一条实用的快捷方式，可用来了解广泛的法律议题。

保险经济学

　　我的房子今年遭火灾的概率是百分之一，可能让我损失10万美元，于是我找上保险公司，为房子买保险。保险公司认可了我估计的概率，并且认为，平均而言，最后它会因这张保单而理赔1000美元。除了理赔金额，保险公司也必须支付薪水、办公室租金等，所以它收我一年的保费为1100美元。

平均而言，保险公司收费比我所能回收的金额多100美元，那为什么我要买保险？答案在于这儿一块钱的价值不等于那儿一块钱的价值。如果我的房子烧毁，我的财富会少掉很多，因此钱对我来说就变得很有价值。我是拿"将来房子没有烧毁，我财产仍多时显得便宜的钱"，交换"万一将来房子烧毁，我一无所有时显得很有价值的钱"。两种价值的差异够大，所以我愿意拿11美元便宜的钱，去换10美元宝贵的钱，使得保险公司有足够的钱去付租金。

这可以说明为什么我愿意买保险。但为什么保险公司愿意卖它？要是保险公司股东的偏好模式和我相同，即拥有的钱愈多，额外的钱的价值愈低，为什么他们愿意接受我的风险？

答案在于风险经移转后并没有消除，但把风险集合在一起则有这种效果。有了数目庞大的保单，大部分不确定性经平均后会消失。承保10万户住宅的保险公司，可以相当确信一年内将理赔约1000起火灾损失。

前文曾谈过金钱价值变化的情形。我在第2章解释经济效率时曾指出，在衡量人们的处境时，假设一块钱对每个人有相同价值是错误的。那里举的例子表明，一块钱对富人的价值和对穷人的价值是不同的。而刚举的保险例子说的是，同一个人在不同的情况下，认为同样的一块钱有不同的价值。

保险的例子其实更好，理由有两个。首先，除了财富，穷人和富人在许多方面可能不同。富人之所以有钱，或许是因为他非常重视物质，即使有了很多钱，仍然非常卖力工作，以取得更多钱购买东西；而穷人之所以没钱，是因为他的态度恰好相反。如果真是这样，富人对一块钱的重视可能甚于穷人。在保险的例子中，我们比较的是同一个人的不同处境，变化的只是他拥有的钱的数量。

保险例子更好的第二个理由，是我们不必自限于理论，我们有证据。买保险的人可能大部分都晓得，平均而言，他们可以期望获得的理赔金额低于付出的保费。这表示投保者是以金钱以外的东西衡量它的价值，认为同样一块钱在房子烧毁后的价值高于房子未烧毁时。大部分人的偏好具有边际效用递减的现象，这可由他们的选择看出。

风险厌恶并非针对风险：必要的岔题

经济学家称这种偏好模式为**风险厌恶**（risk aversion）。房子投保火险后，你便将不确定的未来，也就是99％的概率是拥有目前的财富，及1％的概率是目前的财富减去10万美元，转变为一个确定的未来，亦即有100％的概率拥有目前的财富减去1100美元。你等于支付100美元去做这种转换，因为你的期望财富随着买保险而减少100美元。如果你愿意花这笔钱以降低风险，显示你厌恶风险。

这个名词被普遍使用，但也几乎一样被普遍误解。首先，风险偏好（risk preference）听起来像是说你喜欢刺激冒险，实际上它是指金钱对你的价值如何随着你拥有的金钱数量而变化。一个人买了火险，又喜欢跳伞取乐，两者在逻辑上并没有矛盾之处。谨慎的跳伞者可以喜欢寻求刺激，同时他的收入边际效用递减。

另一个问题是，我们所说的厌恶风险，其实是指厌恶"金钱风险"（monetary risk）。你拥有的钱愈多，则多一块钱对你的价值愈低，这个事实并不表示钱以外的事物也是如此。

结婚后不久，你发现自己患了一种罕见且非常严重的病。如果不去理它，预料15年内会死亡。若是接受治疗，有50%的概率可以多活30年，50%的概率是手术后就此一睡不起。

从寿命的期望值来衡量，这是公平的赌注——不管选择何者，平均而言，你都能多活15年。你是否愿意放手一搏，取决于多活几年的价值，以及取决于能多活几年。

你很想生儿育女，但你必须活得够久，才能把他们抚养长大。如此一来，你必须在"确定活15年但没有小孩"和"有50%的概率活30年且有小孩"这两者间做选择。而你咬紧牙根，深呼吸几下，决定安排动手术。

以上所说，是一位风险偏好者用年龄为衡量单位来做决定。虽然不确定与确定的结果有相同的期望值，但他偏好不确定的结果。不过，在房子投保的问题上，他可能是风险厌恶者。由此可见，"风险厌恶"指的不是对风险的喜恶（tastes for risk），而是对结果的喜恶（tastes for outcomes）。

再谈保险问题

风险厌恶说明了为什么我们会买保险，即使保费不只涵盖我们未来的理赔金额，也包括保险公司必须支付的租金和薪资。另一方面，要解释为什么我们经常不买保险，得引入另外两个概念：**道德风险**（moral hazard）和**逆向选择**（adverse selection）。

你拥有一座价值100万美元的工厂，估计它每年有4%的概率发生火灾。如果一年支出1万美元来购买和维护防火喷水装置，而且定期检查工厂环境，可以降低一半的风险。你应该那么做吗？

平均而言，你可以用一年1万美元的预防成本，省下预期中的火灾损害金额2万美元。如果你是风险中立者，既不偏爱风险，也不厌恶风险，这是个好办法。如果你是风险厌恶者，这么做更好，因为你所做的防范措施等于购买保单，成本只及损害金额的一半。

假使你已为工厂投保全额保险，果真失火烧毁，你并没有损失什么。虽然你做的防范措施的价值高于成本，但不是对你而言，是对保险公司，因为从风险降低中受益的是保险公司。因此你不会花钱去装喷水装置。

在保险用语中，这称为"道德风险"——被保险人一旦将风险移转，便疏于采取合乎成本的预防措施，因为预防措施只对保险公司有利。这表示被保险的建筑物平均而言比未保险的建筑物更有可能失火。理性的保险公司在设定费率时，会把这个事实纳入考虑。我们暂时不考虑保险公司的营运费用，而且为了简化起见，假设它按照期望值出售保单，则你的保单一年会花去你4万美元。这是你没有采取防范措施时的火灾期望损失，而如果你保了全险，你将不会采取防范措施。

道德风险的成本不是只从被保险人移转到保险公司，同时也是一种净损失——在我们的例子中，是一年损失1万美元。这是你在投保后不再采取的预防措施，其价值（2万美元）及其成本（1万美元）间的差额。

道德风险是一种由外部性产生的无效率。买了保险之后，火灾预防措施的收益和危险行为（如在废纸堆旁抽烟）的成本，就转移给了保险公司。此时，预防措施有很大的正外部性，因此你采取的预防措施少得不合经济效率；而风险有很大的负外部性，因此你承受的风险高得不合经济效率。

这是否表示，有效率的法律体系应该禁止保险？其实不然。由道德风险产生的无效率是保险的成本，而汇集风险产生的收益，是真正的收益。保险是保险人和被保险人之间的自愿性交易，只有在双方相信收益至少能抵消损失时才会发生。

道德风险的问题不表示保险不应该存在，而是表示保险公司在设计保单时，应该且将设法减轻这个问题。一个方法是规定被保险人应该采取哪些预防措施，如安装合适的喷水装置。另一个方法是，保险公司自己出钱来执行若干预防措施，如检查消防设施。

还有一种较不直接的方法是共同保险（coinsurance），如保险公司只承保工厂一部分的价值。承保的比率愈低，厂商就更可能采取愈多的预防措施。如果工厂只投保其价值的一半，则前例中价值为成本两倍的预防措施就值得实行。因此共同保险消除了道德风险最不合经济效率的结果。其中，道德风险指未能实行价值远高于成本的预防措施。另一方面，如果保险公司粗心大意，为一座工厂承保150%的价值，失火的概率就可能大增。

道德风险：瑕疵还是特色？

　　那不是瑕疵，而是没有写在说明书里的特色。

——一个软件的老笑话

再以工厂为例。若原来的工厂属于某家有数千座工厂的大公司，而我是管理这座工厂的员工。我的雇主和许多公司一样，是根据绩效来评量员工的表现，而好的绩效是指愈高的产出和愈低的营运成本。

如果我不做火灾预防措施，可以为雇主一年省下1万美元，因而大大提高我升迁的机会。工厂每年毁于火灾的概率只有4%，所以在我仍主事的期间，发生火灾的概率相当低。就算真的发生，100万美元的损失也是从雇主的口袋掏出，不是从我的口袋；雇主顶多只能把我开除。由此可见，忽略预防措施虽然不合雇主的长期利益，是个坏决策，但从我的长期利益来看，却可能是个好决策。

总公司管辖数千座工厂，无法清楚了解每座工厂，也就无法判断哪些预防措施值不值得实行，只能依据绩效来评量我的表现。总公司所知不多，也知道自己所知不多。它和我一样非常清楚我的利益何在，而且知道它希望我做的事和我的利益有冲突。它的问题是，该怎么解决这种利益冲突。

一个解决方法是雇用另一位员工来监视我，稽查我做的所有决策，但这很花钱，而且公司也因此多了一个问题，就是那个人会做符合他本身利益的事。另一个解决方法，是把成本和风险移转给防止工厂毁于火灾的行业。

我的雇主找了一家专营火险的公司。雇主一年付费3万多美元，保险公司同意承保工厂的火险，付钱购置喷水装置，并安排定期检查。总公司告诉我不必管火灾预防措施，保险公司要我做什么，照做便是，然后把账单寄给他们。

在这种情况中，道德风险成了特色，而不是瑕疵。原先的讨论中，我将厂商（我的雇主）视为最有能力防止火灾的人，换句话说，厂商能以最低的成本避免问题发生。这是很常见的情况，但以此处大公司的例子所示，有时不见得是如此。如果我能以最低的成本避免问题，则将损失从我移转给保险公司的诱因效果，就成了保险的缺点，因为采取所有值得采取的预防措施，不再符合我的利益。但如果保险公司是成本最低的问题避免者，前述的缺点就变成了优点。

思考这个问题时，"道德风险"这个词可能有误导作用，因为它隐含假设只有投保者的诱因才是关键。火灾或其他可投保事件的风险，受一位以上行为者的决策所影响。把所有的成本加诸一方，可以给他正确的诱因，却给另一方错误的诱因。如果保险公司比被保险人更能防止损失，则透过保险把成本移转给保险公司，以提高保险公司的诱因，比起降低厂商的诱因，更能提升效率。正确的规则是把诱因放在产生最多利益的地方。

从这个观点来看，只针对部分损失投保的共同保险，虽然不完美，却是合理的解决方法。每一方都有一些诱因，但没有一方有符合经济效率的诱因，因为预防措施的报酬只略高于成本。这带来一些无效率现象，但也许不会太多，因为成本和价值相近的预防措施只会产生些许利益。你想采取的预防措施，是能以低成本大幅降低风险的措施。共同保险使得任一方采取这些措施对自己有利。

道德风险有时是种特色，而非瑕疵，认识到这一点有助于解释为什么大公司有时会为工厂投保。前例中的雇主不需要请保险公司汇集公司的风险；公司的规模够大，能自行汇集风险。就像保险公司承保1000户住宅，有1000座工厂的公司也能依赖大数法则，来产生可预测的结果。不过这种公司有时还是会买保险。一个可能的解释是，这么做是为了给保险公司诱因，让工厂免于焚毁。

同样的论点可用来解释另一个谜题：人们有时会为小额损失买保险，即使小额损失不可能大幅改变财富，使得一块钱的价值显著改变。

有位顾客在西尔斯百货公司买了一台新洗衣机，并决定购买延长售后服务合同。从风险厌恶的观点来看，购买这种合同没什么意义。但在洗衣机故障后，能找到能干的人来修理，花合理的费用把机器修好，表明这可能是明智的决定。西尔斯比顾客更懂得如何修理洗衣机，也清楚维修人员的能力高低和诚实与否。购买延长售后服务合同之后，顾客便把寻找维修人员的工作交给西尔斯，而西尔斯也有诱因将督导工作做好，因为要不然，顾客会不断找麻烦。因此，延长售后服务合同也是把诱因从可能遭遇风险的财产所有人，移转到更能发挥作用的地方，只是方式有点不同。

在第14章讨论产品责任时，还会回头谈这个问题。如果可乐瓶爆炸，可口可乐公司必须负起责任，这种法律其实就是一种强制保险：可口可乐公司替顾客承保风险。这么做有个缺点，它减低了顾客小心谨慎、不去摇晃温热的可乐瓶的诱因。优点则是提高了可口可乐公司改善质量管理的诱因。

逆向选择：他晓得你不晓得的事

你从事人寿保险业。一天早上，一个男人冲进你的办公室，说他要买高额保单，而且现在就要。你应该向他收多少保费？保险统计表列出他这种年龄和健康状况的男人的死亡风险，但可能不是很管用，因为从他的行为可以看出，他晓得自己活过当天的概率，而你一无所知。

同样的道理适用于向你买保险的每个人。有人想买保险，正足以证明你不应该卖给他，更精确地说，他出事的风险比保险统计表所显示的更高。毕竟，大部分人都很清楚自身所冒的风险，例如喜欢跳伞、开车时只顾着和电台节目主持人抬杠或被由妒生恨的丈夫射杀。这些私人信息影响投保者家人获得寿险理赔的可能性，进而影响投保者愿意支付的保费。投保者不是潜在顾客中的随机样本，而是最有可能获得理赔的样本。因此，谨慎的保险公司在确定保费时，会把这种状况纳入考虑。

如果保险公司晓得每位顾客的风险，那就没有问题，高风险和低风险的顾客会被收取不同的保费，顾客则根据保障是否值那个价钱来决定投保与否。但如果保险公司不晓得谁是高风险的顾客谁是底风险的顾客，就只好收相同的保费。因此，凭私人信息知道自己特别有可能获得理赔的顾客，投保对他来说就比较有利，也就更有可能买保险。

保险公司的保单定价会反映以上事实，但也使得投保对低风险顾客更不利，因为保险公司向他们收取的保费是假定他们可能是高风险顾客时的价格。低风险顾客因此不肯投保，这又使投保者是高风险者的事实更加明显，保费于是跟着上扬。结果，低风险的人不买保险，即使保险价格合理，值得去买。这个问题在保险用语中称为"逆向选择"——由于信息不对称而产生的不合经济效率的结果。

二手车市场也有同样的问题。卖方对车子的了解多于买方，而且车况愈糟，车主愈想脱手。卖方拥有私人信息，但至少从他想卖 Ⓑ

车就可以知道车况不好。买方考虑这种情形后会减少出价,使得车况良好的车主求售的诱因降低。最后,只有最糟的车子才会出现在二手车市场,不然就是有许多车子卖不出去(即使对潜在买主的价值高于对目前车主的价值)。

解决一个问题,却制造另一个问题

拥有好车的卖方可以提供保证,以解决逆向选择的问题,例如第一年的维修费用由卖方支付。卖方如果愿意提供这种保证,证明他们的确相信车况不错。不幸的是,售后保证虽然消除了逆向选择,却会制造道德风险:当买方晓得卖方愿意支付维修费用,就没有足够的诱因来好好照顾车子。

在设计具有经济效率的法律时,这种冲突经常出现,解决了一个问题,却制造出另一个问题。于是,完全符合经济效率的法律(能给每个人正确的诱因),也许真的是不可能实现的理想。如果真是这样,则如科斯所述,我们必须在一组不完美的方案中,选择最好的一种。

我有一位朋友正想买二手车,他设计了很有创意的方法,能够诱使卖方透露他们的私人信息。他找到喜欢的车子后会问卖方,如果多加点钱,愿不愿意提供一年保证。卖方纷纷回绝,我朋友只好继续找车。最后他找到一辆喜欢的车子,且卖方乐意提供保证。于是他买了车子,但不要求保证。

只有在卖方不知情的情形下,这个方法才行得通,否则卖方会对一辆烂车提供保证,因为他晓得这么做,买方就会放心地买车且不要求保证。或许这个故事不提我朋友的名字是明智之举，因为说不定哪天他想向本书的读者买车。

生物科技管制的风险，或爱之适足以害之

现代科技可以识别和测试基因和某些疾病的关系。这带来一些有趣的问题。

有些人心脏不好，有些人很健康，只要真实状况没人晓得，人们就可能为心脏病投保。假设有一种便宜、可靠的基因检测方法被发明出来，可用来判别谁有心脏病。以下有几种可能的保险法规：

1. 禁止检测，任何人都不可使用这种方法。

2. 准许个人受测。保险公司可以受测与否作为承保条件之一，并将检测结果纳入制定保费的参考。

3. 准许个人受测，结果属机密。保险公司不可将受测作为承保条件之一，也不能参考检测结果。

4. 准许个人受测，但记录接受检测的事实（不是记录检测的结果）。不准保险公司要求将受测作为承保条件，但准许保险公司知道顾客是否受过检测，并在制定保费时考虑这个事实。

这些法规会产生什么影响？检测方法的发明是否可能反而对我们不利？

要了解为什么答案为"是"，不妨比较法规1与法规2。法规1是检测方法发明之前的情况，保险公司和顾客都不知道心脏状况，因此可能患有心脏病的人可以投保。依法规2，如果你想买保险却拒绝受测，保险公司会认为这是你晓得自己有心脏病的证据，并据

此制定保费。你也可以接受检测，把结果拿给保险公司看，在了解心脏状况后，就未知的部分投保，但可能罹患心脏病的人则不能投保。

法规3的结果很糟，和二手车市场一样。任何想买心脏病保险的人，必定是心脏很不好才想投保；而保险公司不能够检测投保者，并据而制定价格。心脏好的人除非愿意支付远高于精算价值的保费，否则无法投保。结果只有心脏不好的人才能投保，以预防心脏真的出毛病。

法规4可提供最好的结果。想买心脏病保险的人，可以在受测前就买；由于他们可以向保险公司证明自己未受检测，价格会以一般顾客的标准来制定。买保险后，他们可以决定获得该采取什么健康预防措施和还能活多久这些更好的信息的好处，是不是超过学到一些他们可能不想要的东西的风险（即可以决定要不要去受测）。

遗憾的是，由于世界上有众多国家且人口高度流动，法规4可能无法成立。即使美国坚持所有的检测都要记录，并且成功取缔秘密检测的黑市，美国公民还是可以到法律不严的外国进行基因检测。法规1也有同样的问题。因此检测方法发明之后，法规1不再成立，法规2或法规3才能适用，使得天生有心脏病的人可能无法投保，一如现在生而贫穷的人。即使个人对本身健康状况更加了解，如果这种负面影响太大，则检测方法的发明将使我们的处境变差。

我听过一次演说，演说人建议用法规3来保护人们不受保险公司滥用基因信息的伤害。我想，他应该从未听过逆向选择。

进一步探讨

我租用了一块有地上物的土地，租期1年，但才过6个月，部分建筑物就已烧毁。我是否要在剩下半年里缴纳全额租金？依习惯法，除非租赁合同中有相反的条款，否则我必须继续交租。发生火灾的风险由承租人、不是由地主承担，至少在租赁期间内是如此。

我卖了一块土地，并收了买主一袋金币。一两年后，我发现金币其实是用铅块镀金做成的，于是我试图取消交易，但买方已将土地转手，逃逸无踪。我想从目前的地主手中收回土地，理由是这块土地当初是用欺诈手段买到的，买方从来没有真正拥有它，所以不能把它卖出。我败诉了。依大部分法院的见解，我有权主张买方的土地合同无效，但不能宣称无辜的第三人的土地合同无效。

假使歹徒不是用伪币来骗我，而是采取比较直接的方法：假造我的土地所有权状，然后将土地卖给无辜的买主。我试图收回土地，这一次，我胜诉了。

从分配风险的简单规则来看，三件案例的处理方式都有道理。这个规则就是：要把诱因放在产生最多利益的地方。你能解释为什么吗？

7 掷币与撞车：事前与事后

　　有人提议跟你赌硬币：正面他给你2美元，反面你给他1美元。你接受了。他掷出硬币。结果出现反面，于是你给他1美元。

　　你是不是应该赌，要看你是从事前判断，还是从事后判断。事前根据你当时获得的信息来判断，这是对你有利的赌博，因为平均而言，你可以赢50美分。事后根据从硬币掷出后你赔钱的信息来判断，这是对你不利的赌博，因为你赔掉1美元。

　　在不确定的状况下做决策，区分这两种评估方式很重要。事前来看，人们在拉斯维加斯几乎逢赌必输；赌场就像保险公司，制定费率时会设法让它赢得的钱不但可以弥补输钱时的支出，也要能够支应营运开销。不过事后来看，还是有些赌徒会赢钱。

　　当我们分析如何利用法律体系来防止车祸等坏事时，以同样的方式做区分也有帮助。我们可以惩罚在事前提高意外概率的人，如超速者、酒醉驾车者、没有检查刹车者。另一种方法是惩罚肇事的后果，如撞毁车子应负侵权责任，或对酒醉驾车撞人者处以刑罚。

为什么要惩罚未遂行为?

事后与事前区分比较模糊的一个例子,是法律对杀人未遂的惩罚。我开枪射你,子弹没打到你,只射到一棵树。事后根据造成的损害来判断,应该不必加以惩罚,因为你和树都安然无恙。

杀人未遂要加以惩罚的理由和超速罚单一样,是事前的惩罚,也就是防患于未然。开快车很有可能撞到人,开枪也很可能击中人。惩罚杀人未遂的奇怪之处在于,我们只在实际上没有发生不良结果后,才发现事前的行为。换句话说,法律体系是对未遂犯给予事前惩罚,同时对既遂犯施以事后惩罚。

选择正确的法律

这些事后和事前惩罚的例子,显示出法律的经济分析的一个有趣问题:为什么法律体系有时使用事前惩罚,有时使用事后惩罚,有时两者并用?这两种方法各有什么优缺点?

事后方法相对于事前方法有一大优点:让驾驶人知道避免意外符合自身利益,他就会尽可能运用自己的知识去避免。以我本身的行为为例。我在开车时做的最危险的事,不是超速、酒驾、开不安全的车子,而是只顾着和身边的人交谈,或脑子里想着如何和电台节目主持人、想象中的对手争辩。

这是我开车时做的最危险的事,但从来没有因此接到罚单。事前惩罚只能针对交通警察观察得到的行为,却不能针对观察不到的行为,如我脑子里想的事。事后惩罚则可以针对这些观察不到的行为所产生的后果，例如我满脑子想着别的事，结果闯红灯并撞上别人的车子。事前惩罚让我愿意采取法律规定的预防措施（即采取这些措施符合我的利益），而法律体系也能看出或判断我有无采取。事后惩罚则让我有意愿采取我应该做、且只有自己知道做没做的预防措施。

事后惩罚考虑了事前惩罚所忽略的两种私人信息：别人观察不到的我的行为（满脑子胡思乱想而疏忽路况），以及我应该有的行为。不论是赛车选手或刚领到驾照的年轻人，车速限制对每个人来说都一样，因为交通警察不易分辨驾驶人的技术优劣。另一方面，只有我才知道自己是不是昏昏欲睡、失去注意力或心烦气躁，以致比平常不适合驾车；事后惩罚在此时就会督促我开得比平常慢。如果我和老婆两人都在车上，当我发现自己注意力不集中，就可以换老婆来开车。

前面章节曾在不同的情境中谈过这个论点。事后惩罚相对于事前惩罚的好处，非常类似收取排放费相对于直接管制的好处。直接管制是控制污染的来源，如安装气体净化器、管制煤炭的质量、规定烟囱的高度，就像车速限制是用来防止意外。收取排放费等于惩罚我们不希望的污染，让污染者去决定降低污染的最好方法，正如肇事责任是用来惩罚意外，要让驾驶人自行决定避免事故的最好方法。排放费和事后惩罚因此都能降低法律体系运作所需的信息数量。但两者仍需要若干信息。环保署必须估计额外的污染会造成多大损害，才能决定收取多少费用；车祸伤害的程度也必须有人估计，才能决定事后惩罚应该定多高。

但若从不同的角度来看，超速罚单看起来更像排放费。驾驶人如果觉得快速到达目的地十分重要，就算他超速并为此付罚款，只要不太常被抓到就无所谓。因此连事前惩罚也可利用某些私人信息，但这些信息无关驾驶人正在做什么事，或正在做的事如何影响意外发生的概率。事前惩罚是让驾驶人知道，不采取法律规定的预防措施（如放慢开车速度），他要付出多少成本。

利用私人信息决定开车速度的例子，指出了事后惩罚可能存在的一个优点和一个缺点。事前惩罚所提供的诱因是根据立法者的判断，事后惩罚所提供的诱因则是根据法律适用对象的判断。如果我相信喝了一杯威士忌和两瓶啤酒后仍可以安稳开车，即使我晓得万一发生意外，会有不幸的事发生在我身上，也不能说服我不要酒醉开车。但我若晓得万一被警察拦检，未能通过酒精浓度测试就要坐牢，我可能就不敢酒后开车。

有一种说法指出，如果你调查人们的驾驶能力，会发现绝大多数人认为自己优于一般驾驶人。尽管刚拿到驾照的年轻人不是赛车选手，但这个事实却不能阻止他相信，只要能够参赛，他可能赢得印第安纳波利斯500英里公路赛。如果人们持续错估自己的能力，而且如果制订事前法律的立法机构有较充分的信息，则事前法律就有一项好处：可以利用立法机构较接近事实的看法，来取代当事人（驾驶人）偏离事实的判断。

这个论点不是只根据当事人（驾驶人）的无知。如果立法机构知道一些事实是驾驶人不知道的，如天雨路滑比较难开车，它就可以利用安全驾驶广告或驾照考试手册，把这项信息传达给驾驶人。这么做并不完美，因为驾驶人可能没看到广告，或没注意到手册内容。但事前惩罚也存在同样的问题。规定驾驶人下雨时减速慢行的法律，只有在驾驶人晓得有这项法律存在时才行得通。当驾驶人不懂却认为自己懂，不愿相信立法机构的规劝时，利用事前惩罚才有优势——当然了，这得假设驾驶人是错的，而立法机构是对的。

因此，事后惩罚的好处是，它利用了驾驶人掌握的有关自己行为的信息（几乎总是优于法律体系掌握的有关其行为的信息），以及驾驶人为避免意外对自身应有行为的认知（往往优于法律体系掌握的信息，但不见得总是如此）。那么，事前惩罚有什么好处呢？

乍看之下，事前惩罚方法能够在事故发生前阻止其发生，而事后的方法只能在事故发生后施以惩罚。但这个答案是错的。

发现自己必须为意外负责，并不能阻止意外发生。同理，接到超速罚单并不能阻止超速。开超速罚单的目的，是让人晓得可能接到罚单，进而产生不开快车的诱因。对肇事者给予惩罚的目的，是让他晓得肇事后会受惩罚，进而产生不要肇事的诱因。超速罚单和侵权责任都是防患未然的方法。

要了解事前惩罚的真正好处，可以比较两种不同的惩罚模式（但罚款金额的期望值相同）。依"纯"事前法规，你每年要缴200美元的超速罚款，而如果伤害到别人或别人的财物，则不受惩罚。依"纯"事后法规，车速不受限制，而你每年有千分之一的肇事概率必须缴纳20万美元的罚款。不幸的是，你的银行户头里没有20万美元，因此肇事后你将失去一切，包括你的房子，而且未来5年必须每周工作60个小时，以偿还剩余的罚款。

大部分人是风险厌恶者，宁可选前一种惩罚方式。如果其他情况相同，人们比较喜欢高频率的低成本，不喜欢低频率的高成本。事后惩罚只在肇事后执行，若肇事率很低，事后惩罚就必须很重，才能提供避免肇事的重要诱因。所以，如果我们是风险厌恶者，事前惩罚可以用较低的成本提供相同的诱因以避免肇事。

假使为了给你避免肇事的适当诱因，所需的事后罚款高达1000万美元，而你永远别想有钱支付那么多的罚款。如何用另一种方法产生诱因，效果和付不出的1000万美元罚款相同？

显而易见的答案是把罚款改为其他的惩罚，如死刑或徒刑。即使你没钱交罚款，你还可以付出你的生命或自由。但这种刑罚虽有吓阻作用，成本却很高。不管你超速或肇事，缴交的罚款都由某人收取。你的损失是别人的所得。超速罚款的钱缴给国家，损害赔偿则给受害者。但如果对你的惩罚是死刑，你丢了一条命，却没人得到好处。要是惩罚你坐牢，你失去了自由，其余的人却得付钱养你。因此死刑和徒刑相较于罚款，是成本很高的惩罚。这个成本不单纯只是受惩罚者负担的成本，而是与此事有关的每个人要承受的净成本，包括被惩罚者、收取罚款者、负担监狱费用的纳税人。它是与经济效率有关的每个人都须负担的净成本。

事后惩罚的好处是能够利用人们的私人信息，进而控制人们的行为。事前惩罚的好处则是具有经济效率，可以用较高的概率课征较低的罚款。这么做可以避免以低概率课征高罚款的风险厌恶成本，也可以避免死刑和徒刑等不合经济效率的惩罚产生的高额净成本。

法律做对了吗？

通过经济效率的视角，我们现在对每种方法的好处都有了一些了解。将这些了解和波斯纳"习惯法往往具有经济效率"的推测相结合，应该能预测和解释事后和事前惩罚何时会被使用，以及何时两者同时被使用。

风险厌恶的态度在面对高额损失时，会产生很大的影响，但面对小额损失却非如此，因为在收入只增减几块钱时，一块钱的价值不会改变太多。所以人们会为房子投保，但不会为裤子投保。只有在罚款让违法者的财产不足支应时，才有需要用经济效率较低的惩罚来替代。而在意外伤害不严重的情况中，由于事后罚款能被轻易支付，就没有理由使用事前惩罚。

这似乎和实际观察到的现状相符。交通意外会造成很大伤害，所以法律体系同时用事前和事后的惩罚来预防。其他造成小伤害的行为，如邻居的棒球打破我家玻璃，则利用侵权法的纯事后方法来控制。

刑法通常用到成本很高的惩罚，部分原因是判决确定的罪犯无法支付相应的罚款。侵权法通常依赖损害赔偿。前面曾说过，未遂行为的惩罚是一种事前惩罚。如果是这样的话，那么刚刚提出的论点意指，未遂刑事犯罪行为应予惩罚，而未遂侵权行为则不应予以惩罚。这和实际的法律相当符合。如果我想影印你那本有著作权的书，但不小心把影印纸放反了，印出空白页，我就没有伤害到你的权益。如果我本来想侵入你家的土地，却迷了路而走到别的地方去，你也不能对我提起侵权控诉。

第二个预测是我们不应该只建立纯事前惩罚制度，例如法律体系惩罚超速行为，保险公司却对驾驶人所有的肇事成本全额理赔。轻微的事后惩罚，如等于一个月薪水的罚款，几乎总比事前惩罚要好，因为能以缴款的方式结案，而且由于厌恶风险，产生的成本微乎其微，并提供行为者运用私人信息以避免肇事的诱因。因此运用事前惩罚制度，必须辅以若干事后惩罚才会符合经济效率。我想不出现实生活中有哪些例子与这个预测相反，或许读者想得出来。

举一个假设性的例外情形来说明：政府规定污染者必须实行管理规定中明定的预防措施，以降低污染。只要遵守这些规定，不管产生什么污染都不必负担成本。

如果这种做法存在现实生活中，那它将不合经济效率——尽管如此，因为污染管理规定是由立法机构和主管机关制定，不是由法院制定，所以和波斯纳"习惯法（即法官的判例）具有经济效率"的看法不相抵触。但这种做法的确不存在现实生活中。即使污染者遵守管理规定，仍有被受害者控诉之虞；遵守管理规定让污染者得以抗辩，但不是绝对的抗辩。

法律的市场

以上讨论的是立法机构和法官所创造的法律。这种制度的一个问题是，即使我们晓得哪种法律具有经济效率，立法机构或法官未必会以经济效率为目的来制定法律。由此可见，我们可能必须另寻方法——尤其是组合事前和事后的符合经济效率的方法。

前一章已谈过一个此类的处理方法：保险。事后法规的无效率有一部分来自风险厌恶。事前法规的无效率则来自无法被观察的个人决策（比如花多大的注意力在开车上）对别人构成成本，也就是个人做决策时所忽视的成本。这种问题我们称之为道德风险。

保险提供了一个市场机制，让人们在风险厌恶成本和道德风险成本之间做权衡，以找到成本最低的组合。这种机制能够用来制定法律吗？假使最适当的纯事后制度对每件意外事故处以20万美元的罚款，且驾驶人（勉强）付得起，那么问题就变成一个风险厌恶问题，不需要改用低效率的惩罚。于是我们撤销所有的速限和类似的规定，设定20万美元的罚款，并允许驾驶人投保支付这笔费用。

投保的金额愈高，避免肇事的诱因愈低，正如前章所述，工厂投保金额愈高，避免失火的诱因就愈低。保险公司在设定费率时会考虑这件事。此外，也会考虑降低风险的方法。为了减低失火的风险，一种明显的方法是要求安装喷水装置。为了减低发生车祸的风险，一种明显的方法是限速。

第二种状况有实务应用上的问题，因为保险公司虽然可以雇用检查员，却没有自己的交通警察。我们可以请交警当保险公司的转包商来解决这个问题。他们不执行法律，而是执行合同。顾客在投保时如同意开车时速不超过60英里，车子的保险杠会漆上一个大条形码，宣布这个事实。交警会配备雷达测速器，自动读取保险杠上的条形码，一发现车子超速，便鸣起警笛前往取缔。

在这种制度下，保险公司有诱因去计算事后和事前的最适组合，包括前者的最适数量、后者的最适数量。它承保的损失比率愈高，因为风险厌恶而产生的成本愈低，但因为道德风险而产生的成本愈高。它可以在合同上透过事前惩罚来控制这些成本。至于做到什么程度，要看事前惩罚相对于事后惩罚的运作优劣；而运用后者的好处，是可以利用驾驶人的私人信息。本书没办法对这种制度做完整的分析，但其一般性逻辑在此处应已说明得十分清楚。

在某些情况中，如建筑火灾，一般是用私人保险来权衡风险厌恶的成本和道德风险的成本。但保险用在交通法规的想法，当然只是异想天开，至少目前是如此——就像科斯在1959年首次提议标售部分电磁波谱那么异想天开。 Ⓑ

理性的巫术杀手：应该惩罚不可能实现的未遂行为吗？

在解释为什么要惩罚杀人未遂的行为时，我说那是一种事前惩罚。开枪有时会杀死人，所以即使没射中，还是要惩罚。但如果用一种绝不可能得逞的方法，如用针刺巫毒人偶呢？那应该算犯罪吗？我们应该惩罚不可能实现的未遂行为吗？ Ⓦ

反对这种惩罚的理由很明显：用针刺巫毒人偶不会造成伤害。所以，为什么要惩罚这种行为呢？为了吓阻我们没理由吓阻的行为，为什么要花费金钱和时间去抓捕和监禁呢？

要了解这种说法为何不对，可以想象我正考虑用下列其中一种方法杀人：下毒或巫术。我考虑使用的毒药一定置人于死地，而用针刺人偶根本无法取对方性命。如果我了解这些事实，我会选毒药，或者干脆不杀人。但若我不知道这件事，问题就来了。我只晓得其中一种方法有效，但不知道是何者。而法律规定的是**不可能实现的未遂行为不予惩罚**。由于我不知道哪种方法不可能杀人（如果知道，根本就不考虑用它），我不会因这条法律而知道：**利用巫术的未遂行为不予惩罚**。

既然无法肯定哪种方法有效，那么我必须考虑到可能会选错方法。如果不可能实现的未遂行为不予惩罚，则选错方法表示我没有真的犯罪，即使被捕也不会受到惩罚。要是不可能实现的未遂行为应予惩罚，我就可能因利用不可能实现的方法而遭惩罚。在决定要不要杀人时，这种风险是必须考虑的成本之一。

所以惩罚不可能实现的未遂行为，能有效吓阻人们真的犯下谋杀。这种吓阻的代价是，杀人未遂者若是利用真不可能实现的方法，会因此被捕并遭惩罚。

即使惩罚不可能实现的未遂行为有若干吓阻效果，但若惩罚是针对可能实现的未遂行为（以及真正的杀人罪行），即集中精力在最有可能造成伤害的行为上，不是更合理吗？如果能不花成本而处以适当的惩罚，答案是肯定的。这个问题也让我们再度回到事后与事前的争论上。

针对结果处以惩罚，比较能把惩罚放在收效最大的地方。想用巫术杀人者可能十分清楚这是行不通的，只是虚张声势、吓吓不知情的人罢了。但惩罚未遂行为，即使是不可能实现的未遂行为，能让我们提高施以惩罚的概率，因此能用成本较低的惩罚实现相同的吓阻效果。

这个论点可以另一种方式说明。假设我们愿意规定惩罚上限，如无期徒刑（而非死刑），或死刑（但不是折磨至死），再配合针对杀人未遂者的较轻刑罚，就可以提高企图杀人者的事前成本。而再纳入对不可能实现的未遂行为的惩罚，还可以再提高事前成本。

以上的讨论，读者可能觉得有一点很奇怪，那就是假设巫术杀手的行为会受法律提供的诱因所影响。一个人如果不理性到相信巫术，哪有可能充分了解法律，晓得用不可能实现的方法杀人未遂后不会遭到惩罚，或者会慎重地关心这件事？

对于这个问题，有一个答案是：虽然理性不见得永远是预测行为的准确方式，却是我们拥有的最好工具；而且生命中某部分的无知，不表示其他部分一样无知或没有理性。毕竟，我们对什么起作用什么不起作用的观念，有许多是受身边的人所影响。如果身边的人全都接受非理性的观念，有理性的人也会接受。

另一个答案是：不可能实现的未遂行为不限于巫术。巫术不可能杀害任何人，但开枪射树也是一样。企图从一无所有的口袋中扒钱，也是绝对理性但不可能成功的行为。从事后来看，在某种意义上，所有的未遂行为都是不可能实现的。

根据这样的观点，应否惩罚不可能实现的未遂行为的问题，其实就是应否惩罚所有未遂行为的问题。两者的基本论点相同：既然某人不晓得自己的犯罪意图是否不可能实现，让他知道不可能实现也要受惩罚，就会给他不去尝试犯罪的诱因。

延伸阅读：

对本章议题的深入分析有兴趣的读者，可参考我在1991年发表在《法学研究期刊》（*Journal of Legal Studies*）的论文《未遂行为的不可能性、主观概率与惩罚》（Impossibility, Subjective Probability, and Punishment for Attempts）。

8 博弈、讨价还价和虚张声势

> 这个世界上有两种人：冯·诺依曼（John von Neumann）
> 和其他人。
>
> ——维格纳（Eugene Wigner），诺贝尔物理学奖得主

经济学假设个人根据理性来追求自身的目标。个人可能处于相当不同的两种决策情境，其中一种比另一种更容易分析。易于分析的情境是，在我做决策时，可以把这个世界的其余部分看成是事，而不是人。较难以分析的情境是，我必须对以下事实做充分的考虑：其他人都在追求他们自己的目标；他们知道我正在追求我自己的目标，并将此事纳入其行动时的考虑，同时也知道我知道他们……；我知道他们知道我知道……；而且……

找出从办公室回家最近的路，就是一个易于解答的问题（易于分析的情境）。相关因素如道路、桥梁、路径、大门等，它们的状态都可以预测，不受我的行动所影响。于是我的问题变成是，在这些因素现有的情况下，找出最好的做法。

如果我找的是时间上最短而不是空间上最短的距离，这仍是简

单的问题，但必须对路上其他车辆做分析。我不必过分考虑驾驶人的理性行为，因为我直接观察就能知道路况——下午四点三十分有很多车子，下午两点车子就很少。我在进行路况分析时，可以把车子当成依照程序行动的机器人。

比较困难的问题是开车穿越十字路口。假设我正开到一个没有红绿灯（交通信号灯）和停止标志的十字路口，前面横向道路上也有一个人开车过来。如果他要减速、让我先过，我就应该加速以避免碰撞。要是他想先通过路口，我就应该减速。他面对的问题和我相同，只是角色对调。最后我们可能都加速，结果撞在一起，或者都一再减速，直到两车停在路口，很有礼貌地等对方先走。

为了让这个问题更加有趣，行为更富策略性，假设我和另一位驾驶人都是男性青年。在别人眼中，我们都不顾自身安危，好勇斗狠，不喜欢被人颐指气使。我们都在玩一种叫作"胆小鬼"（chicken）的古老游戏。小男生和大政治家都喜欢玩这种游戏。谁要是让步，减速让别人先过十字路口，他就输了。

如果我肯定他不会减速，那么为了我自己的利益，我最好减速；连小男生也宁可输掉游戏，不肯撞坏车子或赔掉一条命，何况是我。如果他晓得我会减速，加速就符合他的利益。他也会做完全相同的分析：如果他预料我会快速通过，他就应该减速，而如果他要减速，我就应该加速。

这是策略性行为，即每个人的行为都根据他预期别人会有什么行为而决定。冯·诺依曼在70多年前以数学方法处理这种问题，称为"博弈论"（game theory，也译为赛局理论）。他是要用数学理论来描述，面对特定的比赛规则，选手会做什么选择，以及结果将如何。他希望借此加深了解的，不只是传统的博弈（games，也译为赛局、游戏），也包括经济学、外交、政治学里的博弈——所有会用到策略性行为的人类互动形式。

后来发现，要解决这种一般性的问题极其困难，而相关研究仍在继续进行。冯·诺依曼针对一种特殊情况，即总和固定的两人博弈（例如下棋，对一方有利的事必对另一方不利），提出解决方法。但是对于"胆小鬼"那样的博弈（有些结果，如撞车，会同时伤害两人），以及民主政治里的投票（一群人可以联合起来利己伤人），冯·诺依曼就没有有效的解决之道。他提出了某种方法，但不是很管用，因为单一博弈的解决方法可能很多，而任一解决方法又可能产生无限多的结果。后来的博弈学者进一步研究这类理论，但到底有什么方法可以解决这些博弈问题，仍然不明朗，而且很难（或不可能）用这个理论来精准地预测多数现实博弈的结果。

经济学，尤其是价格理论，处理这种问题时显得极端慎重。只要有可能，经济学家会限制问题范围，并予以模式化，使策略性行为显得无关紧要。比方说，完全竞争模型假设有无限多的买方和卖方、生产者和消费者，任何一人的行动都不会对他人造成显著影响，策略性问题自然就消失不见。

这个方法不适合用来进行法律的经济分析。不管我们对策略性行为如何视若无睹，每件分析都会受到它的影响。在第2章中，约翰想向玛莉买一个对他价值1美元的苹果，而这个苹果对玛莉的价值是50美分。他应该出多少价格去买？答案可能介于50美分到1美元之间，视双方的议价能力而定。深入分析这种谈判行为，你会发现这和"胆小鬼"游戏很像，只是赌注没有那么大。玛莉坚持非

90美分以上不卖，约翰坚持非60美分以下不买，如果双方都不让步，苹果就会留在玛莉手中，潜在的交易利益也无法实现。

我们在第4章和第5章也碰过策略性行为，那次是隐藏在交易成本的名目底下。当一位农民拒绝让火车喷火花，希望铁路公司从不安装火花消除器而省下的钱中，拿出更多钱来买他的同意权，这种表现就是策略性行为，会产生我所说的不合作问题。在另一种法律之下，想要免费搭便车的人也有类似行为，他们会阻止农民凑钱给铁路公司购买火花消除器。即使安装火花消除器的成本比较便宜，铁路公司却仍选择继续喷火花并缴罚款，目的是向农民施压，希望他们改种苜蓿，而这也是一种策略性行为。

策略性行为在法律的经济分析中很重要，一个原因是它与很多双方互动的案例有关，如诉讼、为毁约而进行的谈判等等。我想买玉米的时候，可以从数千位卖方中做选择，但若我想从合同中脱身，唯一的交涉对象是当初与我签约的人。另一个原因是，法律的经济分析的基本理论主要是根据科斯的观念；交易成本是科斯分析的核心，而它往往涉及策略性行为。

面对这种状况，有两个方法。一个是咬紧牙根，把博弈论整个搬到研究中。有些人进行法律的经济分析时，就是采取这个方法。我不那么做。根据我的经验，如果某种博弈简单到博弈论能够提供精确的答案，那么可能别的方法也办得到。

博弈论应用在现实世界的大部分状况时，答案都模棱两可，除非你在设定模型时，利用各种假设把大部分问题给排除掉。模型可以产生严谨的数学运算，但现实问题并无法因此解开。我认为，在博弈论有大幅突破之前，情况仍将如此。

我喜欢采用另一个方法，也就是承认关于策略性行为的论点并不完美，并试着在这种限制下找到最好的解决办法。第一步是仔细思考我们会碰到的博弈规则，尽力了解各种可能的结果，以及它们如何受其他状况的影响。正统的博弈论对此仍有所帮助，但我在这里不会用到太多。

接下来谈两种博弈：双边垄断（bilateral monopoly）和囚徒困境（prisoner's dilemma）。不管在本书中或在日常生活中，我们遭遇的许多策略性行为，都和这两种博弈有关。

双边垄断

玛莉拥有世界上独一无二的苹果，对她的价值是50美分。约翰是这个苹果独一无二的顾客，苹果对他价值1美元。玛莉卖苹果享有垄断，约翰买苹果也享有垄断（称为**独买**或**买方垄断**）。经济学家称这种状况为"**双边垄断**"。接下来他们会怎么做？

玛莉宣布卖价是90美分，如果约翰不付这个价格，她就自己吃掉。要是约翰相信她，他会花钱买下苹果。以90美分买到他认为价值1美元的苹果，并没有占太多便宜，但总比没有苹果好。另一方面，如果约翰宣布他最高出60美分，而玛莉信以为真，则玛莉会接受他的价格，约翰会获得交易的绝大部分利益。

这不是总和固定的博弈。如果约翰向玛莉买苹果，他们所获利益共为50美分，由价格决定各获多少利益。如果两人未能达成协议，所获利益为零。他们都用利益为零的结果相互威胁，试图获取全部50美分的交易利益。双方的角力结果，部分取决于自己的态度有多坚定，以及说服对方的能力。

做父母的一定都很熟悉生活中类似的博弈。小孩子得不到想要的东西会乱发脾气。发脾气本身对她没有好处，因为你会拒绝给她想要的东西，而且不准她吃点心，叫她立刻上床睡觉。但正是因为发脾气对她和你都会带来很高的成本，特别是在晚餐宴客途中，她更有可能以发脾气来威胁，得到部分想要的东西。

如果父母决定不向这种威胁低头，并认为自己会成功，他们就错了。对于双边垄断的逻辑，父母可能懂得比孩子多，但人类的演化历程站在孩子那边——历代子孙都能从父母那边得到自己想要的东西。她的坚持根深蒂固；说她虚张声势，却又经常发现那不只是虚张声势而已。如果父母有一半以上的次数都赢，很少碰到谈判破裂、小孩闹个不停，那么算他们幸运。

作家卡恩（Herman Kahn）专门思考和写作一些奇特的主题，如热核战争。他提出另一种版本的博弈：末日机器。美国把许多热核武器埋在落基山脉底下，数量多到爆炸后的辐射尘会杀死地球上每一个人。这些炸弹连接到盖氏计数器上，一旦察觉苏联核子攻击所引起的辐射尘，它们就会被引爆。如果苏联人晓得美国人有末日机器，美国人就不必害怕遭到攻击，而且可以很安全地销毁其余的核武器。

这个想法成了电影《奇爱博士》（*Doctor Strangelove*）的中心情节。苏联人建造了末日机器，但粗心地延后宣布日期，想要等到总理生日那天再说。不料，一位美国空军军官此时擅作主张，单边发动了核攻击。

卡恩提及末日机器，不是因为他认为美国人应该建造一部这样的机器，而是认为美国已经有了这种机器。而苏联也有。美国的核武器和苏联的核武器都是由人启动的末日机器。一旦苏联发动攻击，采取报复行动对美国没有好处——就像你终于逼小女儿早点上床，耍性子对她没有好处。但在得知敌人杀害了无数亲朋好友后，美军是无论如何也要进行报复的，这反过来迫使苏联不要率先攻击，就像你知道女儿会耍脾气，只好让她待到宴会结束再睡觉。幸好真实世界的末日机器发挥了吓阻效果，没有真的被启动。

再举最后一个例子。假使有个人身强体壮，刚愎自用。别人做出令他不高兴的事情，例如多看一眼他正在约会的女孩，或不够尊重他对棒球的看法，他一定饱以老拳。他坚持这种态度，认为只有胆小鬼才会被别人牵着鼻子走——不照他的意思去做，也算被别人牵着鼻子走。打人的代价很高，因为他也可能受伤，最后可能坐牢。但只要每个人都晓得他那种坚持态度，别人就不会去惹他，他的拳头也不会飞过来。

这种恶霸有如个人版的末日机器。只要有人敢惹他，这部机器就会启动。有一天，他坐在酒吧里，开始和身边一位陌生人谈起棒球。这位陌生人同样身强体壮，刚愎自用，喜欢以拳头待人，对他的意见并不表示适当的尊重。吵到后来，末日机器引爆，其中一人终于躺在地上，死了，另一人则拿着破啤酒瓶，茫然地站着，不知道接下来会发生什么事。

如果只有一位恶霸，他可以予取予求，其他人只能顺从他的意思，他也不必动用最后的武器。但若有很多相同的恶霸，拳头策略就会得不偿失，因为得经常打架，非死即坐牢。只要恶霸人数少，获得的好处多于偶尔必须付出的代价，拳头策略就行得通，会有愈来愈多的人当恶霸。等到拳头的好处等于付出的代价，当恶霸和当胆小鬼一样吸引人时，便达到了均衡状态。如果多加一些其他的策略，分析会变得更复杂，但逻辑相同。

这个双边垄断的特殊例子，和刑法的一个核心争议有关：死刑有吓阻作用吗？可能没有，看看前面提的酒吧斗殴死亡事件就可知道。这种情绪性犯罪似乎是非理性的行为，不幸事件一发生，犯人马上懊悔不已。所以，惩罚如何能有吓阻作用？

经济学家的答案是：斗殴不是理性的选择，但导致斗殴的策略则是。这种行为所受的惩罚愈重，恶霸策略愈无利可图。如此一来，恶霸人数会减少，酒吧的斗殴会减少，"非理性"的杀人也会减少。惩罚到底有多大的吓阻效果，是个经验问题，但仔细思考双边垄断的逻辑，我们便知道情绪性犯罪不见得无法吓阻。

囚徒困境

有两个人因盗窃被捕，正在隔离侦讯。地方检察官先去找乔，告诉乔如果他招认，而迈可没有，他的盗窃罪会被撤销，改以非法入侵罪判刑3个月。要是迈可也招认，地方检察官不能撤销罪名，但会请法官从轻发落，让迈可和乔各被判刑2年。

如果乔不肯招认，而迈可招认，乔会被判刑，地方检察官会请求处以最高刑罚。如果两人都不招认，地方检察官将无法定他们的罪，但会请求依非法入侵、拒捕、游荡罪来判刑6个月。

向乔说明了所有的状况之后，地方检察官又到羁押迈可的地方，重述同样的状况。表2是以矩阵的方式，列出乔和迈可面对的各种可能结果。

表2 囚徒困境

迈可

		认罪	什么都不说
乔	认罪	2年，2年	3个月，5年
	什么都不说	5年，3个月	6个月，6个月

乔思索着：

如果迈可招认而我不招认，我会被判刑5年；如果我也招认，我会被判刑2年。所以要是迈可将会招认，我最好也招认。

如果两人都不招认，我会被判刑6个月。要是迈可保持沉默，而我招认，我只会被判刑3个月。所以如果迈可会保持沉默，我最好招认。事实上，不管迈可怎么做，我最好都招认。

于是乔叫来警卫，说要和地方检察官谈一谈。过了一会儿，迈可也想通了，做出同样的结论。双方都愿意招认。

乔和迈可的行为都有理性，却让处境变糟。招认之后，他们各被判刑2年。要是他们都三缄其口，只会各被判刑6个月。理性行为会产生这样的结果，实在很奇怪。

这种结果会出现的原因在于，乔只选自己的策略，不是选迈可的策略。如果乔可以在表2矩阵的右下方格和左上方格做个选择，他会选前者；迈可也是一样。但这不是检察官提供给他们的选择。迈可只能选择列，而不管乔选择哪一行，左列都比右列有利。乔只能选择行，而不管迈可选择哪一列，上行都比下行有利。

如果迈可和乔继续作奸犯科，可能发现自己又落入相同的处境。要是这次迈可出卖乔，下次乔也能以牙还牙。直觉上，若囚徒困境多次重复，且每次的囚犯都相同，应该能产生比单次更好的结果。

或许是这样没错，但有一种反直觉的优雅论点驳斥了这种看法。假使乔和迈可都知道他们要玩相同的游戏20次，则到了第20次，就不用担心以后会再有相互报复的问题。所以最后一次等于是一般的囚徒困境，而两位囚犯都会招认。由于第20次他们都会招认，两人便无法在第19次威胁要惩罚背叛者，所以第19次也是一般的囚徒困境，两人都会招认。由于第19次他们都会招认……依此类推，每次的结果都一样，也就是乔和迈可每次都会招认。

许多人认为这种结果大违直觉，部分原因是他们生活的世界中，人们会根据理性，尽可能避免陷入那种特殊的博弈中。人如果处于需要相互信任的重复关系，会注意不要事先就决定最后一场博弈，即使在最后一场博弈中，如有必要，也会设法利用报复。罪犯会花很大的力气来提高共犯密告的成本，并以拒绝密告的方式，降低坐牢的成本。但这些都不能反驳囚徒困境的逻辑，只是指出真实的囚犯（和其他人）有时会玩别种博弈。如果密告有像表2的净报酬结构，这种博弈的逻辑令人赞赏，因为囚犯都会认罪。

认罪协议（plea bargaining）是我们的法律体系富有争议的一种囚徒困境的真实例子：

> 检察官找来辩方律师，提出一个解决方法。如果辩方律师的客户承认二级谋杀罪，地方检察官会撤销一级谋杀罪的控诉。被告将因此失去获得无罪开释的机会，但也免除了坐电椅的风险。

这种认罪协议饱受抨击，因为人们认为它会让罪犯轻易逃过应得的惩罚。实际的结果可能恰好相反——惩罚会更重，而非更轻。为什么会这样呢？有理性的罪犯只在能够改善处境时，才会接受认罪协议，而平均来说，因此获得的惩罚比接受审判要轻。所以，认罪协议不是应该只会减轻惩罚吗？

要了解为什么这种想法不对，不妨考虑地方检察官的立场。假设每年的案件有100件，地方检察官的预算是10万美元。由于调查和起诉每个案件只能花1000美元，一半的被告因此会被无罪开释。但如果地方检察官能让90位被告达成认罪协议，就可以把资源集中在不愿达成认罪协议的被告，每个案件花1万美元，定罪比率则高达90%。

因为被告接受审判后，有90%的可能会被判刑，所以他必须选择要不要认罪减刑。如果认罪协议比有90%的概率被定罪还糟，他会拒绝，但他很可能接受比有50%的概率被定罪还差的提议，结果却比不达成认罪协议更糟。如果没人接受地方检察官的提议，所有被告的处境都会变好，但每个人为了自己着想，最好都接受。他们陷入多人版的囚徒困境中，也就是公共产品问题。

囚徒困境其实简单展现了法律的经济分析的核心问题：个人的理性不见得一定导致群体的理性。我们可以汽车造成的空气污染为例。如果每辆车都安装触媒转化器，大家的生活环境都会变好。但如果我的车子装了触媒转化器，我负担了全部成本，却只能享受一小部分的利益，这就很不值得去做。同样的道理，如果没有人偷窃财物，大家会相安无事。但我偷你的钱，几乎不影响别人会偷我钱的概率，所以去偷钱可能符合我的利益。

建构符合经济效率的法律，主要是为了摆脱囚徒困境：利用刑罚来改变潜在小偷的诱因，利用污染防治法来改变潜在污染者的诱因。我们可能无法完全成功，但至少能尽力选择某些法律，使个人的理性导致群体的理性，而不是制定产生无效率的法律。

本章一开始提到一个简单的策略性行为：两位汽车驾驶人以直角方向同时驶近同一个十字路口。有个法规可以解决这个问题，它本是用来解决两艘船的航道接近问题。这个法规称作"右方先行权"，也就是右方的船只或车辆拥有优先通行权，另一方则有义务减速，让右方的船只或车辆先行通过交会点。

本章结论

到目前为止，本章关于博弈的讨论只产生两个明显的结论。其一和双边垄断有关：随机选择一对参与者，谈判结果取决于双方事先表明将采取的策略。恶霸酒吧斗殴博弈正是如此，社会生物学家称之为"鹰派／鸽派"。由此得出的结论是：提高谈判破裂的成本，让两位恶霸或两位鹰派互争的成本升高，可以减少承诺将采取恶霸Ⓑ策略的人数。所以，对情绪性犯罪行为施以惩罚，应有吓阻作用。另一个明显的结论是：在类似囚徒困境的博弈中，理性的参与者会相互背叛。

当这类博弈应用到真实世界时，上述的结论就不一定成立了。真实世界的博弈不会有方格形式的报酬矩阵（payoff matrices）。囚徒困境导致参与者相互背叛，但这会让人们想要改变博弈，利用承诺、本身信誉、利他精神，及其他各种手段，达成双方愿意接受的合作结果，而非背叛。所以把理论分析用到真实世界仍有困难。

但从以上的讨论中，我们还是能得出一些比较不严谨的结论。在双边垄断中，承诺似乎是很重要的策略，因此我们可以预期双方都会寻找方法，表明自己的坚决立场。小孩子对同伴说："我不会花超过60美分买你的苹果，骗你我会死。"参与并购谈判的首席执行官向对方表示，他不可能出价高过每股10美元，因为这太贵了，股东会因此开除他。

每个人都花费宝贵的资源来谈判。这些资源包括时间、律师费用、承诺的代价及谈判破裂的风险。人们愿意花多少资源，取决于报酬的多寡——前几章讨论寻租时，也碰到过相同的问题。因此，我们应该尽可能避免法律产生高报酬的双边垄断博弈。

我们可以用法律如何处理毁约为例。假设我本来同意卖你1万件凸轮，交货日期为3月30日，金额为10万美元。但2月底我的工厂失火烧毁。我虽然可以加倍努力并利用昂贵的外包作业来履行合同，但这么一来，成本就从9万美元涨到100万美元。

一种可能的法律是强制执行合同。既然我签了合同，就必须交运凸轮。但这么做不合经济效率，因为那些凸轮对你只值11万美元。明显的解决方法应是由我们来协商：我付钱让你同意取消合同。

你买这些凸轮能获利1万美元，只要我付给你的钱高于此数，你便有净收益。硬要卖你这些凸轮，我会损失90万美元，所以只要我付给你的钱低于此数，我就有净收益。这让我们有很大的谈判空间，且可能产生很高的谈判成本，包括谈判破裂的高度风险：如果我们无法谈拢一个价格，你硬要我交运凸轮，那么比起你同意我解约的情况，你我会共同损失89万美元。这是法院不愿强制执行合同的原因之一。法院通常宁可准许解约，并判以损害赔偿，赔偿

　　　　　　　　　　　　　经济学与法律的对话

金额则由法院计算，或由双方事先在协议中约定。

再举一个例子。假设法院发现我那座制造污染的炼油厂，对住在下风处的邻居构成成本。一种可能的解决方法是，准许邻居申请禁令要求工厂停工，除非排放的废气无毒。另一种做法是不发禁令，但准许邻居起诉要求赔偿。

如果制造污染对邻居造成的损害，和防制污染的成本相当，法院可能发出禁令，如此我只能在向邻居购买污染许可和停止污染两者间做选择。如果停止污染的成本远高于污染造成的损害，法院可能不发禁令，但允许邻居起诉要求赔偿。

如果法院在这种状况下发出禁令，将出现双边垄断的谈判博弈，且谈判空间很大。如有必要，我愿意支付低于（很高的）污染防治成本的赔偿金额；如有必要，你也会接受高于（偏低的）污染损害的赔偿金额。结果是取决于双方的谈判力量，而我们都有诱因动用庞大的资源，让最后协议偏向对自己有利的一边。

延伸阅读：

对博弈论有一些兴趣的读者，可参考拙着《价格理论》第11章及《隐藏的秩序》。

对博弈论有更多兴趣的读者，可参考由贝尔得（Douglas G. Baird）、葛特纳（Robert H. Gertner）与皮克（Randal C. Piker）合著的《博弈论与法律》（*Game Theory and the Law*）。

读者若想知道天才如何思考艰深的问题，可看冯·诺依曼与摩根斯坦（Oskar Morgenstern）合著的《博弈论与经济行为》（*The Theory of Games and Economic Activity*）。

9 生命的价值

要钱还是要命？

取走我的命吧，我要留着钱来度过晚年。

第3章曾说明，我们可利用一种方法来产生符合经济效率的结果：如果某人对他人构成成本，则对他收取与损害相同的金额，迫使他在做决策时考虑此成本。本章将谈因这个方法而产生的一个问题。读者可能已经在第7章讨论汽车意外事故时，想过这个问题：有些意外事故伤害的是车子，我们至少晓得如何粗估车子的成本；但有些意外事故伤害的是人，我们要如何确定人命的价格？

经济学家根据人们实际行为所显示出的偏好（显示性偏好），来衡量成本和价值。

即使有人出100万美元，甚至1000万美元买你的心脏，你也不可能同意。由此来看，大部分人似乎认为生命无价。但想想你决定多久做一次健康检查或汽车检修。这些行动可以降低心血管堵塞或煞车失灵的概率，捡回你的生命。如果生命对你无价，你就不应该浪费时间和金钱去做无法延长生命的事，而应该致力于能够延长生命的事，只要这些事的确有益，不管多小。

基于同样的道理，认为生命无价的人，应该避免所有危险的活动，如玩滑翔翼、滑雪、赛车。这样的人不应该抽烟，喝酒须遵照医嘱，绝不吃冰淇淋或排骨肉，每天用健身器材运动半小时，不要去网球场或慢跑道做可能致命的运动。如此一来，你可以活得长寿——如果你认为这是生活的话。

问题不在乘以无限大，而是零除

就我所知，一般人的行为不是那个样子。我没有那样的行为，我也怀疑读者的行为会是那样。

面对有人出价100万美元买你的命，甚至一再提高价格，你为什么会拒绝呢？明显的答案是，你的生命并非无价，而是钱对死人没用。

我们可改由概率来看同样的交易。有人提议掷有100面的骰子，由你做庄。如果掷出1到99，他付你10万美元，如果掷出100，他开枪射你。你可能仍拒绝，但不会一口回绝。如果他把赌金提高到100万美元，骰子改用1000面，你也许会改变主意。

死亡概率从100%降到1%或0.1%，可以解释为什么价格会下降，但没办法解释为什么从无价降为100万美元或更低。能解释后者的，是拿到钱的概率从0提高到近乎100%。0乘以1亿美元仍然是0，但99%乘以10万美元可是一笔大数目。

由此也可以解释为什么人们有时会从容赴死——在一战期间的枪林弹雨中冲锋陷阵，在二战期间驾驶神风轰炸机，或者，让出救生艇上最后一个位置给自己的爱人。人们在这些情况下都会死，也都有所获。如果用一条命换来的100万美元，能给某个重要的人或实现某项重要的事业，这很值得。但如果用命换来的100万美元是打算用在自己身上，那实在很不合理。

也是法律问题

如何衡量生命价值是个经济问题，也是个法律问题。如果某人撞毁你的车子，而且必须负起法律责任，那么他欠你一辆新车的价钱。如果他连你也毁了，他欠你（或你的继承人）什么？

传统习惯法的答案很奇怪："什么也不欠。"这可能是侵权法拒绝视民事求偿权（civil claims）为可转让财产的结果，也就是说，你遇害的求偿权随你死亡而消灭。或者，这也可能源于视侵权赔偿为对受害者进行的补偿，而不是要对侵权者提供反诱因。而我们很难补偿已经死掉的人。19世纪中叶的法律改革，允许你的妻儿请求赔偿因你的死亡而对他们造成的成本，金额大约等于你未来的收入减去花在你身上的支出。但没人能为你失去生命对你本人造成的成本请求赔偿。

若根据庇古的外部性分析的一般原则去架构法律体系（暂时忽略科斯提出的问题），我们会希望强迫伤人者负担成本，以促使所有人适当考虑行为的后果。这么做的理由，跟我们规定损毁财物者必须负担成本是一样的。那么，原则上，我们应该如何定生命的价格呢？

我们从已经负担所有成本的行为者的你谈起。你本人在决定要不要冒险、支出医疗费用或做其他事情时，就是在自己生命和其他价值间做权衡。纵使是风险相当高的活动，也很少让人立即死亡，所以你会牺牲一小部分生命，并预期这种牺牲几乎确定能够得到回报。因此，从你的行为看得出生命对你有很高的价值，但不是无价。

如何衡量那个价值？一个方法是观察高风险行业的工资补贴（wage premium，也称工资溢价）。货运公司付给载运炸药的驾驶员的工资，高于载运砂石的驾驶员。估计高风险工作的死亡风险，并衡量它们相对于安全工作的工资补贴，我们至少可以粗估生命对高风险工作者的价值，即能让他们接受这份工作的工资。已有人算出，对一般美国人而言，生命的价值约介于100万美元到1000万 Ⓑ 美元之间。

这个计算并不完美，理由至少有二。第一，接受这种工作的人也是最乐意做这种事的人；如果其他状况相同，他们的生命价值在所有人中最低。第二，因为开车载炸药可能不如开车载砂石愉快，驾驶人会承受更大的压力，所以有些人会视之为额外承担的成本。当然，可能也有人乐在压力中，就像有人从跳伞和攀岩中获得乐趣。尼尔·斯蒂芬森（Neil Stephenson）的《雪崩》（*Snow Crash*）以21世纪为背景，书中的主角帮黑手党送比萨，正是因为这份工作充满了高风险和高压力。

以上的缺点表明，根据高风险职业的风险贴水（risk premium，也称风险溢价）来估计生命的价值，有高估或低估之嫌。但这至少是个初步的估计，可以经由更细致的研究来改进。

如果我们接受这个计算生命价值的方法，就能轻易解决最适诱因问题。如果某人造成另一个人死亡，而且要为损失负责（第14章会探讨其中意义），他必须赔偿受害者的财产继承人，金额相当于受害者生命对他自己的价值，而这个价值反映在他的行为上。如果我们晓得身为卡车驾驶的受害者，要求比载运砂石者的年薪多加1000美元才肯载运炸药，而开车载炸药使每年的死亡概率提高1‰，则加害者必须赔偿100万美元给受害者的财产继承人，因为100万美元乘以1‰的概率就等于1000美元（即受害者要求的工资补贴）。

要了解这项法规的含意，可以想象你正考虑用炸药炸掉树干残株（这比挖起来省事得多）。唯一要注意的是，爆炸造成致命意外的概率是万分之一（1‰）。因为受害者的生命价值是100万美元，所以如果真的发生不幸，你要赔100万美元给他的遗孀。为了决定要不要用炸药，你必须在炸药成本之上再加100美元的期望成本，后者就是100万美元赔偿金乘以1‰的概率。那正是受害者接受有1‰死亡概率的工作所要求的价格，而且也是信息灵通的保险公司会向你收取的保险费，以承保炸除树干残株的事故责任。在有净收益的前提下，也就是你节省的成本高于对第三人的风险，你才会使用炸药。这是符合经济效率的结果：在侵权法律制度的运作下，每个人都会做出符合经济效率的选择。

最适吓阻与最适保险

这提供了正确的诱因，诱使人们不要拿别人的生命冒险，但仍有问题。假使受害者没有需要扶养的亲属，也没有追求什么伟大的理想，则100万美元能为他买的唯一的东西，是一座壮丽的坟墓。

上节的方法让我们能正确地吓阻侵权者，但赔偿金却是从能用它的人移转给不能用它的人。

这样的例子很极端，但它指出了一个一般性的问题。侵权责任至少有两个不同功能。其一是吓阻伤害他人的行为；其二是补偿受害者，为他们取得保险。而我们没有理由期望，为了吓阻目的而产生的最适损害赔偿，会等于为了保险目的而产生的最适损害赔偿。

再来谈我们假设中的受害者。他不买人寿保险，因为钱对活人比对死人有用。他的最适保险金额是零，但这一点并不表示杀他的人没有对他造成伤害。

这种问题的陈述方式，其实也指出了解决方法。潜在受害者虽然不需要人寿保险，但他希望把可能不幸被炸死而得到的赔偿，从这个不幸的未来移转到他可以活着用钱的未来。我们的社会正好有个规模很大的行业，可以把钱从一个未来移转到另一个未来。这个行业就是保险业。当你买火险时，等于放弃未来房子没有被烧毁时所拥有的一部分钱，以在房子真的被烧毁的另一个未来收到钱。

潜在的受害者要获得赔偿，不是靠买保险，而是卖保险。他把将来万一遇害后收取赔偿金的权利移转给保险公司，换取保险公司现在付给他一笔固定的金额。假设他有1‰的遇害概率，可获得100万美元的赔偿，且为简化起见，我们忽略保险公司的营运成本，保险公司会根据精算价值来买卖保险，则这家公司将支付他1000美元。保险公司从他那里买了人寿保险，但只有在他的死亡是因另一人的侵权行为时才有报偿。换句话说，保险公司买的是**未来侵权的求偿权**（inchoate tort claim），即针对还没发生的侵权行为的索赔权利。

这套机制不只对潜在侵权者提供正确的吓阻作用（假设我们能够相当准确地估计生命的价值），也在受害者觉得赔偿金最有价值时先给他。如果他希望在死后得到金钱，也就是想买人寿保险，他可以在死后才获得赔偿。如果他不希望死后才得到钱，可以把这笔钱往前移转到对他最有价值的时候。

完美的信息幻想

我们要如何在所有风险已知的世界中，进行高风险的活动呢？设想如果每一次你对别人构成风险，就必须给他一笔钱，他也才愿意接受那种风险。这不只对行为可能伤害他人的人提供了正确的诱因，也在事前达成名义上的侵权责任的目标——由侵权者补偿受害者。这个目标没办法在事后达成，因为我们没办法适当地补偿失去生命的人。

我们也可用前一节所述的法律机制，且加进一点：潜在侵权者为他所负的责任买保险。我对他人构成风险而负的责任成本，反映在我的保费上，也代表保险公司对理赔金额的估计。别人对你构成风险而加在你身上的成本，你能卖出求偿权取得金钱来抵消。这个结果正如前段所述，不同的是此处的风险可以估计，只是无法确切知道，而由保险公司形成的市场机制会估计相关的风险。

在现实世界中，为什么这些机制不存在？为什么没有市场可以让你出售未来损失生命后的求偿权？答案有两个。第一个答案前文已提过，传统的习惯法认为你的求偿权随着你死亡而消失，所以不因你丧生而赔偿你或你的财产继承人。近数十年来，这种看法已经改变，美国各州都通过幸存者法规（survival statutes），允许继承人在你死亡后获得赔偿。虽然这些法律允许继承人为你所受的痛苦和灾难求偿，但这种求偿权通常不是根据你生命对你的价值，所以严重低估了真正的损失。第二个相关的理由是，习惯法不认为侵权求偿权是可让与的财产。原则上，在美国各州法律限制内，你可以出售自身的人寿保险，但不能出售未来你遭侵权损害的求偿权。

第18章和第19章还会再谈这个问题。第18章会说明，如果能让侵权求偿权（包括尚未发生的侵权行为的求偿权）具有市场性，将有助于解决以侵权法取代刑法的一些问题。第19章将阐述，由于习惯法未能准许根据受害者生命对他本身的价值（也被称为"享乐损害赔偿"[hedonic damages]）求偿，未能视侵权求偿权为财产，这些证据足以反驳波斯纳有关习惯法具有经济效率的说法。

伤害赔偿

前面所谈都是如何补偿遇害身亡者的问题，但类似的论点也适用于较轻微的伤害上。如果有人因为他人过失而失明或残废，至少从三方面来说，他的处境会变糟。第一，伤者会有金钱上的成本：医疗账单、失去薪水等等。第二，伤者也有非金钱上的成本：轮椅上的生活不再那么有趣。最后，受到伤害使额外金钱对受害者的价值降低，至少在医疗轮椅的账单支付之后是如此，因为伤者已失去许多其他的花钱方式。

如何衡量伤者的损失，以计算应负责者要赔偿的金额呢？一种方法是只计算金钱损失：医疗费用、失去的薪水等等。传统习惯法大多采用这种方法，它的明显优点是最容易衡量，明显缺点是可能严重低估总成本。几乎没有人愿意失去视力或双腿，以交换全部的医疗费用和损失的工资。

比较符合侵权法精神的一种方法，是要求侵权者完全补偿受害者，"使受害者恢复原状"（make him whole）。这表示侵权者应该给予足够的金额，好让潜在受害者不在意意外是否发生。这种做法有一个实务上的问题：伤害不只使人活得更糟，也使钱对他们更无用处。即使受害者能得到庞大金额的补偿，但我们不清楚失明者变成亿万富翁后是否和以前一样快乐。

另一种想法是，完全补偿对潜在受害者来说有如投保超额保险。若受害者的金钱损失得到完全补偿，便有能力像未受伤害前那样购买同样的事物。由于有些事物对他不再有用（如失明者无法看彩色电视），他会把一部分支出移转到意外发生前不值得去花费的事物上。他的处境其实比以前糟，因为他会用1000美元去买可口的晚餐，获得价值1000单位的快乐，而无法花1000美元买彩色电视机，获得价值2000单位的快乐。虽然钱一样多，但花钱的方式减少了，因此每一块钱获得的快乐降低了。

要是给他够多的钱使他达到从前的快乐程度，他会用那些钱去买对他比较没有价值的事物，结果最后一块钱带来的快乐会更少。这是你不会为了100万美元出售生命的理由中，较不极端的一个。它显示你愿意出售视力的价格很高，甚至无限高。

我在前文如何衡量生命价值的极端例子中，已对这个问题提出解决方法：根据潜在受害者愿意接受什么以承受风险，来决定损害赔偿金额。从保险的观点来看，这可能产生过度补偿的情形，所以允许潜在受害者把将来一部分的损害赔偿，移转到未受损害时使用，方法则是预先出售一部分的损害求偿权。

同样的方法也可用来衡量伤害赔偿。这表示伤害赔偿金额应高于纯粹的金钱损失补偿，因为受到伤害并获得金钱损失补偿后，受害者的处境仍比伤害未发生前为糟。同时，伤害赔偿应低于完全补偿金额，因为如果允许受害者把一部分钱移转到未受伤害时使用，就可以提高补偿价值。所以这和前面赔偿生命价值的例子一样，属于事前完全补偿。事后来看，潜在受害者如果未受伤害，反而会因为承受风险而处境变好；他们出售部分损害求偿权而拿到钱，但意外并未真的发生。实际受害者的处境则因承受风险而变差。

我想，走笔至此，已经解决了本章一开始提出的难题：如何适当地补偿失去生命或肢体的人？答案是：从事后来说，往往办不到，而且通常也不应该那么做。但无法事后补偿不表示生命无价，也不表示我们应该避开对他人构成死亡风险的所有活动，更不表示我们应该避开对我们本身造成死亡风险的任何行为。

与本章两个例子有关的问题是：承受风险所能得到的收益是否值得负担相关的成本？每当我们开车、吃冰淇淋或决定生儿育女时，都会在心中盘算同样的问题。我们可以将能够在事前补偿潜在受害者的事后责任，强迫对他人构成风险的人负担，让他们必须为此风险做相同的盘算。

间奏：美国法律体系简介

现代的法律经济分析于数十年前起源自美国。1958年，第一份法律经济学术期刊《法律与经济学期刊》在芝加哥创立。其结果之一是，虽然经济理论可用来解释任何时空背景下的法律制度，但多数的分析（包括本书大部分）仍是针对现代的英美法。

第17章则不同。该章会用本书之前讨论的各种观念，分析中世纪冰岛及18世纪英国的法律制度，还有20世纪加州某郡的私部门规章。第17章之前的章节则仍将焦点放在英美法律体系上。本章的目的即是简单地描述这个法律架构与规则。

法律从何而来？

> 对英国法庭在赖兰兹告弗莱彻（Rylands v. Fletcher）一案中判决的正确性与适用性，美国法学界有不同的看法。
>
> ——特纳等告大湖石油公司案的判例

时间是1936年，大湖石油公司（Big Lake Oil Company）储存库中的污水流出，损害了特纳（Annie Lee Turner）及其邻居的财产。德州最高法院必须决定前者是否应对后者负起赔偿责任。一个主要的争论点是，大湖石油公司是否只在未做适当预防措施下才负责（**过失责任原则**），或者应对任何损害负责（**严格责任原则**）?

为了解决这个问题，德州法官首先参考的不是德州的成文法，而是另一个国家在另一个世纪中的判决：1868年英国上议院某委员会所判的赖兰兹告弗莱彻一案。这个案子处理的也是污水的责任问题，而且是采用严格责任原则。然而德州法院得出相反的结论（第19章将讨论其理由），认定大湖石油公司除非有过失，否则无须负责。为了证明这个结论的正当性，德州法院用了相当篇幅的书面意见来解释它与英国上议院的意见不同处。

问题是我们不需要如此大费周章。英国从未统治过德州，而英国在美国的殖民，早在赖兰兹告弗莱彻结案前近一个世纪时就结束了。英国立法机关的权限也从未及于德州的法律。

法律不完全由立法机关所制定。英国上议院除了是英国的立法机关，也指派一个司法官委员会，作为英国的终审法院。对赖兰兹告弗莱彻一案做出判决的正是这个委员。在本案中，它同时是判决的法庭（判定弗莱彻应赔偿赖兰兹，这个结果只直接关系到当事人及其律师的利益），也是解释英国习惯法的专业机关。在充当后面这种角色时，委员会得出的结论正是德州法院在同个法系下审理这个案件时的参考来源。英国法官对美国案件的影响力，正如同英国法学者对美国法学者在某些争议上的影响力。

在英美法系下，法官与立法者有同样的立法角色。法官透过解释法条与宪法、解决法律模糊之处、填补法律缺失而立法。在**遵循先例**（stare decisis）原则之下，法院的判决结果通常对往后的案件有约束力，也就是创造同类案件的判决先例。

但法官不只解释法条或宪法，他们更透过许多案件判决来创造法律。德州法院在特纳等告大湖石油一案中的确引用了一条德州成文法，但表示"就宪法、习惯法以及墨西哥民法的精神……而言"，此法条与该案无关。它的最后判决是基于德州及其他地方过去的判例，而非根据成文法，这也表明美国法庭一般并不采纳莱勒兹告弗莱彻案中的严格责任原则。

法学院一年级学生会惊讶地发现，许多法律完全由法官创造、修改，其中有些还被法官废止：

> 被告强烈主张其豁免权若须被废除，应由立法机关而非本法庭来执行。本庭不同意此观点。学校校区豁免权的原则乃由本庭所制定，而此原则在当下已脱离合理公正范畴，故本庭认为吾人不只有权力，并且有责任予以废止。
>
> ——克林比法官（Mr. Justice Klingbiel）在摩理特告凯恩小区案（Molitor v. Kaneland Community Unit District）的看法

法院体系的结构

假设你因无执照弹奏手风琴违反了州法律，此法是由一连串的法院判例形成。你被逮捕、审判、定罪。你是好讼之人，决定上诉。

在诉讼一开始，你会同时面对法官与陪审团。前者的职责在于决定适用的法律，后者的职责在于判断相关的事实。如果上诉法院接受你的上诉，会有一个或一组法官审理初审法官的判决结果。上诉法院关切的是法理而非事实，所以双方都不能在此时提出新的证据，不过可以提出新的法律论点。

如果上诉法院认为初审法官的判决没有法律上的错误，你的刑罚就被确定。当然，如果你负担得起，你可以一路上诉到州最高法院，只要它愿意受理。

如果上诉法院判定初审法官犯了法律上的错误，你并不会因此而无罪开释。法官犯了错误并不意味你是无辜的。通常的做法是上级法院将案子发回重审，而初审法官须做必要的修正。此时你可以引入在初审时遭排除的证据。除非下级法院的错误非常严重，经过修正后已毫无重审必要时，你在上诉法院的胜诉才会自动成为你在下级法院的胜诉。

愈上级的法院所做出的判决结果，对往后的案例愈有影响力。如果是州最高法院决定采纳你的证据，以后的手风琴师都能因此得利，在审判时引入类似的证据。

这种上诉体系会造成一种结果，即法学院学生和律师通常倾向于研读较上级法院的判决，因为这些判决立下了往后他们可以援用的判例。另一个结果是，法学院教育多只注重案情的中段，学生因此疏于了解事件的缘由（因上诉法院并不查证举证事实），以及案件驳回后的经过及结果。我们只能期待，日后也许会有积极的人将案件汇编成书，告诉那些好奇的法学院学生，在柏德告侯布鲁克（Bird v. Holbrook）一案中，十九岁的年轻原告如何因追逐一只脱逃的孔雀，进入侯布鲁克筑了围墙的郁金香花园，而成为弹簧枪的受害者，以及接下来的故事。我们也才能因此得知，在帕斯嘉夫告长岛铁路公司（Palsgraf v. Long Island R. Co.）一案中，原告所宣称的一连串不可能的因果事件是否真的发生。这本案件汇集可以取名为"下回分解"（*The Rest of the Story*）。

以上例子只针对一州之内的法院。跨州的案件则牵涉到司法管辖权以及州法律的适用问题。例如在毁约官司中，双方的公司总部可能分别位于不同州，而毁约事件发生在第三州。又例如在某位车主提出的产品责任诉讼中，车子制造于密歇根州，贩卖于伊利诺伊州，最后在纽约州撞毁。

司法管辖权的决定原则很简单，尽管实务上并非总是如此。假设我是加州公民，你是纽约州公民。在我控告你时，首先要决定向哪个法院提起诉讼。如果我向纽约州法院控告你，该案件将依纽约州法律审理。如果我在加州控告你，而且加州法院认定这个案件与加州有足够关联从而我的选择是恰当的（同时，争讼金额超过7.5万美元），这时你有权主张将本案提到联邦法院体系。联邦法院会决定州案件在其异籍管辖范围内，并根据加州的法律来裁决。或者，我也可以一开始就在纽约州的联邦法院对你提起诉讼。

州际案件是诉讼进入联邦法院体系的原因之一。另一个原因是涉及联邦议题，例如某方主张州法与联邦法律甚或联邦宪法抵触，于是案件从州最高法院上诉到美国联邦最高法院。第三种原因是，原始的争讼牵涉到联邦法律而非州法，例如违反联邦毒品法的刑事起诉，或者涉及雇主违反联邦反歧视法的民事案件。第四种原因是，州法院的被告到联邦法院提出诉讼，要求根据联邦法律宣布相关的州法律无效。

美国联邦的法院系统类似于州的法院系统。诉讼案件可以直接进入联邦法院，或者经由州的最高法院上诉到联邦最高法院。联邦诉讼案件也可经由法院的层级，一路由巡回法院上诉到联邦最高法院。巡回法院必须判决每一个上诉的案件，联邦最高法院则不必；它拒绝受理的案件远多于接受的案件。任一层级法院的判决结果，就是同级与下级法院的判决先例。

联邦法院系统内有多个依地理位置设立的司法巡回区，各自拥有一个上诉法院系统。在第七巡回区的地方法院的诉讼案，会依第七巡回区的法律来审理，也就是说，该巡回区的法院判例会比其他巡回区的判例更重要。联邦最高法院受理案件的原因之一，正是要解决各巡回区法律的互相抵触问题。最高法院的法律意见，至少在理论上对所有的下级法院有约束力。这就如同在州法院体系内，该州的法律争论也是由州的最高法院来解决。

读者可能会想，如果大部分法律是基于法官的判决，我们如何产生一个具有一致性、法治而非人治的法律体系？上诉制度提供了一个解答。如果某个法官的判决经常被上诉法院驳回，他的同僚和他所审理的案件的律师都会知道这个事实。其他法官会认为他不适任，并拒绝采用他的判例。而他所审理的案件的代表律师也会经常上诉。因此，依自身偏好而非从法律来做判决的法官，他的名誉可能会严重受损，他的判决也将很难影响案件结果。

联邦最高法院的法官是明显的例外，因为他们的判决不会被驳回。研读最高法院法官的判决解释文，至少就我个人的经验而言，是个令人沮丧的经验。这些法官知道，即使自己的论证再糟糕，也是他们说了算：

> 一个联邦法官可能会偷懒、缺乏对司法的热情、苛待法庭职员、无端斥责庭上的律师、因道德过失而受谴责、濒于或陷入衰老、常犯基本法律错误、经年累月延宕案件、泄露机密信息给媒体、追求毫无掩饰的政治教条、犯下一些会让终身公务员或大学教授丢掉工作的错误，但他仍然保有职位。
>
> ——波斯纳，《超越法律》（Overcoming Law），第 111 页

法律的结构

法学院一年级的学生会觉得，英美法是一团令人混淆而纠结的组合：法规与判例、侵权与犯罪、程序与实体。本书的一个目的就是要解开这些纠结，并发展一套理念模式来理解大多数的法律。本节尝试把各种法律分类，并在后面的章节中一一解析。

第一个大分类是刑法与民法。刑法中的原告是国家政府，而典型的刑事诉讼案件的名称可能是"联邦政府告弗里德曼"。民法中的原告通常是私人团体，不过各级政府偶尔也会扮演原告的角色，以民法而非刑法提起诉讼。

这种区分的一个结果是，刑法的罚款归政府，民法的损害赔偿则归受害者，即提出诉讼的一方。另一个结果是，只有政府（检方）可以撤销刑事诉讼。就法律上而言，刑事案中的受害者并非诉讼的一方，仅是案件的证人。民事诉讼则可由原告和被告在法庭外和解。

民法与刑法的其他差别会在以后章节中阐释，尤其是第18章。该章探讨我们是否同时需要民法、刑法两种系统，以及其原因。两者明显的差别在于，刑法使用徒刑甚或死刑之类的惩罚，而民法主要依赖金钱赔偿。另外，刑法需要较高的证据来定罪，也就是所谓"排除合理怀疑"的证据，而非民法中的"优势证据"原则。

民法可进一步细分为财产法、侵权法及合同法等。财产法处理的是财物的所有权，尤其是土地与建筑物（法律上称为不动产[real property]）的所有权。财产法也包括知识产权法，与专利、著作权、商标、商业机密等有关。

侵权法处理的是侵权行为，即某人不当侵害他人或其财产。如果你不慎开车撞倒我，我会告你侵权以寻求赔偿，而这就是侵权诉讼。如果你发表一篇对本书充满敌意的评论，我可能会告你破坏名誉（但即使你的评论内容是错的，我还是会败诉，因为限制攻击作者的法律并不适用于攻击其著作），而这也是个侵权诉讼。不严谨地说，侵权法可以视为民法中的刑法，它强迫侵权者承担加害他人所造成的成本。但侵权法不同于刑法，因为它立基于补偿法则：侵权者被要求支付充分的赔偿金额给受害者，使受害者"恢复原状"——回到侵权事件发生前的状态。

民法中的第三个领域是合同法。这套法律是用来决定合同形成的时间、合同加诸签约各方的义务，以及一方违反合同时另一方所有的权利。

要粗略理解这些法律领域，可以从了解以下问题开始：谁对谁有权利、是什么权利、什么决定了有这个权利，以及为什么。合同法是最清楚的例子。我们之前签订了合约，所以我对你有权利（你对我也有权利）。合约中包含双方同意的特定事项，而这些事项不得违反法院与立法机关所制定的合同法规。

合同法与财产法间最明显的差异是，合同权利只对合同的对方当事人有效，财产权则对全世界有效：我可以无须经由你的同意，合法阻止你侵入我的土地或侵犯我的著作权。侵权法也是一样。我不被你殴打或毁谤的权利，无须经由你的事先同意。至于财产法与侵权法间的差异在于，前者界定跟"物"（包括知识产权）有关的一组权利，这些权利属于个人并可移转给他人，而后者界定的是与

"人"有关的一组权利。

合同法与财产法在某些方面也相像：你所拥有的权利部分依赖于过去的协议。不过，合同权利是由立约双方凭空创造的，而财产权则是财产法预先界定出的一组权利：地主可以使用篱笆但不可使用地雷来阻止入侵者，地主可以阻止其土地上空1英尺的入侵者，但不能阻止土地上空1英里的飞行器。这些权利可以全部移转给其他人，也可以部分移转，例如地主可以出售地役权给邻居，使邻居能穿越该片土地，而在地役权已经出售的情况下，整块土地还可以卖给其他人。但是财产交易不能创造新的权利，合同才可以。

财产法、侵权法与合同法的传统分类，是一种讨论上的权宜做法，实际的法律争议不一定可以如此简洁地归类。例如，财产法中有一个重要议题是财产所有权所指涉的权利范围，但这个议题也会出现在侵权案件中（土地所有者基于妨害行为的习惯法而控告他人）。毁约在某些情况下也属于侵权行为，比如A怂恿B与C毁约，A的行为就触犯了侵权法。另外，租赁合约规范租赁两方间的契约关系，同时包含财产权使用利益的转移，租方借此获得了一定期间内的土地控制权。

把东西分好类堆放通常是整理家务的第一步。对诉讼当事人而言，法律规则的分类也十分重要。财产、侵权行为与合同各有一套法律规则，在许多细节上有所不同。一个毁约案件是否也是侵权案件，决定了原告有权请求赔偿的损害包括什么不包括什么。

有一些法律领域落在上述的大分类之外。它们有的不属于上述任一类，如反托拉斯法和管制法，有的为上述所有法律提供基础，如程序法与司法管辖规则。

本章第1节曾隐约提到最后一种关于法律种类的区分，即依照法律的来源。就此而言，美国有三个主要的法律类别：成文法、判例或习惯法、宪法。

然而这样的区分也远谈不上泾渭分明。有些成文法（如著作权法）是为贯彻部分宪法精神而存在的，因此，有些争议就牵涉到成文法法条的问题和宪法所暗含的成文法必须或不应该做什么的问题。而成文法或宪法不会自己解释自己，所以在实际判决时，法官更多是依过去判例（其中有过去法官对成文法和宪法的解释）来做决定。

如此一来，"习惯法"便成了一个模糊的名词。广义地说，它指的是法官所做的判例，有别于立法机关所定的法律或宪法。但这中间的界线很难拿捏。这个问题我们要特别关注，因为法律的经济分析受波斯纳法官的理论影响甚大，而他认为习惯法，不是成文法，符合经济效率。为了能够检验这个理论，我们必须先决定何者是习惯法，何者不是。

本书对法律采取功能性的观点：我们把法律体系视为一个带有目的的工具。但法律规则也是历史结果，经由长期的法律发展而产生。因此，即使法律结构有一大部分立基于功能性，我们仍不能排除某些法规只能从历史的偶然性来解释。

10 我的、你的和我们的：财产法经济学

财产这个观念似乎很简单：物为人所有，物主可以决定怎么用它。但是许多简单的观念，愈去想它就变得愈复杂。

第5章谈过其中一些复杂的观念，也从原则上探讨如何决定一套符合经济效率的财产权。本章将往两个方向扩大讨论：所有人拥有什么？为什么有些物品（如财产）为人所有，有些（如公共品）则不属于任何人？

权利组合：所有人拥有什么？

谈到一辆汽车或一条裤子，某物为某人所有的观念相当清楚，但如果是一块土地，就没有那么清楚了。我的所有权给了我哪些权利？我绝对可以在土地上耕种、盖房子、不准别人入侵。但我可以阻止飞机从上空飞越、矿场在地下挖坑道、邻居在附近制造噪音吗？如果那是我的土地，我能禁止电台未经我的允许就不准广播吗（如果我收得到信号，表示无线电波侵入我的土地）?

我拥有的不是称作土地的东西，而是一组权利。有些权利几

乎肯定随土地而来，例如本人可以行走其上，但不准别人做同样的事。其他一些权利，如在地上或地下多少距离内禁止别人入侵，以及维持地面原状、不陷入他人（在地底下的）矿坑的权利，不一定包含在权利组合内。

第4章和第5章曾谈过如何利用经济方法设计符合效率的法律。我们首先问两个问题：某种权利对谁最有价值？或者，哪种初始的权利界定，最容易使权利流向能够获得最高价值的人？

建构权利组合时，第一个要问的问题是："哪些权利属于同一组？"如果耕种土地的权利和在地上行走的权利，对我的价值高于其他任何人，那么这两种权利就属于同一组。别人任意践踏田地就很难种植作物，所以禁止别人入侵的权利也可能属于同一组。不过这有一部分要看土地如何利用而定。如果你是造林，不是种植谷物，是不是拥有那种权利就很难说。在某些法律体系中，土地所有权只附带非常有限的禁止入侵权。

另一方面，禁止无线电波穿越我家土地的权利，对我没什么用处。要是每位地主都拥有这种权利，设立电台就需要取得广播范围内所有地主的一致同意。这么一来，把权利从所有人移转给觉得最有价值的人，将是极为困难的交易。所以我们有必要制定法律，将特定频率的广播权和广播范围内的土地所有权完全分离。同样地，禁止飞机穿越我家田地上方1英里的权利，对我几无价值，而且要把这个权利移转给觉得最有价值的人很困难，所以这个权利也被排除在组合之外。

两块毗邻的土地都拥有某种权利时，会有更棘手的问题产生。对我来说，控制噪音传进我家土地的权利很重要，譬如禁止你在凌晨三点播放吵人的音乐，或在接近地界的地方燃放鞭炮。但是，控制从你家土地传出而在我家这边听得到的噪音，这种权利对你也很重要。

当两块地产垂直毗邻，不是水平毗邻时，也有同样的问题。在依赖煤矿业的宾州，土地所有权由三种可分离的地权构成：地表权、采矿权、地基权。如果我拥有地表权和地基权，而你拥有采矿权，那么你可以任意在我的土地下面开采煤矿，但必须留下足够的土地支撑地表。如果我的房子陷入你的矿坑，你便侵犯到我的权利。相反地，如果你有采矿权和地基权，我有地表权，那么我没有合法的权利要求地表获得支撑。地基权对地表所有人和矿业公司都很重要，前者希望房子有稳固的地基，后者则希望开挖所有的煤矿。所以法律不妨允许地表权所有人和采矿权所有人进行交易，把地基权交给觉得最有价值的人。

水平毗邻的邻居间有时也有同样的问题。假使我在紧邻地界这一边挖的洞太深，你的土地可能会开始陷落。根据英国的习惯法，地主拥有侧面地基权，意即邻居有责任提供毗邻土地在自然状况下获得的支撑。

这些冲突是习惯法中妨害案例所探讨的主题，也是激发科斯进行研究的法律领域。第5章对铁路公司和农民所做的分析，至少从原则上探讨了谁拥有组合中的何种权利及这些权利的执行方式，将由符合经济效率的法律体系决定。第14章会再谈这个主题。

第5章讨论过财产法则和补偿法则这两种执行财产权的不同方式，并曾简短提及另一种方法——以多数决（majority vote）控制财产。为了控制石油和天然气等流动性矿物资源的使用，这可说是符合经济效率的常见法规。

假设有一群地主坐拥庞大的油田。如果我在自己的土地上挖一口油井，开始抽油，全部的石油最后都会归我所有，因为石油从我家地下抽出后，你家地下的石油会流过来补充（恕我过度简化地质学上的事实）。我的油井对你造成外部性，因为你损失了石油。如果你开挖油井，也会对我造成类似的外部性。尽量挖油井、尽快抽石油符合每个人的利益，却也使所有人遭受损失。我们陷入了多人版的囚徒困境。

有一种解决方法称为联合经营（unitization）。在美国有一些州，只要油藏上的地主多数投票同意（通常需要过三分之二的人数），就可以实施联合开采。这么做可以把石油从地主的私有财产，变成所有地主的共同财产。这群地主会就如何抽取石油和分配所得收益达成共识。由于法律公平对待每一个人，地主之间的利益冲突可以降到最低；居于多数者不可以只通过投票就把所有的石油抽光、自行分配收益。同样地，法律也禁止企业中的多数股东把公司的资产移转给自己，牺牲少数股东的权益。

在上述例子中，相关法律可被看成为了取得最高的效率，对权利的界定和组合。不过，这个方法并没有清楚解释现行的法律，或提出我们应该制定不同法律的明确理由。就习惯法中的妨害案例来说，科斯认为，有证据显示法官至少会试图创造符合经济效率的法律。

私有与共有

关于私有财产，非经济学家一定会问这个问题：我们为什么要有这种愚蠢的制度？为什么要这么自私地分你我？何不让每个人在有需要的时候取用每一样东西？

这种想法行不通，理由有两个。第一个理由是，你我不能同时开同一部车子到不同的地方，如果你上次开车时把油用光或让轮胎没气，我就没办法再用车。我们需要一种方法，能够决定谁在什么时候使用什么东西，而这种方法最好能让觉得最有价值的人获得所要的东西。私有财产和交易制度解决了这个问题，理由已在第2章谈过。如果我的财产对你比对我更有价值，你会愿意出一个我愿意接受的价格。

第二个理由是，我们视为私有财产的大部分东西，都必须有人去生产出来，而生产东西得花成本。如果生产东西就能拥有，人们便有理由去生产。这不只提供了诱因，也提供了正确的诱因。只有当觉得最有价值的人愿意出的价格至少等于生产成本，才会有人去生产东西。这便是符合经济效率的规则。

非经济学家不明白为什么每样东西都是私有财产。经济学家则不明白为什么有些东西不是私有财产。既然有这么美妙的方法可以解决各种事物的生产和分配问题，为什么它不能一体适用？

如果你认为所有事物必须是私有财产，不妨想想把知识产权法扩大到英文的后果。文字成了私有财产，每个字属于第一个用它的人或他的继承人和指定人。在你开口说一句话之前，你必须先取得每个字的用户许可证。

经济学与法律的对话

把语言变成私有财产有一些好处。文字的所有人可以阻止文字被过度使用而失去原有的意义，如"漂亮"（nice）或"可怕"（awful）就有这种现象。或许更重要的是，语言私有化可以鼓励人们创造新的字词。英文非常缺乏中性代名词，只好使用"他、她或它"（he／she／it），或误用"他们"（they）而产生不合文法的语句。如果有人率先发明和普及悦耳动听且直觉式的中性代名词，就可以对使用这些字的每一个人收取授权费，如此问题或许就解决了。

把语言变成私有财产有好处，但也有很大的坏处。在文字为私人所有的世界中，说话、写字的成本会很高。我想，这个坏处将高于语言创新速度加快而产生的任何好处，这个世界也会变得非常安静。

有争议的不只是知识产权。以原始人的财产权为例，有些人拥有私有土地财产，有些人没有。为什么会这样呢？

读者可能会认为，有些人没有私有土地，是因为他们太原始，没有想到这个观念。但这个答案说不通，因为有人只在每年的某些时候拥有私有土地。他们的确懂得私有财产这个概念，并且在每年的某些时候实践它。

一个比较合理的答案是，原始人可能比我们更了解他们自己的情况。他们的法律在他们的环境下可能有很高的经济效率。他们的土地在每年某些时候用于耕种，其他时候则用于狩猎。私有财产对耕种是很有用的观念，因为如果任何人都可以随便到田里收割稻谷供自己食用，努力种田和除草就失去了意义。相反，狩猎时如果也讲究私有财产权，猎人到了地界就必须停下来，请求地主准许穿越，然后眼睁睁看着猎物消失在远方。所以合理的法律是：猎物是私有财产，属于第一个发现它的猎人，而狩猎过程中经过的土地是共有财产。如果猎人必须依赖社群中的其他人支持，法律可能就得修改成让其他人也能分享猎物，以符合经济效率。

其他比较不奇特的土地共有形式，包括联合共有（joint tenancy）、普通共同共有（common tenancy）、整体共有（tenancy by the entirety），以及具复归权的终身权益（life interest with reversion）。这些制度都会出现共有所有权的常见问题：每个人在决定如何使用土地时，容易忽视其他人的利益。

因特网上的信息，是共有财产最现代的例子。虽然有些网络供货商是收费才提供信息，许多人（包括我自己）却免费供应信息给所有上网者。而在电子邮件传递的标准程序中，当计算机 A 的电子邮件透过 B ~ F 的中介计算机到计算机 G 时，中介计算机的拥有者并不会对寄送电子邮件的计算机拥有者收取费用。

虽然网络信息收费有可能做到，付出的成本却很高，所以目前只有色情网站收费，大部分网站则是以间接方式对免费供应给别人的信息收费，例如刊登广告。这么做行得通，因为以单位用户来衡量的信息传播成本很低，这种间接方法的收入即足以弥补。如果电子邮件的信息封包（packet of information）在离开主计算机时要收费，必须计算许多小费用，将使作业程序非常昂贵。所以主计算机采用的准则是"如果你传送我的封包，我也会传送你的封包"。

企业免费奉送产品的例子有很多。吃到饱餐厅只要买入场券，进去之后所有食物都是免费的。大部分因特网服务供货商也采用相同的模式，只收固定月费，供使用者无限制上网。不管原始人是不是只是因为无知而不采取土地私有财产权制度，我们都不能用同样的理由来解释美国在线（AOL）为什么要采取上述的定价政策。比较合理的解释是，这些公司希望在"消费者过度使用而造成的无效率"和"不去限制及监视用户的使用而省下的成本"间求取平衡。

以上例子说明私有财产有时不值得实行的一个原因在于，从一人移转到另一人的交易成本太高。所以我们不希望英文字成为私有财产。第二个原因跟界定和辨认界线的成本及困难度有关。因此，我要接着谈浮岛的故事。

浮岛

密西西比河中的史泰克岛（Stack Island）属于某人。多年来，密西西比河的水流冲刷史泰克岛的上游端，河沙则沉积在下游端，使得史泰克岛慢慢往下游移动。

史泰克岛下方不远处，河的西岸及附近全部小岛为另一人所有。经过很长的时间，其中一座小岛成了史泰克岛的一部分。那么史泰克岛为谁所有？

这类法律案件是根据逆权侵占（adverse possession）的原则来解决。法院认为，岸边土地所有人等了太长的时间才主张自己的权利，从而避免了对他是否有权主张权利做出裁决。我喜欢这个案例的地方，在于它说明了一般财产法的一个未明文的假设——地界保持不变（才能清楚界定我们拥有什么）。上述案例中，只要小岛保持不动，财产权的界定就十分清楚和合理。如果这个世界上的财物都像史泰克岛一样，也就是确定财产权的实体界线以出乎意料和模棱两可的方式发生变化，则为了确定界线和仲裁随后而来的争议，可能使得维持私有财产制所费不赀。

请看以下这段苏丹的土地法：

> 不了解尼罗河的变化，就没办法了解和它有关的土地讼
> 案。尼罗河水在一年当中有起有落，河床上的肥沃土地可以耕
> 种七个或八个月，之后淹没在河水中。有些年头，某块河床
> 可能不会浮现，地主会失去他的土地。若五年后，同一个地方
> 的土地再次浮现，那么原来的地主是不是仍拥有所有权？要是
> 他死了，所有权属谁？或者，一座小岛淹没在河水中，但下
> 游1/4英里处又出现另一座小岛，只是形状略微不同，那么失
> 去小岛的地主是不是拥有新的小岛？……尼罗河的河岸偶尔也
> 会增减，根据大部分地方通用的惯例，河岸有变化，岸边土地
> 也跟着变化。每个人的财产因此随着河流而增减。即使离岸边
> 有一段距离的土地，也会因为河道转向而受影响。财产不论远
> 近，就像串联起来的盔甲，随着难以捉摸的河水而牵动。
>
> ——约翰·麦克菲（John McPhee），《霍文的艺术巡礼》
> （A Roomful of Hovings），第162页至第163页，部分引述自卡
> 罗尔·布鲁斯特（Carroll W. Brewster）

下一章我们还会再谈这个主题。界线模糊的情形在不动产法中
属于例外，在专利法中则是一种常态。

人类为什么因狗而文明？

时间为公元前 10 000 年或 11 000 年，你是某原始部落中的一员。这个部落耕种的土地属于共有。耕种共有农地是一件很痛苦的事，因为花在争论谁有没有偷懒的时间，和翻土除草的时间一样多。

你们虽然原始，却不笨；在那时的环境中，笨人活不长。有几个人想到，把共有土地改成私有财产，问题自然消失不见。每个人都必须耕种自己的土地。要是邻居不肯辛勤耕耘，挨饿的是他和他的子女，不是你和你的子女。

这个办法有个问题。邻近一个部落几年前也遭遇同样的问题。私有财产制不是定好后就会自行运作，必须有某个人出来确保懒惰的邻居不会因为挨饿而侵犯你的权益。以前在白天的时候，你必须监视其他人有没有在共有土地上努力收割，现在则必须在晚上监视其他人有没有在你的田地上努力收割。考虑了所有因素之后，你下了结论：共有土地虽然不好，却是不好的解决办法中最好的。

农地在接下来一千年中继续被视为共有财产，直到有人提出革命性的技术创新：养狗。狗是地域性很强的动物，可以被教会把主人的财产视为它的地盘，对入侵者采取适当的反应。现在你可以放心把农地改成私有财产，晚上睡个好觉。狗有如防盗铃。

我不记得这种解释土地私有财产制兴起的说法是谁首先提出的，而且我对人类学和史前史也了解得不够多，无法判断其合理性，但如果它不是真的，它也未免太像是真的了。浮岛的故事方便我们说明确定财产界线的问题，防盗犬的说法则方便我们说明如何执行并确保这些界线的问题，以及如果执行成本太高，可能就不值得去做的事实。下一章我们会再谈这个主题，并以影印技术的进步为例，看从前的出版商如何成功保护自己的权利，到了法律赋予其权利时，却失去这项保护能力。

美国政府犯下的最昂贵的错误？

到目前为止，我们讨论的是界定及执行财产权的问题。但在初步创造私有财产权时，也会有其他一些问题产生。

和我们将讨论的很多事情一样，取得财产权的诱因有时是缺点，有时是特色。物的价值是靠人的努力创造出来时，它是特色；制造一辆车子就能拥有它的所有权，这给了人们制造车子的诱因。

至于土地，大多不是靠人的努力创造出来的，故创造土地财产权的诱因可能就没有那么强烈。以美国早期《宅地法》下的公地开垦为例，这个制度使美国大部分地方成了私有财产。根据1862年的《宅地法》，拓荒者耕种一定年数，且符合其他各种规定，如在土地上种出果树，就可以取得160英亩土地的所有权。

时间是1862年，假设有一块土地远处边陲地带，距离铁路、食品店和其他人太遥远，耕种起来不会有利润。随着时间流逝和拓荒地的扩展，情况改变了。根据经济效率原则，垦荒人应该在能够产生利润的第一年才开始耕种，假设是1890年。

但如果你到了1890年才移民到这块土地，你会大吃一惊，因为早已有人捷足先登。已经能够赚取利润的公地很吸引人，因为不只可以靠它耕种赚钱，还能拥有宝贵的不动产。宝贵的权利免费奉送时，不怕没人要。如果你想取得土地，那就得早点来。虽然最初几年赔钱，但等到以后赚钱时，你也取得了耕种权。

你必须多早以前就来呢？为求简化，假设这块地在1890年的价值是2万美元，也就是在那之后耕种所获利润的现值。我们再假设在那之前每年耕种的损失是1000美元。所以，如果你想在1880年移民垦荒，还是会发现土地已被人领走。1880年的拓荒者必须承受1万美元的损失，才能取得价值2万美元的土地，虽然不如免费取得，却仍是不错的交易。根据以上逻辑可知，这块土地会在1870年左右被人领走，因为由该年以后的早年损失和后来的利益刚好相抵。所以说，《宅地法》使土地太早被耕种，从而耗尽了美国大部分土地的价值。

如果觉得以上推论似曾相识，你的感觉是对的。公地开垦的逻辑和第3章讨论的盗窃逻辑相同，两者都属于寻租行为。小偷花费时间和精力等资源，希望最后拥有你家电视机的是他，不是你。拓荒者花费各种资源，希望最后取得土地的是他，不是下一位拓荒者。在这两个例子中，行为者都竞相取得已经存在且有价值的东西，而且过程中动用的资源约等于所获财物的价值。

本例和其他例子一样，完整的分析做起来比较复杂。实际上，有些人会比其他人更擅长垦荒，就像有些人比别人更擅长偷盗。在均衡状态下，边际垦荒者或边际小偷的收支刚好相抵。能力特别强的垦荒者或小偷会有利润，因此公地开垦没有使全部的土地价值消散尽（dissipate），只是大部分消散了。

为移民垦荒的辩护之词

以上所述是经济学家安德森（Terry Andersen）和希尔（P. J. Hill）的看法。他们的结论是，美国政府当年应该以标售的方式释出土地。如此一来，拓荒者的寻租支出就会流向联邦政府，不必浪费在种植赔钱的作物上，也不必硬要在适合做为牧场的地方栽种果树。但他们没有解释为什么政府不那么做。（不论今昔，政府有了钱毕竟总是能够找到花钱所在。）

美国政府曾经的确试过那么做。美国独立战争后不久，州政府和联邦政府一再尝试标售公地来筹措资金，但他们碰到一个问题。

假使联邦政府宣布释出某块土地，并在当地标售，好让有意竞标的买主先看看他们要买的土地。假设你是波士顿某不动产财团的代表，前往大西部的俄亥俄州东部买地。

到了那里，你大吃一惊，因为那块土地根本还没开放，却已有人开垦。拍卖地点在人烟罕至处，参与竞标的多是窃占公地的非法垦荒者，而标的正是他们已经开垦的土地。这些拓荒者粗壮蛮横，长靴里插着刀，燧发枪靠墙而放。他们对你说得很明白：不管你回到东部怎么做，在这里，和拓荒者竞标"他的"土地是不成的——如果你硬要竞标，后果自行负责。这么一来，由于没人出价标购"他的"土地，每位拓荒者最后都按拍卖底价买到1/4平方英里的土地；这块地是他多年前来此开垦时找到的最好土地。你只能买到别人不要的地。

有时这个过程更为简单。遇有土地即将释出供人拓垦时，早已住在那边的人会向国会陈情："不畏艰难的拓荒者理应受到特别的待遇。"政府可以把其他土地标售给别人来筹措资金，但他们有权按法定底价购买自己开垦的土地。他们往往能够得其所愿。拓荒者，甚至非法窃占公地的人，毕竟也是选民。

以上的例子和史实相去不远。由此可见，法律规定的土地标售办法，在实务上反而成了就地安家计划，联邦政府可能因此放弃标售土地，改将公地开垦纳入法律。 Ⓑ

为《宅地法》下的公地开垦辩护的最后一个理由，也许是窃占公地者的说法正确，而经济学家是错的。窃占公地者毕竟是不畏艰难的拓荒者，由于他们努力拓荒，美国才能对原住民和南北两方诸州主张土地的主权。给予垦荒者土地所有权，就像允许汽车制造商主张生产出来的车子为它所有，能够产生实用的诱因。这种说法让《宅地法》显得合理。从政府的观点来看，移民垦荒是富有建设性的行为。不过，若从更广的观点来看，在计算经济效率时，加拿大人、墨西哥人和美国印第安人的利益都须涵盖在内，因此移民垦荒仍是寻租行为，只是规模更大。 Ⓑ

不管为移民垦荒的辩护说辞是否合理，不合经济效率的移民垦荒逻辑——希尔和安德森讲的政府如何消耗掉公地价值的故事——提供了另一个理由，说明把事物变成私有财产不见得总是好念头。下一章会再谈这个主题，并以知识产权法为例，说明把以前没人拥有的知识产权私有化后会产生什么问题，即在什么情况下，私有化的结果会产生不合经济效率的寻租行为。

私有财产的好处

前文已经谈过把事物视为私有财产的成本，以及财产权在界定、执行和交易上的问题。付出这些成本是否值得，取决于私有财产创造出的具有经济效率的生产和分配的诱因，能产生多大的利益。

假设你相信，即使没有著作权，还是会有很多人写小说。你可能说，伟大的作家在意的不是钱，而是为了名或只是热爱写作。你举证大部分的世界名著，如荷马、但丁、莎士比亚等文豪的伟大作品，都是在著作权保护法实施前写出的。

如果这个说法正确，那么在文学创作这一行，努力创作以取得所有权的诱因就不是很重要，制定著作权保护法的主张便很薄弱。财产权的第二个好处是现有产品的分配会更好，但我阅读一本小说不会妨碍你阅读同一本小说，所以就文学作品来说，分配不是问题。我们没办法同时开同一部车子回不同的家，但可以同时看同一本小说（各看各的一本）。而且，著作权法是让小说（字词的顺序构造）成为私有财产，不是实体书本。就算没有著作权法，书本身也是私有财产。

我们可以用比较专业的用语来说明以上论点。从额外的生产诱因而来的利益，取决于供给弹性，也就是生产数量对生产者所获价格的敏感度。如果供给没什么弹性，那么生产诱因就不是很重要，市面上的小说数量几乎不会因著作权法的有无而改变。如果供给很有弹性，那么废除著作权法就会使新文学的创作数量锐减。

类似的说法也适用于需求面。以吃到饱餐厅为例。如果它供应沙拉，吃更多免费的沙拉所产生的无效率并不严重。餐厅多供应一份沙拉的成本是20美分，但我不必负担成本；把价格降低20美分，只会使我多吃一点点。我多吃的部分虽然不合经济效率，却不是很严重。最差的情况也就是：我吃掉的沙拉对我值1美分，而餐厅要花20美分的成本，效率净损失19美分。

吃到饱寿司吧的情形则很不一样。做寿司需要技巧，所以每一份都很贵。如果多吃一份寿司的价格从3美元降为0，我会饱得不合经济效率。让我撑饱的最后一块寿司，代表效率损失了2.99美元。

所以在决定是不是要让某种事物成为私有财产时，必须考虑两个不同的问题：把它视为私有财产而非公共品的相关成本有多高，财产的界定、权利的执行与交易容不容易？把它视为私有财产的利益有多高？生产者和消费者对零价格的反常诱因有多敏感？

不动产和动产

所有的财产都包含一组权利。但是在法律上被称为**不动产**（real property）的土地财产有个特质：在很大的程度内，土地所有人可以自由重组他的权利。我可以把地役权卖给邻居，准许他穿越我的土地。一旦我这么做，地役权就不是只属他和我之间的合约，而是和其他财产一样，是一项对所有人都有效的权利。如果我把土地卖给另一人，那么地役权对他也有约束作用——即使他从未同意这么做，或者根本不知道有它的存在。财产法的这个特色，使得邻近土地的所有人更容易协调彼此的行动。买到可以穿越你家土地的地役权之后，我就可以盖栋新房子，不必担心将来买你土地的人可能害我无路可走。

假设我卖你一辆车子。我是正统犹太教某个极端教派的教友，我相信除了我不该在安息日工作外，我的车子也不该在安息日开出去。所以我在卖车时附加一个条件：从周五日落起到周六日落止，这辆车子不可以开动。你同意接受这个条件。

这个条件形同合约，对你有约束力。但如果你把车子转卖给另一人，这个合约对她无效。我可以在原始合约中规定你只能卖给同意上述条件的人，但这个条款只能约束你，不能约束新买主。我可以控告你违约，但不能阻止她在周六开车。

不动产和其他财产有这种差异的理由很简单也很明显。土地的所有权是由精心设计的登记制度来控制，包括土地所有权状、土地登记书等。地役权等的限制是这套制度的一部分，所以认真的买主可以查到地役权的状况。汽车买主如果够认真，也能查到车子的贷款状况，因为抵押贷款包含在所有权登记制度中，但他能够查到的不过如此。而其他大部分产品的买主再勤快，还没有汽车买主知道的那点多。

同样的论点可以用本章稍早的说法来阐述。大多数土地财产（浮岛除外）都很容易在周围画线。我们不只容易画线来标示一块土地的实体界线，也能利用登记制度来标出和那块土地相关的权利组合的范围。因此，允许这些权利大幅重组，是务实的做法。赞成这种做法的一些论点，可以参考第5章意大利面条图的几个箭头。例如，准许火车喷火花就是一种地役权。

其他财产所有权则以一体适用（one-size-fits-all）的形式出现。对于某样东西，你除了拥有，就是不拥有。一般而言，赃物买主没有所有权（虽然也有例外）。财产的用途如受合约限制，例如周六不得开车，买主依然拥有所有权。财产的所有权对所有人都有效，而合约义务只对签约方有效。

如果我们愿意准许不动产权利的重组是因为登记制度可以让第三人查到他们将来买到什么，那么这表示重组的能力应受限于第三人察知那些权利状况的能力。大致说来，事实的确如此。一般而言，只有在检视土地时能够推测得知或至少怀疑地役权的存在，或者如果审慎搜寻相关纪录后可以察知地役权的情况下，地役权才对后来的买主有约束作用。

法律规则或管理：毗邻或攸关理论

如果限制措施不合理，则地役权……无效。至于是否合理，必须对限制措施产生的效用和伤害性后果进行权衡。
——《财产权重述（第三），地役权》[Restatement（third）of Property, Servitudes，1991]

财产权可以重组的观念使得创造对将来所有人有效的土地相关权利成为可能。这些权利不仅包括地役权（如穿越土地的权利），还包括许可（如土地的使用权——在地上狩猎或在地下埋地雷）。它们也包括随土地而来的约定条款，如同意住宅开发区内的土地只供兴建住宅、不作商业用途的协议，这就像是私人版的都市区域划分规定。我们有一套复杂的法律，决定这种协议在什么情况下可对何人执行。

这套法律的一个有趣特色是，虽然细节与时俱变，且因司法管辖区而异，但大体而言，将利益转给未来的买主比将责任转给他们要容易。假设我和邻居达成具法律约束力的协议，我同意不在我的土地上接近他的住处盖工厂。将来有一天我卖地，导致协议失效

（使他无法要求新地主履约）的可能性，高于将来有一天他卖地，导致协议失效（使新地主不能要求我履约）的可能性。

这种状况的存在有其经济理由。由于买方能够获知他们将买到什么，重组权利有其意义。如果你卖的土地附加一项利益，例如有权要求邻居不做出减损土地价值的行为，你会很乐意告诉买方这件事。相反地，如果我卖的土地附加一项责任，例如土地不得做某种用途，而买主却可能需要这种用途，我便有不告诉买主这件事的诱因。因此，若约定条款要对新所有人具有约束力，应该做清楚的规定，至于要写得多清楚，法律对移转责任的要求就比移转利益的要求严格。

重组土地财产权会产生的第二个问题，是哪些权利可以包含在组合之内。如果不加限制，所有的权利都可以重新组合。我可以把车子的所有权和土地的所有权合并在一起，让和两者有关的全部权利纳入同一个权利组合内。由于这个组合是和不动产有关的一套权利，它能够被重组。我可以把一个星期开六天车的权利抽出来卖给你，保留自己在周六开车（或不开车）的权利。

美国的习惯法要求土地所附加的任何约定条款，必须包含毗邻或攸关土地的一项责任或利益，从而防止上述对权利的随意组合。我卖给你的开车权利并不毗邻或攸关我的土地，所以那个权利不能附加在我的土地上。

如果我卖你一块土地，并附加一个约定条款："你我都同意按固定价格从我的井里供应水给你"，那么实际的运作情形将如何？通水可能和你的土地价值有关，所以你的汲水权和你买的土地有关。但如果你决定自己挖井，不再用我的水，我的供水收费权是否仍附加在你的土地上呢？

现代法院在某种程度内舍弃了这个理论，转而支持本节一开始所引用的法规：约定条款如果合理，就可以执行。大体来说，这表示如果法院相信它们符合经济效率，便可以执行，否则便不可执行。

我在第4章曾指出，法院处理外部性的方法有两种。它可以逐案裁决哪一方能用最低的成本避免问题，并授予这一方权利，也可以制定通用规则，尽可能用符合经济效率的方式解决问题。同样的情况也在此处出现。老方法是用通用规则——"毗邻或攸关理论"（Touch and Concern Doctrine），来协助判定一项约定条款只是双方间的合约，或者属于土地所有权的一部分，从而决定哪些权利可以重组。新方法比较接近逐案裁决，即法院须决定重组权利是否为理想的做法。

这种做法上的变化，原因可能出在习惯法的规则并没有发挥很好的功能——法规相当模糊，以致各方都不是很清楚法院会不会执行特定的约定条款。至于新做法是不是效果更好，仍需要观察。

延伸阅读：

安德森和希尔，《共有财产私有化能改善经济效率吗？》（Privatizing the Commons: An Improvement ?），1983年发表于《南方经济期刊》（Southern Economic Journal）。

我在本章中对原始人财产权的讨论，资料来自贝利（Martin Bailey）1992年发表于《法律与经济学期刊》的论文《原始财产权的近似理想状态》（The Approximate Optimality of Aboriginal Property Rights）。

11　知识产权经济学

> 国会应该拥有权力……保护作家和发明家在一定期间内享有
> 本身著作和发明的专有权利，以促进科学和实用艺术的进步。
>
> ——美国宪法，第一条第八款

美国宪法中有关知识产权的条款，提到两类创作可以受到保护：著作和发明。但它没有提到这两类创作的保护方式并不相同。美国的法律遵循以前的英国法律，提供两种完全不同的保护体系：著作权法保护著作，专利法保护发明。本章将试图了解这两套法律的不同处，并且利用第10章提出的观念，探讨各种智力创作应该归属于哪一类。

著作权法

> 两位主角都拥有神奇的力量和速度，而普通衣服掩饰了他
> 们的力量和紧身衣；他们都被称作代表受压迫者的战士，能够
> 捏碎枪支、挡下子弹，并且在大楼间跳跃。
>
> ——DC漫画公司告布伦斯（Bruns）出版社

著作权本来只适用于文字创作，但是后来扩大到计算机程序、图片、音乐等。它管制的对象是复制权（及衍生作品，例如翻译）。这引出了一个问题：作品中哪些特色是不可以复制的？标准答案是，著作权保护的是表现方法（expression，表达），不是构想（idea，思想）。如果我依你的小说复制一章，我就侵害到你的著作权。如果我复制的是情节，也就是你小说中的构想，但用我自己的人物、事件和背景来表现，那么我并没有侵害到你的著作权。相形之下，专利法保护的是构想，不是表现方法。你取得的专利不是特定机器，而是一套构想，可以具体表现在那台机器上，也可能具体表现在其他机器上。

　　细究之下，构想和表现的分野相当模糊。超人漫画中的超级英雄能够看穿墙壁，子弹打不死，轻轻松松在高楼大厦间跳来跳去。这是以特定超人漫画表现的**构想**，还是超人构想的一种**表现**？

　　这个漫画问题已经被法院解决：超人打赢了侵权官司，因为仿冒者盗用他太多的特征。但在更重要的软件著作权上，这个问题还没有解决。Lotus 123多年来是首屈一指的电子表格软件，它有特殊指令模式所构成的菜单树，而这究竟是以特殊程序所呈现出的一种构想，还是使用命令去运行表格这个构想的一种表达？

　　当几家软件公司在数年前推出类似Lotus 123的产品时，这件事就成了重要的法律问题。这些产品的程序也是从无到有，并没有抄袭莲花（Lotus）公司的程序代码，只是其目标是让软件的使用方式和Lotus 123相同，以相同的模式使用相同的指令，好让顾客不必重新摸索就能切换到它们的产品。这件官司缠讼经年，结果仍

Ⓒ 混沌不明，法院的见解并未达成一致；即使判决最后送到联邦最高法院，也以四票对四票打成平手。复制别人的计算机代码或制造跟别人一模一样的屏幕外观，明显是侵害到著作权，但我们无法确定这种受到完全复制保护的表现方法，在什么样的情况下会变成无法保护的构想。

著作权所受的第一个限制，是它只适用于表现方法，不适用于构想。第二个限制是它只针对复制品，不针对各自独立的创作，即使这些作品碰巧与受保护的著作相同。如果我独自写了一章，读起来和你那一章完全相同，而且我能证明是自己写的，我的文章就不在你的著作权范围内（没有侵犯到你的著作权）。

两位作者各自写出内容相同的文章，这种事情的发生概率不是很高。但我们可以看看计算机法律中的类似案例。为了制造IBM兼容计算机，也就是能以相同方式跑相同软件的计算机，有必要让只读存储器（ROM）芯片有相同的功能。这些芯片含有固件，后者是计算机用于执行各种基本功能的计算机代码，而计算机代码受著作权保护。计算机公司如想制造兼容计算机，必须设法在设计芯片组时仿制芯片的功能，而不是复制原来的芯片。

计算机公司的解决方法是成立两组工程师。A组负责检视IBM的芯片，读取内建的计算机指令，仔细了解它们的功能，然后提出一份功能规格表，告诉你如果把某个数字放到某个记忆位置，会发生什么结果。规格表的完成表示工程师相信他们已经完全了解芯片的所有功能，这张表接着会交给B组。

B组也叫"洁净室"小组，成员绝对不能去看原始芯片或里面含有的程序代码。他们的工作是对芯片进行还原工程。他们必须根据 A 组提出的规格表，不能去看或复制原始芯片，来写出执行功能和 IBM 程序代码完全相同的程序代码。

如果你着手复制许多程序代码的详细功能，包括存取数字的确切记忆位置，那么你制作的程序代码看起来可能会和源代码很像，甚至可能完全相同。但就著作权法来说，这种做法不违法。著作权法只规定不能复制。

要我写出的文章和你写的一样，可能性相当低。万一真的发生这种事，即使内容不多，要证明没有抄袭还是相当困难。而洁净室小组根据规格表而重新创造出的程序代码，则非常有可能与源代码雷同。所以业者在这方面非常小心慎重，务必确保能在法院证明他们是独自创作，而非复制。他们复制的是程序代码的功能，但功能是种构想，不是表现方法，所以不受著作权保护。

以上所说的独立发明是著作权的一个漏洞。而"必要场景"（*scènes à faire*）原则是另一个漏洞。这个理论是说，如果只有一种或少数几种方法可以表现某种构想，则复制那种表现方法并不侵害著作权。如果没有这个原则，保护表现方法的著作权就隐含了构想的所有权。

另一个漏洞是"合理使用"（fair use）原则，即有时可允许复制受保护的著作权。合理使用的判断标准是使用的性质（非营利和教育性是合理用途，商业性则不是）、作品的性质、复制数量（愈少愈好），以及对著作权人的收入的影响。

我们要如何取得著作权呢？简单讲，创造可受保护的作品就能获有著作权。美国设有著作权登记制度，登记作品可以多获一些保障，但不见得必须登记才能受著作权保护，甚至都不用附加著作权公告。

著作权的保护期间有多长呢？在美国，保护期间很长，但其规定会随时间而更改，目前是著作人的生存期间加上他死亡后五十年。

总而言之，著作权容易取得，保护期很长，适用于著作和其他各种创作的完全复制，有时也适用于不完全复制的情况。

专利法

我们经常听到"这台机器受到专利保护"，但其实没有这样的东西。专利所保护的对象不是物，而是构想。要申请专利，你必须指明你的权利主张，准确解释（你声称是）你发明的构想，并且描述你所知道的实践你发明的最佳方法。如果你发明了电报，就必须说明其中的构想，和执行构想的最好方式——电报机。

发明人和他的专利律师必须自行申请专利。专利审查官员负责判断是否予以驳回，他必须决定专利申请是否符合专利要件，即是否新颖（novel）、非显而易见（nonobvious）、实用（useful）。

新颖意指你的构想以前没人想过，至少没人发表过，或者没人公开实践那种发明，或没人做其他可能让人得知那种构想的事。非显而易见意指如果别人想做你做的事，单单请来能力高强的工程师——"在相关领域技术精湛"的人是不够的。除此之外，有如漫画人物头上出现电灯泡般的灵光乍现，传统上模糊地被视为灵感的东西也是必要条件。

研习法律的一部分乐趣，就是可以看很多故事。我最喜欢的一个故事和19世纪对实用性的定义有关。里卡德诉杜邦（Rickard v. Du Bon）案起因于里卡德取得专利，但杜邦侵权，里卡德遂提出控告。杜邦在辩词中说，里卡德取得的专利加工程序毫无用处，所以那个专利无效。

杜邦这家公司为了毫无用处的事侵犯专利，听起来倒是有点奇怪。以19世纪专利法的"实用性"定义来看，更是奇怪。当时的法院认为，如果一项发明对任何人都没有价值，授予专利权并没有害处。要是发明人觉得它有用，专利审查官员却不这么想，发明人尽可浪费自己的钱去申请。一项发明无法申请专利，除了不具实用性，还得明显有害。在洛厄尔诉刘易斯（Lowell v. Lewis）案中，法官斯托里（Story）是这么说的：

> 法律对发明的要求是不能对社会福祉、良好政策、公序良俗无用或有害。因此，"实用性"一词就被纳入与恶意或不道德行为相反的行为之中。例如，毒害他人、引诱堕落、帮助私人暗杀的新发明，都不能取得专利。

杜邦就是根据这种想法来辩称，里卡德已取得专利的加工程序用意不良，所以不应该取得专利；既然不应该取得专利，他就可以自由做这项加工程序。

导致双方对簿公堂的加工程序，是关于人工在烟叶上加斑的。加斑不影响烟草质量，但有斑点的烟草来自生产高质量烟草的地方，因此买雪茄的人把有斑外观视为高质量的象征。杜邦认为里卡德已取得加工程序的这项专利是有害的，其目的是欺骗顾客，因此没有实用性，不该取得专利——杜邦应该被准许做同样的事。结果杜邦打赢了官司。

© 现代的法院已经强化了实用要求，例如主张加工生产的化学品如果没有已知用途就没有实用价值，因此就不能取得专利。

写专利申请书时必须定义你的发明——说明你发明了什么构想。这件事的困难之处在于，构想并没有明确的界线。同一个发明，你可以狭窄地将其描述为某种特定机器的设计方式，也可以被宽泛或非常宽泛地描述为使得新发明机器和之前所有机器区分开来的构想。你可以自行决定如何为你的发明划定界限，在构想空间中主张自己的权利范围。这就好比不限制垦荒者只能取得160英亩的土地，而是准许他自行决定开垦多大的土地。

构想空间和地理空间一样，取得愈多愈好。问题在于，如果你用广义的方式来定义你主张的权利，很可能从前某人的发明会符合这样的定义。如果你发明了全世界第一座核反应堆，并在专利申请书中把它描述为从物质中获取能量的方式，主张这么做的所有方式都属于你的权利范围，那么专利审查官员会指出，很久以前蒸汽机就已经做到这一点了。

权利主张范围愈狭小，上述问题愈不可能发生。再以垦荒为例。你宣称的开垦范围愈小，别人说他早已捷足先登的可能性就愈低。但是范围过于狭小的权利主张，价值可能不高；明年说不定就有人根据你的专利而研制出一种核反应堆，不在你对发明的狭窄描述之内。

塞缪尔·莫尔斯（Samuel Morse）申请电报专利时，想到了解决这个问题的方法。他的专利申请包含六项不同的权利主张。其中第六项是利用电磁力量把字母或符号传送到远方的所有方式。这样的描述不只包括电报，也涵盖了传真机、电视和因特网，而当时这些东西都还没发明出来。联邦最高法院在欧莱利告莫尔斯（O'Reilly v. Morse）案中，就驳回了这个主张，理由是范围过广，前五项比较狭窄的主张则同意给予莫尔斯。但法官早该以不新颖为由驳回那项主张。早在莫尔斯发明电报前，信号旗、旗语、烽火都已利用电磁光谱中的可见光来传递信息。

由以上的专利申请程序可以看出，它的功能之一，是把构想空间中的公共品（可能被发明出来的所有构想）转化成私有财产，并由每位发明人主张其权利范围。学者埃德蒙·基奇（Edmund Kitch）认为这是专利的主要功能。他提出"专利展望理论"（prospect theory），拿采矿权来比喻专利。给予采矿权的一个理由，是鼓励采矿者深入沙漠去寻找黄金，就像取得专利的希望鼓励发明人去发明一样。第二个理由则是，为了让成功的采矿者安心开矿，他需要周边土地的采矿权，不准别人在他旁边挖矿坑，免费掠夺他的发现。同样地，依基奇之见，如能在构想空间中占有一大片天地，专利持有人才能做进一步发明。

如同前述，专利和著作权有许多不同点。著作权适用于表现方法，专利则适用于构想。著作权可以自动取得，专利则必须费尽千辛万苦才能取得。著作权的有效期间是著作人的生存期间加上死后50年；而依美国的法律，专利有效期间通常是14到21年，目前的专利（有些例外）有效期则为17年。

我在前一章曾描述一种架构，用来确定什么样的事物应该有哪种财产权。本章前半章则从知识产权的角度来检视，什么样的事物会有哪种财产权。现在我们把两者合而为一。

知识产权的经济理论

探讨财产权体系的成本时，我从界定（划定边界）问题入手。著作权能够保护完全复制，这个问题并不严重。我写的章节是否抄袭你的，答案一目了然，因此你的著作的著作权是界定十分明确的财产权。

专利保护却非如此。专利律师和专利审查官员花费庞大的时间和心力在争论特定权利的主张范围。审查完成且专利发放后，专利持有者和涉嫌侵犯专利者两方的律师（还有法官和陪审团）会花上更多的时间和心力，确定某种机器或工业制程是不是具体表现了受保护的构想。即使发明人提供了大量的细节标示自己主张的权利范围，他仍不见得了解自己到底拥有什么权利；而作家根本不需要标示其主张的权利范围。

另一个与财产权关系密切的问题是执行。严重侵犯著作权的案件是以出版物的形式呈现，大家都看得到。由于权利界定明确，著作权人证明已受侵害的诉讼成本，以及避免无意间侵害他人著作权的成本通常都相当低。侵犯专利的目标则是机器或工业流程，细节有时属于机密。即使每样事情都已经知道，由于财产周边的界线相当模糊，导致诉讼成本高昂，结果也难确定，而且无意间侵犯专利或误控侵犯专利的情形几乎难以避免。

财产权的第三个问题是透过市场把财产移转到最高用途的交易成本。这个问题也使得表现形式的财产化比构想的财产化更合理。

我抄袭你的文章一定是出于故意，因为著作权明白表示，我该向你取得许可。但发明人会无意间涉嫌侵犯多种已获专利的发明。为了避免侵犯专利，发明人可能需要广泛了解相关专利的内容，然后与原专利持有人做不见得必要的磋商谈判。

最后一个问题可能最有趣：创造权利的诱因。知识产权法的一个明显用意是鼓励写书或发明。但我们需要的不只是诱因，还必须是正确的诱因。知识产权创作者所获的收益，应该至少大约等于那项财产在别人心目中的价值，这样他才会且只会在（按净值计算）值得去创作的前提下，承担创作的成本。

当我写成一本书并拥有了著作权，其他作者便很难再写同一本书；虽然在著作权侵犯官司中，可以用独自创作作为辩词，但实务上却很难证明。如此一来，我等于是在公共品中取走一小部分财产，也就是写那本书的机会。但是，可写的书的数量要远远多于会被写出的书的数量，所以我写的书事实上对其他人没什么影响。

由此可见，如果我写了一本书，取得著作权并收取著作权使用费（版税），则我收取的版税是作品价值的保守量数。因为即使我的出版商尽了最大努力，有些读者还是可以用低于他们愿意支付的价格来买我的书。我可以不管我的著作权对其他作者的影响。虽然他们不被准许写我的书，但他们并没有失去什么，反正他们根本不会去写。

如果我从事发明，情形就不一样。发明某种东西的机会往往相当宝贵，所以才会有专利竞赛的存在，两组或多组研究员竞相发明以取得专利。第一组人发明成功并取得专利，可以收取17年的专利权使用费。如果第二组人在6个月后也发明出来，则第一组人发明的社会价值是6个月，而不是17年。发明与著作领域就像是公共品，但发明领域的耗竭程度远比著作领域严重。可见发明人获得的利益中，或许有一部分是从日后可能做同样发明的人移转而来的。所以专利权使用费可能提供过高的报酬给发明人，过分鼓励他们去从事新发明并取得专利。如果是这样，发明便带有部分的寻租行为，也就是行为者动用资源从别人那里获取利益。

综上所述，我们可以得出对现行法律的简单解释。著作权为防止完全复制而创造的财产形式，界定简单、执行成本低、交易容易，不会发生寻租现象。所以著作权的核发程序简单且保护期限很长。专利所创造的财产形式则不容易界定，执行困难，交易成本高，且会因专利竞赛而导致重复，并产生无效率的不成熟发明。所以专利的核发程序复杂，保护期也相当短。

同样的分析也能解释知识产权法的一些处理原则。表现方法可以取得著作权，是知识产权法的通用规则，但"必要场景"这个例外原则，则涵盖公共品耗竭构成问题的特殊状况，亦即表示某种观念时，只有一种表现形式可用（或者只有少数几种形式）。申请专利时要求新颖性和非显而易见，目的是要让重大的发明才能取得专利，借以控制寻租的问题，防止在专利期间过早出现独立的发明。专利法在这方面做得很不完美，部分原因是专利是一体适用的体系，而构想有大有小，有的持久有的不持久。

另一个合理的原则是合理使用。复制的数量愈少，获得许可的交易成本相对于许可的价值就愈高，因此视该项财产为公共品的主张就愈强烈。复制行为对著作权人收入的影响愈小，则他因为无力阻止别人使用而导致创作诱因降低的幅度就愈小。如果我们相信非营利和教育用途可以产生正的外部性，这么做就有其意义，则补贴这些活动就是符合经济效率的行为——在本例中，这等于牺牲著作权人的利益，其他的状况下则是通过免税和直接政府支出手段。

最后，我们来探讨现代法院为何要求发明必须具有实用性才能申请专利。考虑到现代研究的性质和速度，这种要求可能有其作用。如果没有这种要求，企业界可能竞相寻找不知用途为何的化学品合成方法，希望终有一天有人发现它的用途，然后不得不来找他们谈专利授权使用的问题。只有当化学品的用途被人发现后，如何合成那种化学品的信息才具实用性，所以推迟研究合成方法，直到你知道那种化学品是否值得合成，是更有经济效率的做法。

虽然这种说法看似合理，却可能不正确。有人可能会说，是否值得寻找一种化学品的用途，有部分要看这事是不是容易做到，所以先寻找合成方法有其好处。另一种说法是根据基奇的专利展望理论。在取得合成方法的专利后，发明人事实上拥有了那种化学品，至少在专利失效或某人发现不同的合成方法之前是如此，这使得他有诱因和能力去推动和配合寻找化学品的用途。

计算机法

财产经济分析的另一个应用，是回答计算机程序能否归为著作并受著作权保护。在以前的案例中，法官并不确定这件事，判决结果也不一致。有些程序毕竟是肉眼永远看不到的，例如烧进ROM芯片的机器语言程序。名作家及美国专利商标局局长约翰·赫西（John Hersey）认为，这种程序比较像是精密的凸轮，是用来控制其他零件的机器的一部分，而不像小说。根据早年一些法院的判决，跟计算机程序最接近的事物是用来控制自动演奏钢琴的纸带，因为它的目的不是用来供人阅读，所以不算著作，不受著作权保护。

按照这样的推论，赫西和法官们拒绝将著作权给予机器语言程序的做法是正确的。但从功能的角度来说，他们的做法不对。

功能论点首先问的不是程序能否算是著作，而是我们称之为著作权的法规为什么要保护著作。本章前一节曾对此提出简短的答案。接着它要问的是，计算机程序的特性和受著作权保护的著作是否相同。就防止完全复制的保护用意来说，答案为是。一个程序有没有包含自另一个程序复制的大量程序代码，通常很容易判别。如果不用还原工程，独立创作是不可能的，但洁净室技术有可能证明确是自行创作。禁止完全复制特定程序的规定，对后来的程序设计师构成的成本微不足道，因为如果没有人先写那个程序，他们不可能去复制，而且不可能偶然间自行写出一模一样的程序代码。

本章在讨论著作权时只谈完全复制的保护。如果我们尝试利用著作权来保护Lotus 123的菜单树或苹果公司的麦金塔（Macintosh）计算机的外观和感觉（look and feel）时，著作权保护的立论依据就会不堪一击。这种延伸应用使得受保护的财产看起来比较像是传统上受专利法保护的观念。这表示我们可能最好把著作权法限制在完全复制的保护上，并利用更像专利法的法律，去保护界定较不清楚的权利。

计算机程序应该拥有著作权，这是著作权延伸到其他知识产权的一个例子。美国的"州插模法"（state plug mold statute）是另一个例子。这种法律禁止一家公司买来竞争对手的船身，取得它的设计，在船身外面铸模，然后利用模具自行生产船身。船身不是著作，但这种复制形式的特色，和著作权法管制的著作复制的特色相同。

美国联邦最高法院根据保护知识产权为国会权责的理由，已经裁决"州插模法"违宪。其他由联邦政府提供的类似保护，包括以"光罩设计法"（Mask Works Act）保护计算机芯片，以"数字千禧年著作权法"（Digital Millennium Copyright Act）第5章的"船身保护法"（Vessel Hull Protection Act）来保护船身设计。

反对知识产权的理由

财产权有两个相关功能：提供一种用以决定谁在何时能够使用何物的方法，以及提供创作的诱因。

就知识产权来说，第一个功能不只没有必要，甚至有弊无利。我们不能开同一部车子到不同的地方，所以有了汽车财产权。但我们两人能用相同的构想制造不同的机器或同时读同一本书（因为一种书印了许多册），所以构想或著作没有必要取得财产权。

多一个人看同一本书，不会增加写作的成本；只有写作的成本早就付清，读者才能买来看。因此，如果书价包含支付作者的版税，从效率的观点来看，其实是超收价格。如果一本书价格11美元，其中包含10美元的生产成本，以及支付给作者1美元的版税，只要买书人认为它的价值超过10美元，出版公司卖书就有净收益。如果买书人认为书的价值高于10美元但低于11美元，他不会去买，于是便产生了不合效率的结果。同样，当一项构想的潜在用户若认为它的价值高于零但低于专利持有人设定的授权费，他也不会想去取得授权，结果也是不合效率的。也就是说，如果效率是以使用人数多寡来衡量，财产权私有会产生低效率的结果，共有则会产生高效率的结果。

再看第二个功能。知识产权是否提供创作的诱因呢？如果作者收不到版税，就不会写书，读者也就看不到书。发明也是一样。所以保护知识产权确实能提供一些好处。但从经济效率的角度而言，保护知识产权的理由比其他许多事物财产化的立论薄弱。这或许可以说明为什么知识产权是最近才有的制度。

商业机密

> "商业机密"意指信息，包括配方、型样、编纂、程序、装置、方法、技术或流程，（1）因为普遍不为人知，而且外人不用适当的方法就无从得知，所以能够独立产生实际或潜在的经济价值；如经揭露或使用，外人可以获得经济价值。（2）是在特定情势下已尽合理保密努力的对象。
>
> ——美国《统一商业机密法》

商业机密是信息，持有人觉得有价值，是因为它们不普遍为人所知。商业机密法界定了商业机密的合法持有人相对于非法取得机密者的权利。而非法取得机密的方式有毁约、员工违背职守、侵害等。合法持有人可以根据本身的损失或侵权者的利得来索赔。有些时候

（但并非总是如此），商业机密法允许他禁止从非法方取得机密的人继续使用。如果不能判断第三者晓得商业机密是不是偷来的，而且已经付诸行动，例如利用那项机密兴建厂房，则正常情况下，不会对他下达禁令，因为这会使他的处境比未获得机密时为糟。

未经机密所有人同意而取得机密但不侵犯其合法权益时，商业机密法不对所有人提供保护，这一点和专利或著作权不同。针对一项产品进行还原工程而得知机密，便属于这种状况。所以它提供的保障远不及完整的财产权。

以上简短的说明留下两个疑点。第一，为什么商业机密不像可以取得专利的发明一样被视为财产？第二，如果商业机密不能取得专利，为什么还要保护它们？为什么州的商业机密法没有被联邦专利法取代？

法律体系如果允许商业机密视同财产受到保护（即使竞争对手推演出某种商业机密，或凭借还原工程发现它，或者因为自行研究而了解它，都不可利用这项商业机密），那就等于不必审查即可自行宣称拥有专利。这种体系将缺乏效率，就像专利局把专利发给每种构想的第一位发明者一样。因为这会给人们诱因，竞相在用途为人所知之前，浪费资源去发掘各种构想，并宣称为他所有。可想而知，侵占构想的诱因会很高，因为第一位发明者的利益有部分是从其他人那里移转而来；其他人也有可能自行发明出那种构想，免费供自己使用，现在却必须支付授权费给第一位发明者。因此，人们能自由侵占知识产权，就会产生无效率的寻租现象。

这是寻租在我们讨论财产权保护时第二次出现；前一次是侵权官司双方的寻租行为。如果引起争议的构想完全不受保护，这类寻租支出就会消失。寻租是不是反对知识产权的理由，取决于法律保护（如专利制度）所付出的成本，是否高于以其他方式保护未受法律保护的构想（如商业机密）所付出的成本。

由于商业机密法的保障有限，有人认为，如果让商业机密更容易受到保护，它们将更具生产力。如果没有商业机密法，商业机密的所有人可能只会在自己的工厂里使用，时时监视以确保无人能盗走。有了法律保护，他可以授权给别人使用，如遭别人盗用便控以侵占并禁止向盗用者购买机密的第三方使用。

利弊相抵后，不管寻租提供了支持还是反对法律保护的论点，至少它能支持法律以法院容易衡量的标准来界定可保护的权利。这或许有助于解释为什么商业机密面对还原工程时不受保护。大部分情况下，还原工程和研发更好的产品，两者的分野相当模糊。一般来说，侵占商业机密必须包含某种独立的非法行为才算，以便被视为盗用；这个要求可作为明确规则，同时利用现存法律对非法行为的规定，使用起来就很方便。同样，明确规则在这里有降低诉讼成本的好处。

于是引出第二个问题：为什么商业机密法没有完全被专利法取代？要回答这个问题，可以想想发明无法取得专利的原因之一，可能来自它太显而易见。某种发明可能不值得保护17年，但这不表示它一点都不值得保护。商业机密保护可以提供若干报酬给发明人，因此有鼓励发明的诱因，同时不对可能独自发明出来的他人构成任何成本。它填补了专利法的一个缺口，让明显程度不高的发明也能得到保护。

商业机密法也有助于填补第二个缺口——专利法对非常不明显

的发明无法提供17年以上的保护。发明人的发明如能在不必揭露的情形下使用，而且发明人相信别人要独自发现得耗去远长于17年的时间，就可以选择视之为商业机密，不必去申请专利。这么做等于宣称发明的寿命和社会价值高于专利法所假定的，而且发明人愿意以实际行动来证明这件事。商业机密法协助他证明这件事，方法是提高将来某人复制他的发明是靠自行发明而非盗用的概率。

发明人如果无法说服专利审查官员，相信他的发明值得保护，商业机密法也能提供协助。发明人只要维持发明的机密性，就能证明它非显而易见。要是明年有人发明出同样的东西，则证明审查官员是对的，对任何人都没有伤害。但如果没人复制，他至少得到发明可取得专利的部分报酬。他确实也该得，因为他已经证明自己是对的，而专利审查官员是错的。

如果发明人的发明可以申请专利，但价值低于取得专利的成本，商业机密法也可以提供保护。商业机密的价值愈低，保护机密的成本愈便宜，因为机密愈没有价值，愈少人会去盗用。

在某方面，商业机密法提供的诱因架构，实际上比专利法更有效率。如果研制出可申请专利的发明的时间是今年而不是明年，那么发明者仅可以多使用一年这个发明，然而根据专利法，第一位发明人有17年的独占权（monopoly）。所以如果发明的成本随着时间推移而迅速下降——可能是由于相关技术的进步——提前发明就没有经济效率了。相反地，在商业机密法的体系中，复制成本降得愈快，发明的报酬就愈低，因为这种发明无法长久保持机密。这会导致成本降得较快的发明会愈迟进行，因此符合经济效率。

没有著作权的保护：先下手为强

> 他们问我是怎么做到的，我念出圣经经文："你在下一人
> 稍前的地方高举明灯！"他们在后头抄袭所有能抄的东西，但
> 没办法把我脑子里的东西抄走。我把他们抛在后头一年半，让
> 他们在后面汗流浃背地猛偷东西。
>
> ——吉卜林（Rudyard Kipling），《葛洛斯特》（*The Mary Gloster*）

在20世纪初，美国和英国没有缔结著作权条约，美国出版商可以任意剽窃英国作家写的书。尽管如此，英国作家还是能够不断收取在美国卖书的版税。这是怎么办到的？

英国作家的做法是，在英国出版之前先把原书手稿交给美国的出版商，好让英国版和美国版大约在同一时间上市。因此在书上市之前，盗版商没有办法盗印。以当时的印刷技术来说，排版速度相当缓慢且昂贵，因此合法出版商能获得初期销售量的全部收入。对大部分书籍而言，初期销售量就占全部销售量的一大部分。

等到盗版上市，合法出版商可以发行"反击版"来削价竞争，使盗版商无法回收原始的投资金额。因此市面上虽仍有盗版，情况却不是很严重，英国作家仍能从美国赚到钱。当时的出版技术让合法出版商拥有足够的空间可以先下手为强，缺乏著作权保护也无所谓。

没有保护的著作权

在一个世纪后的今天，我们面对计算机程序的处境几乎恰好相

反。我买了一张微软Office 98的光盘，却发现授权书根本不允许我在家里和办公室的计算机上同时使用那套程序。根据法律和我的道德良知，我需要买第二套Word，才能在不同的地方用这套软件来写书。但是，如果我决定违反法律规定，利用同一张光盘片安装程序到两台计算机上，微软公司也没有办法。

计算机程序受著作权法保护，销售商、大学或个人都不可以进行复制。但在实务上，著作权法适用的范围只有前两者。如果有人买了一张原版Office光盘和一台刻录机，复制出上百张在网络上贩卖，他很有可能被捕并被起诉。如果我任职的大学为了省钱，买一张原版Office光盘后安装到几百台计算机上，只要有位职员写电子邮件给比尔·盖茨，我们就可能惹上大麻烦。但如果我自己在两台计算机上安装同一张Office光盘，或者我六岁的小孩把他的计算机游戏提供给所有朋友拷贝，我们两人被捕和起诉的概率几近于零。

都将出现

软件公司以几种方法应付著作权难以执行的问题。早年的方法是在磁盘上配销软件，让使用它们的计算机无法复制。结果反而不利于合法顾客使用。它能够提供一定的保护作用，但并不完善，无法阻止稍具知识的剽窃者复制。被设计来复制受保护磁盘的程序纷纷出现。我最喜欢引用的例子是为TRS80计算机设计的"Super Utility Plus"，它能够复制受保护的大部分磁盘，但本身有防盗拷功能。接着就有人设计出"SuperDuper"程序，目的只有一个：复制Super Utility Plus。

结果，当生产磁盘保护软件的某家公司对供应复制受保护磁盘软件的另一家公司的诉讼失败后，多数软件制造商只好放弃复制的保护伞。但这只是第一回合交手。本书撰稿时，双方再度交手。现在许多程序，尤其是游戏软件，需要利用光盘来执行。只要光盘刻录机稀有、昂贵且硬盘空间有限，这种保护程序的方法就行得通。但随着硬盘及刻录机价格节节下降，保护程序的后果如何不言而喻。

软件公司如果无法直接保护它们的知识产权，可以寻找其他的赚钱方法，例如：对顾客提供支持服务并收费，搭售不易复制的产品，依赖顾客的诚信，将大部分产品卖给不敢剽窃软件的大公司。

它们也可以寻找新的保护形式。持续进步的科技至少可以提供远高于著作权法所提供的保护水平。"加密"就是其中一项重要的技术。知识产权制造商将来有可能以加密的方式销售产品，就像在数字世界构筑一道有刺铁丝网。程序放在数字容器（digital container）内，必须付费才能取用内容，如多媒体娱乐商品或数据库。

如果数字容器是一种可行的技术，我们将回到1900年的出版世界：知识产权制造商不必依赖著作权法也能保护自己，而且效果远优于现在的著作权法。数字容器可以有效构筑使用的限制，省去对簿公堂的麻烦，在知识产权的销售条件的控制上，也可以做得比著作权更严密。

12 契约经济学

我给你钱，你给我苹果，这种交易没有合同，不需要合同法。

我请你在我的土地上盖房子，我们讲好的价格是10万美元。我给你10万美元，但如果没有可以强制执行的合约，你会拿了钱跑路。

要避免这种事情，明显的办法是等房子盖好再给钱。于是你盖好房子，向我请款，我却说要重谈条件。在你拿到钱之前，房子属于你，但它盖在我的土地上。要是你不接受我新开的低价，你尽可把房子拆掉。

更好的办法是你边盖房子我边付钱，但这也有问题。房子盖了四分之三，你却提议抬高价格。到目前为止，你完成的工程都已拿到钱，但只盖好四分之三的房子对我没用。我可以请别人来完工，但他没有原来的建筑商熟悉工程细节，我可能因此而多花钱。

另一个常见的方法是靠信誉。你可以骗我，但事迹传出后没人会再找你盖房子。信誉可能是在我们社会中履行约定（agreement）最重要的方法，虽然不是律师最喜欢的方法。

你买了一件运动夹克，商店保证不满意可无条件退款。回家拆开后，老婆说你应该买42号，不是买40号，紫色也不适合你。你带回商店，老板果然退钱给你。

商店老板非常清楚，你不会为了他不退钱这种小事而起诉他人，因为诉讼所需的时间和精力比夹克的价钱还高。他会退钱是因为不想背上欺骗顾客的恶名。

百货公司退货还款是家常便饭，因为金额不大、问题简单，而且商家与顾客交易频繁。商家想留住顾客，不希望顾客受骗而大肆宣扬。金额较大和较复杂的交易，要靠信誉来履约就比较困难。如果与你缔约的建筑商同意房子盖好才收款，而届时你坚持调低价格，还事先准备好一大堆借口（例如哪些地方没照预定计划施工），第三者就很难断定谁有错。就算他们认定你不对，那也没关系，因为短期内你不打算请人再盖一栋房子。

即使金额很大，信誉有时也能作为履约的适当机制。莉萨·伯恩斯坦（Lisa Bernstein）针对纽约钻石业所写的一篇经典论文，就探讨过这种情形。钻石的买卖通常是以大笔金钱来交换，人们不会先检查、秤重和检验每一颗钻石。

伯恩斯坦研究的钻石业曾经由正统犹太教徒所掌控。他们的宗教信仰禁止互讼，这使得这个行业极重信用，交易商几乎都不借助法律体系来履行彼此的约定。当伯恩斯坦研究这个行业时，它已经变得很多样，但交易商们仍然几乎依赖私人机制来执行合约——部分是出于宗教原因，部分是为了维护隐私，还有部分可能是因为这些机制的运行比法院好。

纽约钻石市场就有一套替代法院系统解决纠纷的方法——私人仲裁。交易双方先在合约中规定发生争议时采用仲裁。争议发生时，如果某一方拒绝接受仲裁员的裁决，他便无法在钻石业立足了，因为没有人会再信任他。类似的安排存在于世界其他地方，并相互交换着信息。因此，钻石商在一笔交易上愿意承受的风险，有一部分要看对方人这一行有多久，以及对方被逼离这个行业会损失多少。

这个例子显示，受信任的私人仲裁员可以替代法院系统。他不是直接执行合同，而是制造必要的公共信息，让信誉机制去执行。第三方不用细究争议以判别孰是孰非，只需要知道拉比的裁决结果。这或许是一些特殊行业有时由严密的族群所控制的一个原因。如果透过信誉和社会压力的私部门执行成本，比法院系统的执行成本还低且更可靠，那么在前者系统下的商人就会比在后者系统下的商人享有竞争优势。

信誉可以帮助合同的执行，但不是每种情况都有效。我请来盖房子的建筑商，很可能不在我所属的严密族群之内。如果我们之间有一方违约，另一方可能无法跟相关第三者证明此事，并将信誉成本加诸违约者，因为第三者可能不知道有受害者存在，或者因为案情太复杂，使第三者无从判断孰是孰非。如果违约者所处的行业不是很重信用或不需要经常往来，他可能认为违约的利益高于信誉上的损失。如果双方同意选一位彼此都信任的第三者，私部门机制还是能解决这个问题。双方可以交一笔保证金给第三者，如果后者判断某方违约，某方的保证金就被没收。这种方式让私部门得以自行执行凭单纯信誉无法办到的约定，但也无法适用所有情况。

我的结论是：透过法院和合同法来执行合同，不是解决这些问题的唯一方法，也经常不是最好的方法，但或许仍有重要的影响，事实上也是如此，所以值得研究。尽管本章余下内容是基于合同法背景来写的，但大部分议题关乎合约，而不是法律。纽约钻石市场的拉比或商业仲裁员也会碰到这样的议题，只不过形式稍有不同而已。

为什么需要合同法？

如果法律制度规定合同由法院执行，为什么还需要合同法？为什么不干脆让法院解读合同，并按其解读去执行合同？这似乎是个明显又公正的解决方式——法学生还能节省几个学期的时间。

答案至少有三个。第一，法院可能不希望照合同条文来执行合同，因为对于条文应该如何订立，他们也许觉得比当事人懂的还多。第二，即使你愿意照合同去执行，仍必须判断合同是否成立以及条件为何。而当事人有时可能对这些问题有不同的见解。

第三个理由是，即使每个人都同意合同成立且应该执行，也承认合同内容，但合同规定永远不够充分，没法涵盖每一种可能发生的情况。现实世界的合同确实会碰到偶发状况，这只能靠法院来裁决。

主张契约自由的理由

假设你和我签约共同经商。我发现合同中有项条款不具经济效率。如果不依这项条款，多给你一个月去执行第一阶段计划，你会省下10万美元，我会损失5万美元，而我们的净收益可增加5万美元。

我第一个念头是闭口不谈，因为变动这项条款会害我损失5万美元。但有个更好的办法：我提议变更条款，而且你要付我7.5万美元。

这个简单的例子说明了一个一般性的观点，而它正是科斯定理的基础。如果条款的某种更动可以产生净收益，合同双方总有办法达成这种更动。所以我们可以预期，理性的磋商者会提出使净收益达到最大的合同条款。如果合同的目标是经济效率，我们便有诱因和理由去执行合同。

Ⓑ

法院确实经常按照条文来执行合同，但不是每次都如此。一个可能的理由是"不平等的谈判能力"。在充满冲突而非合作、充满战争而非和平的世界中，除非双方都有足够的力量，才能期望每一件事都被纳入最后的合约中。

Ⓒ

这是很有说服力且普遍的说法。但我们不妨用真实世界中不平等谈判能力的例子来思考其错误所在。假设我是本书唯一的卖方，而且没有其他书可以替代。如果你想买这本书，就得照我的条件，否则免谈。

我应该把书装订好并套上封面卖给你，还是把一页页未装订的纸装在大信封袋中卖给你？装订书本要花我自己的钱，受益的却是你。如果垄断企业可以自定义条件，不必考虑顾客的期望，我为什么要花钱去装订书？

答案是，即使垄断企业也不能强迫人们买它的产品。身为理性的垄断者，我已经收你愿意出的最高价格，也是可让我利润极大的价格。更准确地说，我收取的价格，使得进一步提价产生的收益只能刚好弥补由此失去的销量的成本。降低质量的效果和提高价格相同。有些人（事实上是很多人）愿意买我装订好的书，却不愿付同样的价格买未装订的书。

假使我想到某种方法可以改善书的质量，例如加上更详细的索引或把书装订得更好。每本书我要多负担2美元，顾客则觉得价值提高3美元。这么一来，改善质量并提高价格会对我有利。如果我不是卖书，而是出租汽车，考虑改善的地方不在车子上，而是在合约中，情况也是一样。要是变更条款对顾客的价值高于对我的成本，我就应该去做，同时调整价格。于是我们回到了合约应该符合经济效率的论点。这个论点并不需要假设卖方垄断。

上述的假设是，书或合约的变动对所有顾客的价值相同。假设改善索引和使用质量更好的纸张之后，喜欢这种变化的读者觉得它的价值提高5美元，其他边际顾客则只觉得增加1美元，而每本书的改善成本是2美元。即使做这种改善符合经济效率（因为产生了净收益），却不符合我的利益。限制我对这本书的定价的，是这本书对边际顾客的价值。热切希望读这本书的人的收获多于其付出的价格。

根据这个例子的逻辑可以发现，即使不值得去做，我们可能会选择性做出对边际顾客有利的改善，而另一方面，即使值得去做，我们也可能会选择性不做对非边际顾客有利的改善。结果可能是质量高于或低于符合经济效率的水平。这是无效率的可能来源，也是反对在一方垄断时，自动接受契约自由的一个合理论点。但这和不平等谈判能力的传统说法没什么关系。

合同条款的拟定会使双方当事人的净收益达到最高的结论还有

第二个条件，它来自我的隐含假设：签约双方可以自由把大家同意的任何价格写进去。假使我是房东，有公寓要出租，依市场价格，租金是一个月 1500 美元。很不幸，这栋公寓坐落在纽约市，必须遵守该市的租金管制法，每个月租金不得超过 1000 美元。

如果纽约市管制价格，但不管制其他合同条款，我就会以各种方式降低公寓的质量，尽量省钱。只要公寓的价值超过 1000 美元，便不愁找不到房客。我不好好维修热水系统，或不让房间如房客希望的那般温暖，或不能以合理的速度修理坏掉的水管，结果对房客构成的成本高于我省下的钱。要是我能自由制定价格，我不会做这些事情。但由于我不能自由制定价格，从我的观点来看，降低产品的质量是次佳的选择。

因此租金管制以及更一般性的价格管制，推翻了正常情况下维持产品质量和合同条款符合经济效率的机制。这给了主张法律同时限制两者的立论依据。

反对契约自由的理由

以上的论点是说，除了少数例外，合约会被设计成让签约者获得的净收益达到最高。但经济效率应该考虑对每个人的成本和收益。许多情况中，我们可以忽视对别人造成的影响，理由如第 2 章所述；在市场社会中，正常情况下缔约双方（如个人）不会在未经第三者许可时，对他施加净成本。但有一些重要的例外情形。

如果我和职业杀手缔约，准备杀你，便对第三者构成很高的成本。要是杀手失误，法院不会帮我把钱拿回来。如果我在合同中同意不出面作证去指控他人的非法行为，法院不会执行这种合同。美国的法院也不会执行限制交易的合同，如卡特尔成员同意维持统一的价格。在所有这些例子中，合同对签约者有利，但并不产生净收益。

主张契约自由的论点，和大部分法律的经济分析一样，隐含的假设是签约者都有理性，晓得本身的利益何在，并且采取行动去获取利益。但在假设失真的情况下，这个论点便站不住脚。因此法院不会执行孩童或精神病患签署的合同。

法院以签约一方无行为能力为由，拒绝执行合同时，也是基于同样的道理，只是说服力没有那么强。法院的这种说辞，隐含的意思是说法院相信它比签约者更了解其利益所在，因此法院有能力判断签约者无能力。

但法院的看法很可能是错的，请看当下法律理论中的这个例子：

我同意在1月10日前交运1万件订制产品给你，也同意如果未能在限期前交货，要赔偿10万美元。后来我真的未能如期交货，你控告我。你收得到钱吗？

答案要看法院是不是认为，10万美元是我未能交货而对你构成的成本的合理估计值。如果是，则我们合同中的**违约金**（liquidated damages）条款就可以执行。但如果法院认为10万美元高估了实际成本，它可能认为这个条款属**违约条款**（penalty clause，也称罚金条款），所以不可执行。

这个政策含有两个假设：1.法院有相当高的能力，能够估计我未能如期交货的实际成本，从而确定违约条款；2.违约条款绝对不合经济效率。第一个假设有可能错，但第二个假设肯定错。

要了解为什么，可以用第5章财产法则与补偿法则的分析来说明。根据补偿法则，如果我未经你允许径自使用你的财产，我必须赔偿损害金额。根据财产法则，如果我要使用你的财产，必须先取得你的许可；要是没有取得许可，我必须接受惩罚，但是惩罚的设计不是针对你受到的损害，而是要确保我不会未经许可就使用你的财产。

违约条款是私人版的财产法则。我在1月10日前交货，可以给你带来财产收益。如果我想在那个日期之后交货，就必须向你购买合同作废的许可。要是我没有履约，也没有取得你的许可，我就必须接受惩罚。

正如第5章所述，签约双方有时可能会比较喜欢财产法则，而不是补偿法则。他们可能相信，透过市场把资源用到价值最高的用途上，比透过法院体系要节省成本，理由是市场交易成本很低，或法院的成本很高，或两者都有。或许你和我都期望将来能有很多这类交易，因此有意以理性的态度维持信誉。我深信如果我无法在1月10日前如期交货，你会和我重新磋商合理的条件。此外，我们可能都对法院没有太大信心，宁可把钱花在律师以外的地方。如此一来，我们选择违约条款就十分合理，因为我们期望不会用到这个条款，让法院插手决定赔偿金额。然而，美国的法律体系始终执行由法官和议员制定的财产法则，不采用私部门制定的财产法则。

胁迫的意义

你在暗巷中遇劫，歹徒让你选择：给他100美元，或者杀你。你说你生命的价值远高于100美元，但可惜你没带那么多现金在身上。歹徒说拿支票也无妨。于是你开了支票给他。回到家后，你应不应该立即通知止付？在受胁迫下签订的合约应不应该执行？

主张应该执行的人说，如果这项合约不能执行，劫匪就会拒绝接受支票，或者接受之后把你杀掉，以防止你止付，并抢在你遇害的消息传到银行之前兑现。从这个观点来看，即使是在受胁迫下签订的合约，也对双方有利，因此应该执行。你愿意花100美元以免被杀，他愿意接受100美元而不愿杀你。那么问题何在？

问题在于这种合约如果可以执行，那么"要钱还是要命"的犯罪行为就会很赚钱。如果你遇劫，合约能够执行的好处是花钱消灾的概率提高，不过这么一来，遇劫的概率也会相应提高。好处因此被抵消。所以，现行法律主张受胁迫下签订的合约不可执行，看起来似乎符合经济效率。

但也许并非所有的状况都是如此。和约便是在受胁迫下缔结的合约，不过大部分人认为各国如能签署和约并受其约束，比战胜国必须彻底摧毁战败国才能确保战争结束要好。战俘宣誓不试图逃亡的交易，情况也类似。以前我们常看到战俘在假释条件下获释返国——战俘保证不重回军队，直到敌方交换同位阶的战俘。假释制度降低了战争对双方的成本，因此应该有增加战争数量的效果，但似乎效果不大；同时大大降低了战俘和俘人方的成本。

西班牙的法官试图从英国引渡皮诺切特（Augusto Pinochet），

经济学与法律的对话

以便在西班牙审判他在独裁统治智利期间被控犯下的罪行。法律如果不追究卸任独裁者的责任，则他们在掌权期间胡作非为后，将来必须付出的代价会比较低。但如果法律要追究他们的责任，则独裁者放弃政权的代价比较高。愿意将政权交予民选政府的独裁者不多见，皮诺切特却是其中一位。要是他将来必须在西班牙坐牢，下一位独裁者可能不会再做同样的事。

以上讨论的都是真实的胁迫：要钱还是要命。还有其他类型的合约，法院有时会以受胁迫为由拒绝执行，但受胁迫的情况非常不同，所以法院的判决必须找其他的理由为依据。以下探讨两个相当不同的例子，一个我称为准胁迫，另一个称之为假胁迫。

沉船上的谈判

你那艘价值1000万美元的船陷入暴风圈，动弹不得，而且慢慢下沉。幸好有一艘拖船驶近，准备救援。但是拖船船长晓得船只的价值，索价900万美元才肯拖救。如果你拒绝，他乐意救你和船员，但放手让船只沉没。你同意他出的价码，他把船只拖进港口，而你拒绝付款，声称协议是在受胁迫的状况下达成的。海事法庭则裁决，合理的拖船价格是100万美元，并据此改写你们的协议。

在海水涨过你的脚踝时与拖船船长谈判，感觉上当然像是受到胁迫。但这种情况在一重要方面不同于真实的胁迫（要钱还是要命）。劫匪陷你于麻烦中，拖船却是要救你脱离险境。你的船沉没不是拖船船长的错。

前面反对受胁迫下执行合约的论点，必须从相反的方向切入。

让歹徒更容易拿到你的钱，会增加你遇劫的概率，这不是好事。拖船救你的船能够获得的收入增加，会提高你遇难时拖船就在附近的概率，而这是好事一桩。如果我们要说明拒绝执行合约有理，必须寻找不同的论据。

首先要问拖船收什么价格才符合经济效率，也就是哪种价格能使大家获得的净收益达到最高。由于付款本身只是一种移转，这表示我们要问的问题是：这个价格所创造的诱因，如何影响拖船船长和沉船船长的行为？

我们先从拖船船长的角度来谈这个问题，他要决定是不是要多花10万美元，把他在正确时间、正确地点救援一艘沉船的概率提高1%。或许他正决定要不要在恶劣的天候出航，寻找遇难船只，或者决定要不要24小时派人监听无线电接收机，看看会不会收到求救讯号。他会在什么时候决定多花钱，以及从经济效率的角度来看，什么时候应该多花钱呢？

如果他可望收到的救援沉船价格至少是1000万美元，他会花那笔钱，因为这时（不考虑风险厌恶所带来的复杂性）10万美元的支出会产生至少10万美元的报酬。如果船只的价值至少为1000万美元，他就应该花这笔钱，因为他的行为（救援船只的概率提高1%）产生的社会收益至少等于成本。如果我们要鼓励他采取值得实行的防范措施，就应该允许他将整艘船只的价值作为救援行动收取的价格。价格若低于船只的价值，一些收益则归沉船船长所有。这会产生正外部性，结果低于防范措施的最适水平。

接着从沉船船长的诱因来探讨问题。假使不管拖船船长做什么事，沉船有50%的概率获救。沉船船长必须决定船只出航会承受

经济学与法律的对话

什么风险，比方说，暴风来袭时，他是不是应该让船只留在港内，还是依然出海，承受船只可能遇难的小风险。他将如何做这个决定，以及从经济效率的观点来看，他应该怎么做决定呢？

暴风来袭时派船出航，遇难的概率假设是2%。我们也假设船只获救必须付出的价格是整艘船只的价值。因此船长决定出航的成本，是1%的沉船概率，再加1%必须支付1000万美元给拖船救援的概率。只有在出航获得的收益至少为20万美元时，船长才会这么做。

这个计算，对他来说是正确的，但对符合经济效率的结果而言是错误的。派船出海只有1%的沉船概率，因为有一半的次数会获救。获救会使船长损失1000万美元，但拖船船长相对获得1000万美元的收益。所以只要收益超过10万美元，派船出海就是符合经济效率的做法。为使船长那么做符合他的利益，拖船收取的价格应该为零。如果超过零，船长的船只每次承受风险就会给拖船船长带来正外部性，所以他的船只承受风险的次数会低于应有的水平。

到目前为止，我的假设排除了拖船把遇难船只拖进港口所花的时间、风险和燃料的实际成本。如果把这些成本加进来重新分析，我们得到的结论是：能给船长正确诱因以避免船只遇险的价格，刚好等于实际的救援成本。读者如果希望更深入了解这个论点，且能忍受必要的数学运算，请参考本书网址。

上述推论得出，符合经济效率的价格有两个。第一个是船只的全部价值，能给拖船船长正确诱因以伺机救援遇难船只。另一个价格是救援成本，能给船长正确诱因以避免让船只陷入需要救援的状况。价格应该在两者间如何确定，要看每一方对相关诱因的敏感度为何。如果拖船船长在1000万美元（非500万美元）的价格下，能做且值得去做的行为很少，那么把价格降到500万美元，只会在拖船船长一方产生少许的无效率。同样，如果救难者只收成本，而不是照船只一半的价值来收费，船长值得出海冒险的理由还是很少，那么500万美元的价格只会在船长一方造成少量的无效率。权衡以上各种考虑后，原则上我们能够找到"最不坏的价格"（least bad price），也就是将不适当诱因所产生的无效率降到最低的价格。

上述问题其实只是把科斯的共同成因（joint causation）问题，从空气污染或机场噪音改用到沉船上。下一章的车祸例子也属此类。这个问题在这里看起来不一样，原因是其他的例子包含坏事情（如污染或车祸）的双重成因（dual causation），而那些坏事情是我们想要阻止的。这里我们关心的是救援的双重成因，而这是我们想要鼓励的。解决方法如第7章所述：把诱因放在产生最多利益的地方。

到目前为止，我们的结论是：符合经济效率的价格介于船只的价值和救援的成本之间。第二个结论是没有理由期望谈判能产生这个价格。谈判是发生在船长和拖船船长已经做了所有的相关决策，而船正在下沉，拖船已经抵达现场时。剩下的唯一决策是要不要救船，而每个人都已经知道正确的答案。

即使如此，我们可能得不到正确结果。谈判是在双边垄断的状况中进行。每一方都试着尽可能多争取利益；在他们争论时，船正在下沉。这是赞成实行当前法律的一个好理由，也就是允许海事法庭对太过有利其中一方的合同加以重订。这可以降低双方讨价还价以致船沉没的风险。

在科斯定理完全适用的世界中，所有的交易成本为零，船长和拖船船长会事先缔约，规范拖船何时抵达船只可能需要救援的地方、船只有多高的意愿在暴风来袭时仍然出海等事项。在交易成本为零的世界中，设计够精细的合同，会在每一方面都产生符合经济效率的结果。

假胁迫：附合合同

最后一种胁迫合同是格式合同（form contracts）。向某家租车公司租车时，你没办法谈判合同中的价格或其他条件。你面对一连串的选项，必须决定是否接受。接受就签，不接受就得到别家租车公司。这种合同在法律上称为**附合合同**（contract of adhesion），这个名称的使用可以追溯到几十年前的法国。

感觉上这有点像是受到胁迫。当然这有如片面决定的交易，所有条件都由一方拟定。如果你认为合同订立是利益冲突的双方经谈判后写入自己希望的条件，你自然会认为这种合同为片面合同。

事实上，租车公司拟好合同后，还得说服你签字才行。当然了，租车公司会拟出对自己最有利且认为你会签署的合同。但要做到这一点，必须拟出符合经济效率的合同，让总收益达到最大，然后收取他们认为你会支付的最高价格，尽可能把收益移转给自己。

租车公司为什么选择格式合同呢？有两个明显的理由。第一是他们希望降低拟定合同的成本。如果你一年得和数百万顾客签署类似的合同，则拟定单一合同会比每笔交易都重拟合同节省成本。

第二个理由是可以降低员工手脚不干净的风险。假设租车公司允许每位办事员磋商租车费率，那么对租车人来说，拿5美元给办事员另外20美元给租车公司，会比不贿赂他而必须花30美元租车要好。但对租车公司来说，这种现象再糟糕不过了。

那么，整体来说，格式合同在法律上是不是应该遭到质疑？我认为不应该。不过有些时候，基于特殊的原因，例如合同相当复杂，顾客不知道自己到底签了什么，格式合同还是可能遭到质疑。

这种状况会引来法院的关注，确保顾客究竟同意了什么。以极细字印刷或将文字隐藏在合同装饰边内的条款显然不合格。另一方面，在法律体系中，合同要写得非常详细的原因之一，可能是害怕法院照自己的意思解读合同内容，而不理会双方真正的意愿。合同可能含有非常片面性的条款，原因之一是签约人希望限制法院依照它的意思解读合同内容，同时依赖非法律方面的限制（如信誉），防止那些条款真的被执行。

合同、合同，谁有合同？

> 欧梭本来是比尔博的继承人，但收养了佛罗多后就不同了。他带着鼻音，小心翼翼地念遗嘱。很遗憾，遗嘱写得非常清楚和正确（根据哈比人的法律惯例，需要七位见证人以红墨水签名）。
>
> ——托尔金（J. R. R. Tolkien），《魔戒首部曲》

以上是在合同已经存在的情况下，探讨合同为何不可执行的各种可能原因，包括并非出于自愿。至于到底有没有合同可供执行，则引出另外一些问题。

我们说好明天在餐厅见面共进晚餐。如果你没来，我可不可以告你？恐怕不行。各种协议（约定）的约束力不尽相同，不是所有的协议都适合由法律体系插手。我们需要一些方法去划清界限，区分不可执行的意向声明和可执行的合同，让人们能够沟通彼此的意向，不致无端卷入法律体系中。

形式化（formality）是可行的方法之一。一项协议能够算是合同，必须以红墨水签名，或用紫蜡密封，或请公证人证明，或存放在合适的官员处，或者以上皆是。这些规则告诉我们，哪些行动会转化成"我们想让这份协议具有强制执行的效力"。

各种法律体系利用各式各样的方法，决定哪些合同具有约束力。美国法律体系用的最重要的一个决定方法，是只有各方都获得某些利益才能算是合同。这称为**对价原则**（doctrine of consideration）。这引出了一个有趣的问题：

我有钱的叔叔在圣诞节的家庭聚会上爽快地表示，像我这么聪明的孩子应该上大学，而且他愿意出钱。六个月后，哈佛大学接受我的入学申请，于是我把账单寄给他：学费、食宿费共计25 000美元。他把账单退了回来，附上一段简短的文字，表示他只是说着玩的。我提出抗议，他请我去找他的律师。这位律师很有耐性地解释，由于我没给叔叔任何东西（即没有对价）以交换他的承诺，因此没有可供执行的合同。

幸好我不是省油的灯。我引用伤害性信赖原则（doctrine of detrimental reliance）告他。我的确没给他任何东西以交换他的承诺，却花了很多时间和精力，以及我自己的一些钱，才能进入哈佛大学，并且回绝了几个诱人的工作机会。这些成本都是因为我信赖他的承诺而产生的，所以我有理由宣称其承诺是应该执行的合同。

他的承诺对我构成成本，所以要他负责有道理。一种可能的方法是把这种随便说说的承诺视为侵权行为。另一种方法是根本不予惩罚，因为在听信他的承诺之前，我应该要他拿笔写下来——拿去公证、密封，并请七位见证人以红墨水签名。

有趣的是，财产法并没有对价（consideration）要求。如果我给你一块土地而没有对价，它仍是你的。我不能在六个月后改变主意，把它拿回来。为什么呢？一个可能的解释是，财产法用其他的方式决定移转是否已经发生；为防止欺诈，所有的财产移转都必须以书面方式办理。

少于两方的合同：走失的猫和车祸受害者

有没有一种合同，其中一方不知道它的存在？我的猫咪在我转身瞬间跑了出去，于是我张贴悬赏50美元的启事，酬谢帮我找到猫的人。隔天有位邻居把猫带来。再过一天，他才看到我的寻猫启事，打电话来要求领赏。他应该有获得赏金的合法权利吗？

人们找到走失的猫后，如果晓得有赏金可领，比较有可能把猫还给主人。在他们的加倍努力之下，猫被找到的概率提高了。但这可能使其他人减少努力，因为他们晓得悬赏启事一挂出，别人找到的概率会提高，他们领得赏金的概率随之降低。但整体而言，找到失猫的可能性一定会提高，因为只有在猫会被更快找到的情形下，消息灵通的寻猫人才有理由减少努力。

到目前为此，我们只考虑了法律规则对寻猫人的诱因的影响，那它对失猫人的诱因有什么影响呢？通过使这种合同可以执行，我们使得提供赏金成为更加昂贵的做法。即使找到猫的人事后才晓得有赏金，失猫人也可能必须支付。平均而言，结果将是悬赏数目减少。至于净效果是宠物被找到并归还的数量增加或减少，要看当时的详细情况：走失的猫的需求函数、潜在寻猫人的供给函数。Ⓜ

> "合同"不是事先就存在、各种面向固定的实体。它不是一种柏拉图的形式。它是法院将执行的承诺的名称。……归还失物是否表示接受合同，应该要看是否有更多的失物会被归还——这是很难回答的问题，而且与逻辑无关。
>
> ——波斯纳，《法律的经济分析》1992年版，第251页

波斯纳的哲学观点正确，但经济结论错误。归还失物是件好事，但为了领赏而花在草丛里找猫的时间是一种成本。我们要问的不是履行这种承诺会不会导致更多失物归还原主，而是找回失物获得的收益扣除寻找失物的成本后，是不是比较高。

最后一个问题和零边合同（zero-sided contract）有关，也就是没人签约：

某位医生偶然抵达车祸现场，停下车，紧急救治昏迷且大量失血的伤者。一个星期后，伤者收到医生的账单。他该付钱吗？Ⓒ

依美国现行法律，答案是该付。要了解为什么，不妨再看看选择财产法则和补偿法则的分析。在几乎所有其他的情况中，购买服务是以财产法则处理：如果我想要提供服务给你并且向你收费，必

须先取得你同意。我不可以不请自来，任意提供服务并向你收费。

　　为什么不应把未受请求而主动施惠并收费，视为不请自来造成伤害而诉请赔偿的反面，也就是庇古式的补贴，以补偿正外部性？因为和补偿法则比起来，财产法则通常能以较便宜和较可靠的方式，把服务移向价值最高的用途上。如果所提供的服务值得我付出那种价格，你应该能够说服我去买。和不请自来提供服务并请求付款比起来，这种方法能以比较便宜和比较可靠的方式，衡量服务对我的价值。

　　但是车祸受害者没办法订立合约以取得服务，因为他已经昏迷不醒，即使所提供的服务十分宝贵，值得他付出应付的成本。因此这个案例不同于几乎所有其他案例，法院会执行负向补偿法则。这是一种庇古式补贴的例子。

填补合约空白

　　一位歌剧明星的雇佣合同涵盖她可能无法上台演出的多种原因，但也许没有提到她遭火星人绑架，或者某种新宗教兴起并且禁止唱歌的风险。不管签约双方多么小心谨慎，总有一些偶发事件会被漏掉，原因是没人想过这种事，或者可能性太低，不值得纳入。但当不可能发生的事情竟然发生，或者双方发现他们对合同内容的解读不同时，他们可以把争议送交法院。这时法院必须填补遗漏的条款，或者解决暧昧不明之处。法院应该怎么做呢？

　　一个合理的答案是，法院应该设法了解，如果双方曾经想过那项偶发事件，或者解决那个暧昧不明之处，他们会同意怎么做。根据本章前面讨论过的理由，这表示法院应该试着找出符合经济效率的条款，也就是能使签约双方的整体利益达到最大的条款。

主张这么做的论点有二：1.效率是好事；2.这种政策可以降低拟定合同的成本。签约双方可以不提不太可能发生的偶发事件，因为他们晓得，万一发生，法院会设法补进他们会同意的条款。不这么做的话，双方付出的成本，是他们有诱因去写很长的合同。

如果我们接受这个答案，那么解读合同的问题就变成和拟定合同的问题相同——去了解哪些条款会使双方的整体利益达到最大。

风险承担

我同意在1月10日前交运1万件订制产品给你。1月1日清晨，一位醉酒司机开车撞毁工厂仓库的墙壁，压碎一半的产品。这么一来，我可能必须重新生产，成本是10万美元。或者，我只能在一个月后交货，使你损失10万美元的销售额。那个司机已经死亡，没有财产可供追索。那么由谁来承担损失呢？第6章详细谈过如何以符合经济效率的方式来分配风险，现在我们将其结论拿来应用。

分散损失是风险分配的一个基础。假设有家公司正替我盖房子。这家公司很大，每年兴建很多房子。房子兴建途中可能有失火烧毁的风险。我们可以把风险划归给我，由我负担额外的建筑成本，也可以把风险划归给建筑商，因为这家建筑商在不同的地方兴建很多房子，所以能够分散风险。至少从这个观点来看，不管有没有出错，我们的合约都应该标明固定的价格。如果合约没有标明由谁承担风险，从分散风险的角度看，风险应归建筑商承担。

一位职业摄影师花了六个月的时间，在喜马拉雅山为《国家地理杂志》拍照，成本是10万美元。回到家后，他把底片交给冲洗店，却被后者弄丢。冲洗店是否欠他10万美元？

从分散风险的观点来说，答案为"是"。冲洗店一年处理数量庞大的底片，所以很容易分散风险。但从道德风险的观点来说，那位摄影师应该有避免损失发生的诱因，所以答案为"否"。

冲洗店无从得知哪些底片很特别。要防止遗失，唯一的方法是加强所有底片的预防措施。冲洗店可以对10卷底片漫不经心，也可以对1000万卷底片细心照料。但是摄影师晓得自己的底片是不是十分宝贵，可以把它们送交专业冲洗店，并向业者再三叮咛底片非常重要。从道德风险的角度来看，要摄影师负起责任是符合经济效率的规则，因为他最能防止损失。以前有个哈德利告巴克森代尔（Hadley v. Baxendale）案，实际上就是这么处理的。

就这个摄影师的例子来说，道德风险和分散风险是从相反的方向切入问题。拟定合约的公司，或解读合约的法院，必须决定何者比较重要。就房屋兴建公司的例子来说，道德风险和分散风险是从同一个方向切入。建筑商不只比我更能分散风险，也晓得在施工时如何防止房子烧毁。

与分配风险有关的第三个因素是逆向选择。回到仓库产品在新年惨遭损毁的例子。我并不晓得会有醉酒司机撞破仓库墙壁，但我可能比你更清楚哪些事情可能害我无法准时交货，如意外事故、罢工、规划不良。如果合约载明要我负责因此产生的损失，你在决定向谁买产品时，就不需要为那个风险而烦恼。你晓得我收取的价格，也知道我不会让你承担无法交货的风险。要是合约标明你必须承担风险，那么你需要先知道各家供货商的可靠性，才能确定哪家供货商提供最好的条件。

这个例子显示道德风险和逆向选择往往从相同的方向切入。大体来说，能够控制一部分生产流程的人，较有能力防止损失和预测损失。因此符合经济效率的合约，通常会将事情出错产生的损失，交由有控制能力的一方承担。

摆脱合约：符合经济效率的毁约

时间为1929年。我和你签约让你来整地，我准备在几年后开发。我们就价格和时间表达成协议。拟定合约时，我们考虑了许多可能发生的问题，例如土地可能遭洪水淹没，你的工人可能罢工，我的土地所有权可能有法律上的争议。但我们万万没料到经济大萧条。两年后，你准备开始整地时，不动产市场十分低迷；清理完毕的土地，价值低于整地成本。我告诉你那块地不需要整理，但你说你持有整地的合约，希望我依约付款。

从这个例子可以看出，毁约不见得永远是坏事。花很多钱清理土地，却没人想在上面盖房子，一点意义也没有。这引出了合同法上一个重要的问题：应该准许毁约吗？如果可以毁约，毁约者应该如何赔偿毁约受害者？

最简单的法律是不加惩罚。本章前面已在**机会性毁约**（opportunistic breach）的情况中，讨论过其中一些问题，如建筑商拿了钱就消失无踪，或者买方在房子盖好后要求重谈价格。即使签约时双方都真心诚意想履约，也会有其他问题产生。

我们同意进行一项交易，可望让每个人各赚10万美元。签约之后发生了某些事情，害我的成本增加15万美元，反而有5万美元损失。履约仍是符合经济效率的做法，因为你获得的利益高于我的损失。但对我来说有净损失，所以若合约不必强制执行，我会毁约。

但情形可能不致如此。我把打算毁约的事情告诉你，并说明理由。你的答复是多给我6万美元，继续履约。现在，履约可以给我1万美元的利益，给你4万美元的利益，所以毁约的理由已不存在。

如这个例子所示，科斯定理在合约不强制执行的世界中也适用。只要交易成本相当低，值得履行的合约还是会履行。对不可执行的合约来说，问题出在可能需要不断花很高的成本重新谈判，各方竞相提出不实的成本和收益数字，企图使条件对自己有利。

接着讨论相反的极端状况，也就是法律体系禁止毁约。签约之一方有权要求**强制履行**（specific performance）。未能履行会招来严重的惩罚。

引用刚才的例子，并假设我的成本增加30万美元，使得原来10万美元的利益变成20万美元的损失。我的损失多于你的利益，因此取消合约是符合经济效率的解决方法。但如果我履行合约，你仍然会有利益，而且这一次你有法律权利要求我那么做。履约是不合经济效率的行为，但你有利润，所以要求我履约。

情况也许不致如此。我提议支付你15万美元，准许我毁约（严格地说，一旦我获得你准许，就不算毁约，但如果我要注意其间的区别，就必须在不同的地方使用"终止""撤销""毁约"，而基本上它们指相同的事情，所以我将继续都称它们为"毁约"）。你同意了。和履行合约比起来，毁约会使我们各获益5万美元，所以我们决定毁约。把这个论点推而广之，会发现只要交易成本偏低，强制履行规则会产生符合经济效率的结果。只有在履约会产生净损失的情况下才会毁约。

这里的问题同样起于交易成本。当出乎意料的问题发生，使得一方履行义务的成本极高，强制履行规则会制造出双边垄断谈判的问题。如有必要，我愿意最多付你20万美元，准许我毁约。如有必要，你愿意最少接受10万美元。结果是可能必须进行多次成本昂贵的谈判。各方对于自己的成本都有谎报的诱因，企图获得更好的条件，同时不信任另一方的说辞。结果可能导致谈判破裂，以致不得不履行合约，但实际上毁约是比较有效率的做法。

根据第5章的讨论，不可执行和强制履行都属财产法则的范围。合约不可强制执行时，每一方都有权毁约，所以只有在双方都同意的情况下才会履约。至于强制履行，每一方都有权要求另一方履约，因此只有在双方都同意的情况下，毁约才会发生。两种状况中，谈判都是创造符合经济效率结果的机制，把权利移向价值最高的用途上。而且两种状况中，这种谈判都有可能产生很高的成本。

不可执行的协议相当常见——虽然我们不称之为合约。而除了不动产销售，强制履行规则并不常见。强制履行这种合约不太可能没有效率；如果我同意卖给你的财产现在对我比较有价值，而且没办法说服你取消合约，我总是可以先把财产卖给你再买回来。

如果用补偿法则的话，则是允许毁约，但毁约之一方须负责赔偿损害。如果我们相信通过重新谈判以控制毁约的成本高得令人无法接受，这种做法是有道理的。但这也会带来新的问题：如何决定赔偿金额以产生符合经济效率的结果？

答案似乎十分清楚。如果我想毁约，就必须付你够多的钱，让你的处境和我履约时一样。这是外部性问题的庇古式解决方法。法律让我必须负起责任，强迫我考虑本身的行为产生的所有成本。如果我从毁约获得的利益多于你的损失，我应该毁约且会毁约。如果不然，我不该且不会毁约。这种规则的法律名词叫作**预期利益损失赔偿**（expectation damages）。要是我毁约，我必须付你够多的钱，一如你从期望我履约中所获得的结果。

重提先前例子，可以把这一点讲得更清楚。你期望从合约中赚到10万美元。根据预期利益损失赔偿，如果我毁约，我就欠你10万美元。要是我履约，我的损失会超过10万美元，因此我会毁约且应该毁约。如果我的成本低于10万美元，我不会毁约且不应该毁约。

如果我们只关心毁约是否符合经济效率，这是正确的规则，但是情况没有那么简单。单一法律影响各种不同层面的诱因；我们必须考虑所有的诱因，才能决定正确的规则。履约是避免负担毁约成本的一种方法。另一种方法是一开始就不要签约。

签署你可能想毁约的合约：符合经济效率的签约

假设一切顺利，签约和履约会使我们各赚10万美元。要是事情出了差错，让我在签约之后毁约，你会获利10万美元，而我则损失100万美元。所以在决定要不要签约时，我会考虑这件事。

事情出差错，使得毁约成为符合经济效率做法的概率是十分之一。十次里面有九次我会赚到10万美元，有一次会赔100万美元。平均而言我会赔钱，所以我不签约。

　　但从你我共同的观点，而不是我个人的观点来看，我应该签约。同时考虑双方的利益和损失，十次里面有九次我们会赚20万美元，有一次我们会损失90万美元。平均而言我们有利润。合约条款必须同时符合你和我的利益，我们才会签约。

　　如果我们都知道每个人毁约的可能性，这件事做起来很容易。但在正常情况下，我不清楚哪些事情可能导致你毁约，你也不知道哪些事情可能导致我毁约。所以我们需要一个规则，在决定是不是值得签约时，每一方只需要知道自己毁约的风险。

　　我们可以用**信赖利益损失赔偿**（reliance damages）来替代预期利益损失赔偿。如果我毁约，我必须让你的处境一如我们从未签约时的状况。我必须补偿你因信赖我将履约而做的任何支出，但你因合约执行而赚得的利润不包括在内。

　　如果我毁约，然后支付你信赖利益损失赔偿金额，你最后的处境会和当初没有签约时一样。因此如果我将毁约，你是否签约并无所谓。你在决定是否签约时，只需要了解如果我没有毁约，签约对你是否有利。为了做这个决定，你必须知道自己将毁约的可能性有多高，因为这会影响你将赔偿我所受损害的风险，而不必晓得我将毁约的可能性有多高。同样，我在决定是否签约时，必须知道我将毁约的可能性有多高，但不必知道你将毁约的可能性有多高。

　　如果我们关心的是"是否要签署可能将毁约的合约"，那么信赖是正确的规则，因为这表示你在决定是否值得签约时，不必知道我将毁约的风险。它假设我们都知道发生导致自己想要毁约的事件的概率，而在签或不签的层面产生符合经济效率的结果。但这会在毁约或履约的层面产生无效率的结果，因为我在决定是否毁约时，将忽视你失去的利润。相反地，用预期利益损失赔偿规则来计算损害赔偿，会产生符合经济效率的毁约，却产生无效率的签约。换句话说，信赖利益损失赔偿迫使我将可能知道自己将毁约（但你不知道）却仍签约所造成的外部成本内部化，预期利益损失赔偿则迫使我在已经签约后而毁约所造成的外部成本内部化。

无效率的信赖

以上两种规则在另一种情形下，会产生不合经济效率的结果。设想你正决定如何履行你的合约义务。你可以花90万美元改装你的工厂来生产新产品，或利用原来的工厂，但生产成本会比改装工厂高100万美元。

如果合约执行顺利，改装工厂对你有利。假设在你改装工厂之后、开始生产之前，我有1/5的概率毁约并取消订单。所以，改装工厂节省10万美元的概率为4/5，损失90万美元的概率则为1/5。平均而言，利用现有的工厂比较符合经济效率。

但是改装工厂能使你获得较多利润。如果我毁约，我必须让你的处境一如未毁约前。如此一来，你改装工厂而获利10万美元的概率为4/5，我损失90万美元的概率为1/5。

把以上论点推而广之，不论在哪一种规则下，潜在的毁约受害者在决定对对方的信赖程度时，是把成为毁约受害者的可能性看成零，因为如果对方毁约，受害者因信赖对方将履约而浪费的金钱会获得赔偿。但是符合经济效率的政策是，在考虑某些事情将出错的风险之后，如果值得去做，才信赖对方。因此，预期利益损失赔偿和信赖利益损失赔偿都会造成信赖水平太高而不合经济效率。

要解决这个问题，有第三种方法：违约金。签约双方因为不希望由法院自行认定损害金额来判定责任，会事先同意如果一方毁约所应赔偿的金额。由于受害者获得的赔偿等于他的信赖性支出，违约金会带来符合经济效率的信赖水平。如果设定的赔偿金额等于预期利益损失赔偿，就会造成符合经济效率的毁约；如果设定的赔偿金额等于信赖利益损失赔偿，则会造成符合经济效率的签约。因此违约金似乎明显优于另两种方法。

但是违约金必须在签约时即事先设定。而法院是在毁约发生后才决定损害赔偿金额，这样做的好处是拥有实际损害的信息。所以，违约金是否优于其他方法，有一部分要看无效率信赖的问题有多严重，另一部分要看事先预测损害的准确性，还有一部分要看法院事后衡量损害的能力。

似曾相识

> 有一个故事，那是唯一的故事
> 值得你述说
>
> ——罗伯特·格雷夫斯（Robert Graves），
> 《冬至给乔安妮》（*To Juan at the Winter Solstice*）

如果你觉得以上对毁约所受惩罚的分析似曾相识，你的感觉是对的。上述的基本论点和最适保险的分析相同。预期利益损失赔偿可以解决道德风险（即无效率毁约）的问题。信赖利益损失赔偿可以解决逆向选择（即无效率签约）的问题。

把风险指定给一方以消除道德风险有个问题，它会增加另一方的道德风险。结果在大部分情况中，符合经济效率的风险分配，虽将道德风险的无效率降到最低，却没把它消除。要求可口可乐公司为可乐瓶爆炸负起责任，会使装配线出现符合经济效率的预防措施，却会使某人在国庆野餐聚会上一时兴起，摇晃可乐瓶侃侃而谈，从而产生无效率的爆炸。由于我毁约而产生的损失，可以由我透过不毁约来控制，也可以由你透过不要太信赖我会履约来控制。法律要求我因毁约造成你的损失而负责，这给了我不要毁约的正确诱因，却会给你过分信赖的错误诱因。

欺诈的法律界限

> 我们开炮，英国人继续前进
>
> 但不像刚刚那么接近
>
> 我们再开炮，英国人开始
>
> 顺着密西西比河而下到墨西哥湾
>
> ——《新奥尔良之战》（*The Battle of New Orleans*）

1812年的战争在美国进行，但和约在欧洲签署，结果这场最有名的战役是在战争结束后才开打。时间延误使得安德鲁·杰克逊成了完全没必要的英雄（后来更当上总统），也产生了有关欺诈的法律界限的一个有名案例：莱德劳告奥根（Laidlaw v. Organ）。

奥根是新奥尔良商人，他比别人早获知英美将签署《根特条约》（Treaty of Ghent）。战争会因此结束，英国也将终止对新奥尔良的封锁。他利用这项情报，向莱德劳公司大量订购烟草。和约消息传出后，烟草价格激升，使莱德劳想要毁约。奥根提起诉讼，而且最后赢了官司。

反对这项裁决的经济论点应该很明显：如果奥根今天想买烟草的唯一理由，是因为明天会更有价值，那么这项交易并没有产生净利益。奥根的利润完全来自莱德劳的损失。他表现出来的是寻租行为，而且为那项行为花费的任何资源，例如花钱使得他提早一天获得情报，从经济效率的观点来看都属净浪费。

不过这个案例也指出明显的相反论点。奥根根据情报所做的特殊用途，或许没有产生净利益。但是情报的制造本身是非常宝贵的活动，因此由制造情报产生的获利机会提供了有用的诱因。新奥尔良人愈早知道战争结束的消息，就能愈早重拾出口烟草的生意。

商品投机客如果相信下个月小麦会更有价值，今天就会去买小麦。要是他的看法正确，那么他获得的利润是来自价格上涨时想要持有小麦的人。但他们今天知道将来小麦会供不应求，而别人不知道，因此而采取的行动也会推升今天的价格。这给了别人诱因来尽量节约使用小麦、安排进口更多的小麦，并利用其他各种方法来事先调整，以因应他们还不知道的未来情势。

反对投机的一般论点认为，投机客将商品抽离市场而创造缺货，并导致价格不稳。这种看法不仅不对，还刚好与事实相反。投机客为了在下个月卖出小麦而在今天买进，他当然希望这个月的价格较低、下个月较高，但其行为反而造成相反的效果。结果他在小麦供应量充沛时买进，导致价格上涨，在供应量不足时卖出，导致价格下跌，因而平缓了价格的波动。净效果不是创造供应不足和饥荒，而是防止供应不足和饥荒。信息灵通的专家能够预判未来的情势，进而提供一般人诱因去调整目前的行为，以因应未来的情势。

为了使这种机制发挥作用，就必须让投机客能以优于他人的知识获利。如果准许今天出售小麦给投机客的人，能够于价格上涨后取消交易，那么当投机客就没有意义。要是路易斯安那州最高法院裁决莱德劳胜诉、奥根败诉，并在以后的其他案件中持续做出相同的判决，结果将是投机减少、农产品的价格更不稳定。

不过，虽然成功的投机具有生产力且有利可图，它的生产力不是由获利多寡来衡量。如果奥根利用他提早知道和约签署的情报，于某日买进、隔天卖出，而且这两天内和生产或使用烟草有关的决策没有变化，他仍能从交易中获利。因此投机是种奇特的经济活动，不但有私人利益，还产生对等的外部成本和外部收益。这里的外部成本，是指价格上涨时，当初如果没把小麦卖给投机客，仍持有小麦的人所失去的利润。这个过程的净效果提供了投机客诱因去制造宝贵的信息，并透过其市场交易对价格的影响，让那个信息为大众所知。但是那个诱因与信息到底有多宝贵无关。

以上的分析可作为莱德劳告奥根案判决正反两面的辩词，也可以成为法院的论据，愿意在其他情况中以蓄意隐匿信息为由，宣布合约无效。我们需要的法律体系，应该让取得信息的人有时能够借此获利。但我们不需要的法律体系，是让碰巧拥有信息的人保留信息不公开，进行交易后产生净损失而非净收益。比方说，某些人卖的母牛罹患严重但不易辨识的疾病，或者某些人卖的房子以鬼怪作祟闻名，却不告诉买方。

鬼屋的案例真有其事。原告发现他买的房子盛传猛鬼横行，希望取消这宗买卖。法官判他胜诉，一部分原因在于房子的"鬼屋"名声就是卖方之前的积极宣传造成的。她把这件事告诉见到的每个人，包括《读者文摘》的订户在内，那她就不能保留这项信息而不让可能的买主知悉。

> 不论被告卖主所见的幻影是超自然或精神性的，既然已经将它告诉了一个全国性的杂志（《读者文摘》）及地方媒体⋯⋯被告便不得否认其存在，就法律而言，房子确实闹鬼。
>
> 最后，如果合约条文被广义地解释为，被告得要清除屋中所有的扰灵，那么被告明显并未做到"清空"房屋的承诺。
>
> ——鲁宾法官（Rubin, J.）对斯坦博夫斯基告阿克利案（Stambovsky v. Ackely）的看法

延伸阅读：

Lisa Bernstein, "Opting Out of the Legal System: Extralegal Contractual Relations in the Diamond Industry," *Journal of Legal Studies* 21（1992）: 115—57.

13 婚姻、性与婴儿

就我们所知，在过去大部分的社会中，大部分人都会结婚，大部分婚姻持续到一方死亡为止，而且大部分婴儿是婚生子女。但这些情况已经不适用于今日的美国。

于是产生了一些有趣的问题。其中之一是：这些变化有没有合理的经济解释？另一个问题是：法律在这个过程中扮演什么角色？

要回答这两个问题，必须先回答另一个问题：为什么大部分社会中，生儿育女和家庭生产的工作主要是由夫妇执行，他们投入称作婚姻的长期伙伴关系，而且往往到死方休？

人为何结婚？

多年前，我接受加州大学洛杉矶分校（UCLA）经济系的教职。我必须从东部搬到西部，找地方住，和一群新朋友、新同事培养关系。这些事情很花精力和金钱，只有我继续待在UCLA或附近才能产生报酬。

假设我刚报到时薪水是4万美元。一两年后，也是经济学家的系主任心想："要是弗里德曼肯为了4万美元在这里任教，不计较他必须支付的所有过渡成本，那么他一定愿意只拿3万美元待在这里。毕竟如果他离开的话，他没办法把搬家成本收回来，把新朋友带走，或者……"系主任请我到办公室，讨论系上预算紧缩的问题。

我乐于与系主任一谈。我也是经济学家，分析过自己的沉没成本（sunk cost）。我晓得，系主任也应该知道，刚来的一两年内，我不是很有生产力的教员，因为我难免分心去探索新环境，寻找能够相互讨教的同事。现在这个过程已经结束，我已是更为称职的教师、研究员和同事。要是他愿意付4万美元找我来，一定也愿意付5万美元留我下来。毕竟，他在我的第一年损失的钱没办法收回去。

以上虚拟的情境说明了一个真实的要点：不管婚姻或工作，与人际关系有关的（relation-specific）沉没成本，是长期合约存在的根本理由。在我到UCLA之前，我和他们是在竞争市场中谈判；市场上有其他的大学，也有其他的经济学家。一旦我获聘，而且他们和我都适应了彼此的关系，我们就陷入双边垄断中，有潜在的谈判成本。要降低这些成本，一个方法是透过长期的合约。长期合约可以明讲，例如终身聘任制，也可以不明讲，例如除非情况特殊，否则依一般惯例，不减员工的薪水。

婚姻是个极端的例子。虽然许多人愿意相信自己的丈夫或妻子是不作第二人想的选择，但实情并非如此；如果是的话，则找到他们来结婚的概率将微乎其微。我曾经粗略计算，发现内人是20万人中才有1个的适合结婚对象。以我们社会在寻偶初步阶段提供的机制而言，例如把人按照兴趣和教育背景分类，这个概率似乎与我找到她的事实吻合。我很幸运，但并非幸运得离谱。找到她之后，我碰过一两位可能一样适合我的女士，这个事实也与那个概率吻合。

她们可能一样适合我，但探讨这件事很蠢。夫妻结婚一段时间后，他们在彼此的关系上投资很多，只有继续待在一起，付出的成本才能产生报酬。每个人都付出相当高的成本，成为懂得如何与对方相处的专家。不论物质上或感情上，两人都在孩子身上花了很多心血。虽然他们起初处于竞争市场，现在却锁在双边垄断中，面对相关的谈判成本。

订立长期合约，直到死亡迫令我们分手为止，是降低这些成本的一种方法。婚姻内仍有谈判的空间，但随时掉头而去的威胁已经消除。而且我们可以通过界定清楚的社会角色、规定各方义务的法律和习俗，来减少婚内的谈判。我们也晓得，谈判结束后，双方仍必须与对方生活在一起。

这个解决方法带有成本。最明显的成本是，做了错误选择的人将身陷其中。寻偶时更为小心谨慎可以减轻这个问题，但没办法完全消除。界定明晰的性别角色可能造成不合经济效率的分工，例如擅长教养小孩的丈夫必须外出工作，很会赚钱的妻子却得待在家里。就算以法律、习俗来制约，夫妻仍有可能貌合神离。就我所知，没人因为煮饭太差或做爱蹩脚而离婚。

传统的婚姻制度中，合约的执行有其极限。我喜欢引用的一个证据，是9世纪阿拉伯法官艾尔台努赫（al-Tanukhi）所写的轶事：

> 一位妇人在路上等哈米德大臣，向他诉说生活贫困，请求施舍。他回座后，命左右给她200第纳尔（dinar）。账房不愿给像她那种阶级的妇女那么多钱，请示大臣。大臣说他的意思

是只给200迪拉姆（dirhem）。但由于神使他把迪拉姆写成第纳尔，也就是把银子写成金子，因此应该照他所写的支付。

几天后，一位男人向他递交陈情书，说大臣给了他妻子200第纳尔，结果她摆起架子，想要强迫他和她离婚。大臣能否行行好，命人好好管束她？大臣笑笑，下令给这个男人200第纳尔。

在传统的伊斯兰社会中，男人可以和妻子离婚，但妇女不可和丈夫离婚。不过艾尔台努赫笔下的这位大臣，竟把妇女强求离婚视为可行之事，甚至大臣也没法阻止。

如果传统的婚姻可以解决与人际关系有关的沉没成本，那么为什么我们要舍弃它？一个原因是，在传统的社会中，养儿育女是几近全职的工作，而养儿育女加上家事管理至少是份全职工作。家庭主妇负担起几乎一半的劳力。大部分妇女都专心当某个男人的妻子。

但是两件事改变了这种情形。一是过去两个世纪来，婴儿死亡率大幅下降。以前的人为了能养两三个小孩，处于生育年龄的妇女必须不断生产。今天，想要两个小孩的家庭就只生两个小孩。第二个变化是生产工作从家庭移出。衣服现在在工厂用机器制作，培根有专业人士处理。衣服或许可以在家里洗，但大部分是由洗衣机代劳。在大多数家庭中，家庭主妇的工作从全职变成兼职。如此一来，妇女不必专心投入于特定的工作和固定的男人。婚姻破裂仍有很高的成本，但远低于两百年前，结果使得更多婚姻破裂。我们的法律体系也跟着改变，从婚姻牢不可破改为想要就可离婚。

一生中最美好的时光给了他：机会性毁约问题

有两家公司就一项长期联合项目达成协议。一家公司负责研究开发新产品，另一家负责生产和营销。第一家完成了它的工作，把设计图交给第二家。在合约不强制执行的世界中，第二家公司径自解除协议，生产和营销产品后，钱留在自己手中。这是机会性毁约的问题，前一章已用盖房子的例子谈过。

两个人结婚。婚后15年中，妻子负责生儿育女，比一份全职工作还辛苦。丈夫负责养家糊口，但做得不是很好，因为他仍处于事业生涯初期。

孩子终于长大了，全职工作可以变成兼职工作，妻子开始享受得来不易的休闲生活。丈夫升迁当上副总裁，却和妻子离婚，娶了一个更年轻的女人。

后面这个故事比第一个故事更适合改编成连续剧，但它们有同样的经济逻辑。传统婚姻中，妻子在初期履行自己那部分工作，丈夫比较晚才履行。时间上的落差，加上离婚容易，创造了机会性毁约的可能——大部分男人发现20岁的女人比40岁的女人迷人，更有推波助澜的效果。

一旦女人认识到这个问题，就会调整自己的行为。她可以不要那么专心做家庭主妇的工作，而去创造自己的事业，找别人来清理屋子和照顾小孩。另一个方法是延后生小孩或拉大生小孩的间隔时间，好让两个人履约的行为模式更为接近。这两种行为上的调整，可能有助于解释近数十年来的变化，包括第一次婚姻和生第一个小孩的年龄均已提高。

216

还有一个解决办法是要求毁约的配偶赔偿高额损害，让合约更具约束力。这种方法在某种程度内管用，却有许多实务上的问题。第一，执行这种法律相当困难。人是会移动的资本，法律即使命令某个男人支付赡养费或扶养子女，他也可能搬到另一个法律管辖区，很难向他收钱。第二个问题是前面讨论过的监视质量。如果丈夫要求离婚必须赔偿高额损害，他可以试图让妻子的生活过得很悲惨，逼她自愿离婚。如果我们利用法律让妻子在婚姻破裂时能自动得到高额赔偿，只是把机会性毁约的风险移到相反的方向。以目前的状况来看，虽然丈夫有时必须在离婚时付钱给妻子，但平均而言，妻子离婚后的处境变差，丈夫离婚后的处境则变好。 Ⓡ

以上所谈是现代社会的一个奇特现象：离婚太容易且太频繁的程度是史所未见。同样的论点也有助于解释另一个没有那么明显的奇特现象：未婚者众多。我们因此面对第三个谜团：未婚生子的情况可能也是前所未见。

未婚生子

未婚生子在近数十年内激增，一般认为是福利法实施的结果。有的贫穷妇女实际上会接受补助去生小孩。补助金额或许没有高到让生小孩成为赚钱的事业，但从较广泛的层面来看（包括金钱和非金钱利益），却仍然很划算。妇女如果必须独力扶养下一代，可能不会想生孩子，但如果她晓得国家会支付部分成本，也许就肯生。

但这种解释说不通。虽然低所得者的未婚生子率最高，但没有领福利金的人，未婚生子率也已经上升。所以福利可能是其中一 Ⓑ

个原因，却不是唯一的原因。另一方面，尽管近来实质生育补助降低，未婚生子率也仍然继续攀升。

我的朋友伍德希尔（James Woodhill）提出另一种解释。他说未婚生子率提高和离婚率提高一样，是死亡率降低的间接结果（他指的不是婴儿死亡率，而是分娩死亡率）。生产在以前是一般人所做的最危险的事。由于这个原因，在适婚年龄群中，男人的数目超过女人。所以女人在婚姻市场中处于强势，能够要求男人扶养她们的后代，作为与男人睡觉生小孩的条件。随着医疗进步和人数变化，女人的市场地位转弱，结果一些想生小孩的女人找不到男人愿意扶养。

还有，女人通常嫁给比她年长数岁的男人。1960年代中期，当婴儿潮时期出生的孩子到了适婚年龄，1947年出生的女人会想找1945年出生的男人，但这种男人不是很多。找不到丈夫的女人只好找情人。性革命于焉诞生。

经济学家阿克洛夫（George Akerlof）和耶伦（Janet Yellin）提出另一种更精辟的解释。他们说，未婚生子率提高是堕胎和避孕普及的间接结果。表面上看，这似乎不合理：堕胎和避孕本是为了防止生出不想要的孩子，而且一般认为，大体来说，没有结婚的人比较不可能想生小孩。我把他们的论点叙述如下：

在没有避孕或堕胎的世界中，性和生孩子是一体两面；以经济学的术语来说，它们是联合产品（joint products）。每次做爱都有性的欢愉和怀孕的可能性。女人和男人都喜欢孩子，但喜欢的程度不同；女人对孩子的需求高于男人。

"需求较高"在经济学里意指，在任何价格的需求量都比较高。

在男人下种、女人独力扶养孩子的世界中，男人需要的孩子可能多于女人，因为女人拥有孩子的成本很高，男人拥有孩子的成本则比较低。但在男女双方成本均摊的世界中，女人会想要更多的孩子。至少基本上的推测是如此。

只要性和生孩子联系在一起，想要性的人就必须担心生出孩子。因此女人有很好的理由拒绝性，除非男人保证扶养孩子。女人可以期望获得男人的保证，因为所有女人都面对相同的风险，有相同的需求。

如果有合法堕胎和普及避孕，就能打破性和生孩子间的联系。不想生孩子的女人，愿意以不那么严苛的条件提供性，因为她们也能享受。性与孩子都要的女人，必须和只要性的女人争夺男人。所以前者比较不利，有些女人就必须在没有丈夫的情形下生下孩子。

这个解释有实证上的问题。可靠的避孕方法和安全的非法堕胎是先普及于中上阶层妇女。如果阿克洛夫和耶伦的解释正确，高未婚生子率应该先出现在高收入阶层，再发生于低收入阶层。实际情形恰好相反。因此，他们的说法必须加上其他因素才有解释力，例如福利金会鼓励低收入阶层未婚生子。

最后，我要再加上一个可能的解释因素：收入增加。人们愈富有，妇女愈容易独力扶养孩子。有些妇女视丈夫为净成本，如果可能的话，宁可不要。

性法律的探讨

不少社会都禁止卖淫，美国也不例外。许多社会禁止通奸，不久前的美国也是如此。允许人们进行对彼此有利的交易，这种说法似乎可适用于性，那为什么法律会禁止卖淫和通奸呢？

禁止通奸的法律，尤其是禁止女人通奸，比较容易解释。在大部分社会中，女人通奸受到的惩罚比男人通奸严苛。传统婚姻的条件包括性的排他性。从丈夫的观点来说，这么做的一个理由是他希望确定扶养的孩子是自己生的。女人没有这个问题，但希望确定丈夫不把应该花在她和孩子身上的钱，花在别的女人和别的孩子身上。对双方来说，性的忠诚和情感投入之间也有关联。情感投入有助于减轻双边垄断的谈判博弈的问题，而后者是婚姻的特性之一。

阿克洛夫和耶伦对禁止通奸和卖淫的法律提出了一种可能的解释。即使在生育控制方法不可靠的世界中，有时还是有可能不必靠婚姻就能取得性。这个事实减弱了那些同时想要性、孩子和丈夫的女性的谈判力量。将婚外性行为视为非法的法律，能改善那些想要结婚或维持婚姻，或在婚内维持强大谈判力量的女性的谈判力量。因此这些女性支持这种法律是合理的。

对某些男性来说，支持这种法律也可能合理。如果这个论点正确，那么无婚姻基础的性行为长期可能导致婚姻制度部分瓦解。但如果由双亲抚养长大的孩子和单亲家庭中的孩子比起来，能够成为平均而言更好的人、更有价值的合作伙伴和公民，那么保存婚姻制度可能同时符合男人和女人的期望。

闪闪发亮的保证金

与流行观点相反，婚前性行为并不是最近才有的现象。但在我们所知的大部分社会中，男人比较喜欢的结婚对象是不曾和别人上过床的女人。这制造了一个问题。未婚女人不肯与别人发生性关系，因为担心找不到合适的丈夫。如此一来，未婚男人很难找到女人和他上床。

解决这个问题的一个传统方法，是未婚男女可以睡在一起，但条件是：要是女方怀孕，男方要娶她。这种做法在许多社会中相当普遍，而且有数据显示，披上婚纱的新娘有 1/4 到 1/2 已经怀孕。 Ⓑ

但这种做法有一个问题，它为男人创造了机会性毁约的机会。将女人骗上床后抛弃的故事，民歌、爱情小说、真实生活中时有所闻。这个问题能借由可强制执行的合约而减轻。依传统的习惯法，遭遗弃的新娘可以控告男方不履行婚约，而她可以获得的赔偿正反映了她对将来婚姻期望的减少。这实际上也是失去贞操的赔偿，即使形式上并非如此。

1930 年代起，愈来愈少的美国法院承认背弃婚约的行为。在1935 到 1945 年间，约占全国一半人口的州都已废弃相关法律。这给想要有婚前性行为但不希望成为单亲妈妈的妇女制造了一个问题，因为单亲妈妈的身份在社会中的经济处境艰难，也遭人歧视。

在布里尼格（Margaret Brinig）的《戒指与承诺》（Rings and Promises）一文中可以找到解决之道。男人给心仪对象一只高价订婚钻戒，这种做法不像戴·比尔斯（De Beers）钻石广告所说的是种 Ⓦ 古老的习俗。他根据相关信息得出结论，指出这种做法在 1930 年代才开始盛行，1950 年代达到高峰，此后每况愈下。

她解释订婚戒指有如履约保证金，男方保证将娶女方。遭遗弃的新娘不必告上法庭，只要把戒指留下来，没收已缴的保证金就可以。这种做法会没落不是因为法律修正（目前美国没有一州承认毁弃婚约的行为），而是因为社会变迁。随着婚前性行为更为常见、避孕方法更为可靠，以及贞操在婚姻市场的重要性减低，机会性毁约的风险及保证金机制的必要性也跟着降低。

诱奸法律的另类探讨

几年前，我在研究惩罚性赔偿的历史时，无意间看到19世纪一个奇怪但有趣的法律。在英国和美国，当一个男人发现女儿遭人诱奸，可以控告诱奸者，即使女儿已经成年。控诉的理由是，父亲被剥夺了女儿所提供的服务。诱奸诉讼案在此被视为主人控诉仆人遭伤害的特殊案例。

有一位法官在某宗案件中表示，如果女儿偶尔在父亲的茶会上当女主人，这样的诉讼便有充分依据。一旦父亲以被剥夺了"仆人"服务的主人身份提出控告，他可以根据诱奸对家庭名誉造成的伤害，而不是根据服务的实际价值，主张其受损害的权益。

既然诱奸是非法行为，为什么法律要绕那么大的弯去处理？我在法律文献上找到的解释是，共同参与非法行为的一方不能控告另一方来要求赔偿与非法行为有关的损害。如果你我两人共同抢劫银行，得手后钱不慎被你搞丢，我并没有资格对你的过失要求损害赔偿。通奸是非法行为，受诱妇女是参与非法行为的一方，不能控告另一方，所以法律给父亲一个拟制的主人身份以提起诉讼。

我想到另一个可能更合理的解释。传统社会中（包括18和19世纪的英国），父亲总是想要控制女儿嫁给谁。女儿如果不同意父亲选择的对象，可以使用的一种手段，就是让自己被意中人"诱奸"，期望父亲面对生米煮成熟饭和可能怀孕的既成事实，会点头同意婚事。卡萨诺瓦（Casanova）的《我的一生》（*Memoires*）就生动详述了这种手段在18世纪欧洲的实况。

Ⓑ

法律如果给女儿控诉的权利，可以降低女儿逃避父母控制的机会，因为她可以惩罚拒绝娶她的诱奸者，并削弱父亲的权威。法律如果给了父亲控制权，就会让他能够威胁并阻止热情洋溢但他并不中意的追求者。

习惯法为什么以那么奇特的方式处理诱奸，我的解释是制定法律的人希望父亲能够控制女儿嫁给谁。但我不认为这种控制具有经济效率。

买婴儿

几年前，我在《华尔街日报》读到一篇文章，对作者在经济问题上表现的无知大感惊讶。那篇文章谈的主题是收养市场。作者谈到收养市场的供需常不均衡，有时婴儿没有父母收养，有时父母找不到合适的婴儿收养。他们的结论是，这证明自由市场失败了。

这篇文章忽略了一点。根据美国法律，有意当养父母的人付钱给生母以领养婴儿是非法行为。因此收养市场是一个价格被法律定为零的"自由市场"。管制价格低于市场均衡价格造成供不应求，高于市场价格则导致供过于求，这种现象不令人惊讶，也不代表自由市场失败。

价格管制造成的供不应求至少有三种方法可以解决。最简单的方法是排队。尼克松总统任内，美国尝试使用汽油价格管制，结果加油站大排长龙。排队等候是一种成本，汽油的金钱成本加上时间成本，可以高到把需求量压低到等于供给量。在目前的收养市场上，想要收养孩子的人就经常必须等上好几年。

第二个方法是配给，由某个机关决定把供应有限的东西分给哪些买主多少数量。就收养市场来说，配给是由获准安排合法收养的收养机构负责。他们有自己的标准，可以淘汰一些父母亲以把婴儿分配给其他人。有些标准说得通，因为目的是选到最适合当父母亲的申请人。有些标准则似乎只为减少申请人数而设，例如规定收养人的宗教信仰必须和婴儿的生母相同。

第三个方法是黑市。收养人付钱给律师以安排收养事宜，或付钱给婴儿生母支付医疗费用，这些都是合法行为。目前以私人方式安排收养健康白人小孩的成本是数万美元，这个行情远高于一般的生产成本。可以想见，这些钱有一部分是非法支付给生母以取得她的同意，只是假借其他名目而已，还有些钱则是给安排交易的律师。

收养市场和其他市场一样，取消价格管制，允许收养人和生母磋商双方能够接受的条件，就可以消除问题。波斯纳法官便建议使用这个方法。尽管波斯纳是这个时代最杰出的法官和法学学者，法律界却普遍认为，单单这个事实就几乎确定他永远进不了联邦最高法院。对于公开主张卖婴儿的被提名人，哪一个参议员会在任命听证会上投赞成票？

这个建议为什么会产生那么强烈的负面反应？显然这涉及人的买卖问题，而人是不应该被别人拥有的。但是收养人得到的不是婴儿的所有权，而是亲权（parental rights）（及义务）。如果"拥有"小孩可作为反对的理由，那亲生父母或法律承认的养父母的所有权，为什么不也加以反对？

反对收养市场自由化的更好理由是，虽然这么做能使交易双方（养父母和生母）的总收益达到最高，却可能忽略了孩子本身的成本和收益。但我们很难看出这一点比现行的法律还严重。在这两种情况中，婴儿都没有投票权。想要付钱收养小孩的人，通常很想当父母亲。为什么愿意等上三年、填写很多表格，或能够找到律师且愿意付钱给他们去安排，更能证明收养人适任？收养机构宣称他们的主要目标是为孩子将来的幸福着想，但我们能说他们对孩子将来的幸福，比生母或可能的养父母更关心吗？婴儿对亲生父母或养父母的影响很大，对收养机构的营运几乎没什么影响。

有个更有趣的论点是"商品化"（commodification）。这个论点是说，两人之间的交易会影响他人，但不是像经济学家分析外部性时纳入的直接方式，而是以比较微妙的方式进行——改变人们的想法。如果我们允许以钱交换婴儿（即使交换到的是婴儿的亲权），我们就会开始把婴儿想成有如汽车和珠宝，是商品而不是人。如果我们准许娼妓和顾客间进行现金交易，我们就会开始把性想成是女人出售的服务，而不是情爱关系的一部分。因此玛格丽特·雷丁（Margaret Radin）在一篇法律论文中表示，即使允许卖淫会使娼妓和她们的顾客过得更好，禁止卖淫仍可能是合适的做法，因为允许卖淫会使性商品化，使得男女间的处境变糟。基于同样的理由，禁止婴儿收养形成自由市场也可能是合适的做法。

我认为这是很有创意的论点，但不具说服力。即使在卖淫猖獗的地方，也极少人将卖淫视为性的模式。男人会找娼妓，不是因为他们不喜欢和爱他们的女人发生性关系，而是因为没有合适的女人爱他们，愿意和他们发生性关系。

这个论点也隐含一个假设：法律内容才重要，人们的行为并不重要。雷丁也承认美国各地都有人卖淫，但在内华达州两个乡下小郡属合法行为。目前收养人为了收养婴儿所花的钱，可能高于直接支付合法化后的水平，因为价格受到管制的产品的真正成本，通常高于有合法市场而不受价格管制时的成本。

从让这些交易合法化，到使人们认为它们正当，还需要两个假设，但这两个假设都难以令人信服。第一个假设是，某件事情如果不属非法，一定是好事。这等于是说我们的社会遵循怀特（T. H. White）的蚁巢理论：每一样事情不是被禁止，就是有义务做的。美国规定私人赌博为非法行为，许多州却发行彩券，这让我们很难相信有很多人能够分辨是非，晓得什么是合法、什么是非法。

第二个必要的假设是，人们视政府为道德权威。但目前的民调显示，民众对政府很不信任。约两百年前，葛德文（William Godwin）听到有人主张公立学校必须教育人们懂得伦理道德时，他回应说我们应该希望"人们绝对不需要透过一条那么腐败的渠道，学习那么重要的课程"。

商品化是有创意的见解，但不像表面上那么新颖。它只是把传统社会反对不道德行为和自由言论的保守意见翻新而已。这个观点指出，观念非常重要，倡议和示范坏原则只会带来坏行为。

从这个观点来看雷丁有关为什么法律禁止卖淫的论点，可能符合美国宪法第一修正案的法理。法院一向主张，适合加以禁止的行为（如焚烧美国国旗）也算是言论，而由于它们是言论，法律应该保护。商品化的论点是，有些作为行为时不应被禁止的，例如娼妓和客户间的交易，也是一种言论，而由于它们是坏言论，因此应加以禁止。这种说法在逻辑上没有站不住脚的地方，但一旦被人接受，就很难拒绝政府应该审查坏观念的论调。

　　我花了很长篇幅谈这些论点，不只是因为它们有趣，也因为它们和新生殖技术的法律议题有关。试管内受精（体外受精）是其中一种技术，已经非常普及且被广泛接受。第二种比较简单的做法是利用代理孕母。这种方法仍有争议，法院普遍不愿执行这种合约。 ⒞ 第三种技术是克隆成人细胞来制造婴儿。不久后的将来，我们有可能给父母若干控制权，决定他们要生什么样的孩子。更远的将来，我们可以控制孩子的特性，这是自然生产无法得到的。有些技术已 ⒝ 经用在老鼠身上，将来也可能用到人上面。女同性恋夫妇或许将能生出基因与两人都有关的孩子。

　　这些做法已经或将遭受批评，一如今天对收养市场合法化的批评。反对的论点包括，即使交易出于自愿，有些参与者却会在不知情的情况下被利用。有些人认为孩子的权益将遭到漠视，利用新技术生孩子的父母对孩子的关爱，不如以自然方法生孩子的父母。他们深信这些事情有违自然，即它们以一种不应该的方式来对待人的生命，所以大力反对。新事物令人不寒而栗：

　　　　这种新技术，以及其他多种类似的技术，让我们知道复制人类并没有什么特别的地方，人类生物学的其他任何层面也是如此，但有一点除外。人的独特性只存在两耳之间；如果你到其他地方去找，你会大失所望。（一位生物道德学者担心某种可以把人类的细胞移植到动物的睾丸中而制造出人类的精子的技术会挑战"人类的独特性"。对此，老鼠遗传学家西尔弗［Lee Silver］提出上述答复。）

虽然反对新复制技术交易的声浪可能淹没许多法院，但几乎不会影响这些技术应用的广度。以代理孕母合约为例，这种合约至少在一个州属犯罪行为，在大部分州也不可执行，只是程度不一。但这对实际发生的事情几无影响，因为想要签订这种合约的人，可以选择到其他地方去做。当然了，他们会选那些法律对他们最有利的州。

配给过剩的小猫：养猫经

前一阵子，我家小孩想要养猫，于是我们前往附近的爱护动物机构。这段经历很有意思。为了"收养"宠物，我们等了几个小时，填写表格，然后爱护动物机构的员工跟我们面谈，以确定我们是合适的收养人。

令人不解的是，小猫供过于求，不是所有猫咪都能找到收养家庭。而且虽然那家爱护动物机构没有明讲，我们也知道没人收养的动物常被杀掉。配给供给过剩的物品通常不成问题，可是那个机构却刻意大费周章，让收养小猫得花很多时间和精力，代价高昂，并试图东挑西选收养人，尽管他们知道动物不被收养，除了一死别无选择。为什么呢？

部分答案是由于人力有限，他们又必须仔细调查和教导每位收养人，结果就是两个小时只能给出7个收养许可。但这引出了第二个问题。既然人力不够应付上门的申请人，为什么坚持做长时间的面谈？从小猫的观点来说，能够挑到更好的收养人当然最好，但即使坏收养人也比被杀要好。

就我的感觉，这个过程唯一真正的功能，是让员工在对谦卑的申请人指导和施惠时，感觉自己重要且有权力。和我们面谈的女士十分坚持不该让猫咪跑到外面去，只差没说如果我们不答应让猫待在屋内，她就不让我们把猫领走。进一步询问之后，我却发现她却没有把这个要求用在她自己家的猫身上。

离开时我们两手空空，后来一位朋友给了我们两只小猫。我抱着不愉快的心情写了封信给本地的报纸，复本送交那家爱护动物机构，并因此与一位经营动物收容所的女士在电话中长谈。她解释这类收容所的经营模式有两类，一类是基本不问什么问题就允许人抱走动物，另一类则像我看到的，要办理"收养手续"。我逼问她的收容所政策反而阻止人们收养，本来可以活下去的动物却被杀掉。她答说，如果采用另一种政策，没人愿意到那里工作，因为员工觉得这样对待动物太不负责任。这是我听过的心地比较善良的说法。

当收养机构决定把哪位婴儿送给哪些父母领养时，我们并没有很好的理由能期望做决策的人关心婴儿的幸福甚于关心自己的幸福。同理，我们也没有好理由期望做决策的人能把动物的幸福（或生命）放在他们自己的感受之上。

养儿是好事？

近数十年来，人们普遍认为养儿是坏事，因为如果我决定多养一个孩子，别人的处境会变糟，世界会变得更不舒适。这种信念导致各式各样降低生育率的立法和政策建议，但它们根据的是差劲的经济理论，以及讲得通但可议的经验证据。

这些论点认为，人愈多会使每个人能用的资源愈少。这种说法也许正确，但不能据此推论我有孩子会使你的孩子处境变糟。孩子并不是生下来就拿着所有权状，享有这个世界上的土地和石油。我的孩子想要拥有土地，必须用钱去买，这表示他必须从事生产或由我给他够多的宝贵资源，以交换其他人的资源。

我的孩子购买土地，可能会（微幅）推升土地价格。虽然这对其他想买的人是坏事，对卖方却是好事。正如第3章所述，买卖土地只有金钱移转上的外部性。

比较好的论点是观察跟养育孩子有关的真正外部性。我的孩子可能念公立学校，可能制造污染，可能犯罪，可能领社会福利救济金。这些事都会使他对别人构成净成本。

但这个外部性清单是刻意选择的。我的孩子也有可能找到治疗癌症的妙方，救你的孩子一命。他会缴税，其中一些用于支应国债或退伍军人养老金等固定费用，而这些如果我的孩子不付，你的孩子就得付。人更多表示市场更大，竞争更激烈，顾客更多，可以分摊产品设计或写书的固定成本。所以，多一个孩子会产生负外部性，也会产生正外部性。如果要制定政策以降低生育率，不只要先证明负面影响的存在，还要证明净效果为负值。

我的第一个经济研究计划便是针对这个问题。我试着估计相关的外部性大小，计算净效果为正值或负值，也就是某人多生一个小孩会不会让其他人的处境更好或更糟。我的结论是，这项数字很难确定，没办法确定最后的结果是正值还是负值。

这个结论不限于上述的问题。任何时候，只要你卷入政治争议，例如有人主张课税或禁止某些事情是因为它会产生负外部性，或者主张补贴某些事情是因为它会产生正外部性时，你都应该列出自己的外部性清单，而且正值和负值并陈。

两条获得经济效率的途径

敏锐的读者可能已经注意到，我在本章用两种不同的论点来谈法律和习俗的效率。其一是从标准的经济论点求取效率，这是第2章所说的自由放任假设的扩大。比方说，想要婚前性行为、但又要控制男方机会性毁约风险的人，拿订婚戒指做保证金是个人理性的反应。一个世纪以来，男女双方面对与婚约有关的沉没成本不断下降，并以理性的态度调整两人的协议条件。这么一来，在公开谈判婚约的世界中，婚姻应该会更加不稳定。相同的个人主义方法有时也能用来从理性行为中导出无效率的结果，例如女方在婚姻早期履行责任，男方则在晚期才履行责任，造成机会性毁约。

把禁止通奸、卖淫的法律或用来保护孩童的法律，解释成是以符合经济效率的方式解决相关的问题，这种论点则讲不通。甚至婚姻法律实际上的变化也非如此，因为在我们的社会中，婚姻条件不是个别谈判谈成的，比如在合约上订条件让两人易于离婚，几乎肯定会被视为无法执行，因为有违公共政策。这些论点需要更一般性的机制，好把法律推向符合经济效率。但（请波斯纳谅解，）我们不清楚有没有这样的机制存在。在我们企图解释保护孩童的法律时，尤感迷惑。毕竟孩童不投票、不游说、不打官司，因此在决定法律的机制上，他们的福利没办法发挥影响力。

利他型的父母关心孩子的福利，不需要去游说立法禁止虐待儿童，或者让夫妇更难离婚；我晓得自己不会虐待亲生孩子，也会在决定是否离婚时，适当考虑他们的福利。

主张效率直接来自个人理性的论点，以及效率来自更精心设计的机制的论点，两者的分野在分析法律的过程中一直存在。已谈好的合约条件所产生的效率，直接来自双方的理性。合同法的效率（假使它有）则比较难解释。第19章会再谈这一点。

延伸阅读：

妇女与200第纳尔的轶事取自 *The Table-Talk of a Mesopotamian Judge*（by al-Muhas-sin ibn Ali al-Tanukhi, trans. D. S. Margoliouth）。

"一生中最美好的时光给了他"一节的概念和标题，借自科恩（Lloyd Cohen）1978年发表于《法学研究期刊》的《婚姻、离婚与准租，或"我把一生中最美好的时光给了他"》（Marriage, Divorce, and Quasi Rents; or, 'I Gave Him the Best Years of My Life'）一文。

商品化论点的经典之作可参考雷丁于1987年发表于《哈佛法律评论》（*Harvard Law Review*）的论文《市场的不可剥夺性》（Market-Inalienability）。

西尔弗的《复制之谜》（*Remaking Eden*）对目前和未来的复制技术有趣味且详细的叙述。

14 侵 权 法

　　有人举枪射你，你会找来警察。如果他的车子撞上你的车子，你会找来律师。刑事犯罪行为由检方代表国家提起诉讼，侵权行为则由私人提出诉讼。本章谈侵权行为，下一章则谈刑事犯罪行为。再后面一章同时探讨两者：建立两套不同的法律体系是否很合理？每一套体系各有特定的法律规则是否很合理？法律把不法行为分成刑事犯罪行为和侵权行为是否很合理？——比方说，把盗窃视为侵权行为而把车祸视为刑事犯罪行为，是否会更好？

侵权行为的逻辑

　　侵权行为是指由私人提起诉讼的过错行为，通常是要求赔偿损害，但有些侵权官司要求法院下达禁令。侵权法跟合同法不同，合同法执行双方自愿同意的义务，侵权法则处理法律规定的义务。侵权法要做到这一点，我们必须回答四个问题：

　　1. 是什么原因使得行为有过错？ 我和你竞争会使你的处境变糟，但竞争不算侵权行为。侵权法界定哪些行为有过错，哪些没有。

2. "我的行为造成你的损失"是什么意思？现实事件的发生有多种原因。要是你不赶着过马路去和朋友共进晚餐，我也不会开车撞到你——那么是你的朋友造成车祸事故吗？

3. 在什么情况下，一个人必须为他造成的损失负责？若我没有合理的防范措施可以避免意外，该怎么办？如果双方都有过失，例如我车开得太快，但你站在马路中央，不注意交通状况，该怎么办？

4. 如果我要负责，负责到什么程度？

这些问题都可以从经济效率的角度来分析。但这么做能不能解释现行的法律，则不是那么清楚。

行为何时有过错？

侵权行为的损害赔偿，可以强迫侵权者考虑行为对别人构成的成本。这种法律机制把外部性内部化，因此产生符合经济效率的选择。我在第3章说过，我加入市场竞争造成你的损失，只是一种金钱外部性，没有净外部性——你有所失，但我们的顾客有所得。两者相抵，并没有外部成本产生，所以不应该要我负担你的损失。竞争不应算是侵权行为，而且至少从15世纪以来都是如此。

为了清楚说明，假设我成了市内第101位医生。在我挂上招牌之前，前100位医生每个月各看100位病患，每次收费10美元。由于我加入竞争，价格跌为9.9美元，使病患更愿意看医生——总看病人数增加100，正好够我忙的。

在我加入这一行后，其他每位医生现在每个月少赚10美元，难怪他们不肯邀我一起打高尔夫球。但他们少赚的钱正好等于病患获得的利益，因为每位医生的病患现在每个月总共少付10美元的医药费。由于价格下跌而增加的100次看病，对病患来说，每次的价值一定低于10美元，因为如果按照旧价收费，他们不会看病。不过每次的价值一定高于9.9美元，因为依新价收费后，他们愿意看病。所以我提供的服务，每个月的价值一定介于990美元到1000美元之间。我得到的收入是990美元，几乎丝毫不差地反映了我产生的价值，所以我有成为医生的正确诱因。因此，竞争不算是侵权行为。

衣着不得体也不算是侵权行为。当我穿上橘衬衫配紫长裤，或一个月忘了修剪草坪，的确对邻居构成外部性。但前者绝非侵权行为，后者也极少是侵权行为。它们的外部性很难衡量，而且影响规模太小，不值得诉诸法律，所以我们改用比较非正式的机制。熟人见到我乱穿衣服，会坦率地问我是不是色盲。邻居干脆帮我修剪草坪，顺便整理我刚种的果树（以上所说真有其事）。

一般的侵权赔偿属补偿法则的范围，所以如果不希望把某些事情当作侵权行为处理，我们会改用财产法则。如果我偷了你的车，你嫌麻烦而不告我，你可以找警察来解决。因为我不想被捕，所以把你的车子买下。

因此，有些让别人负担成本的事可能不算侵权行为。理由有三：它们造成移转，不是造成净成本；它们造成净成本，但不值得透过侵权法律体系来管制；或者最好是利用财产法则，而非补偿法则来管制。不属上述三类的对别人构成成本的行为，相当有可能符合过错行为的要件，所以是侵权行为。

下一个问题是：给定成本已经造成，说我造成成本（也就是我造成损失）是什么意思？

因果关系一：保险柜从天而降和猎人横死

我在街上拦下朋友闲聊。聊完后，他继续沿着街道前行，经过一栋办公大楼时，一只保险柜从窗户飞出，不偏不倚砸在他头上，就此一命呜呼。是我造成他死亡吗？我应该负责吗？

"我造成他死亡"的理由是"如果我没有那种行为，他就不会死"。这是因果关系上的"若非"（but for）定义。从这种定义来看，我害死了朋友——要是我没有耽搁他的时间，在保险柜落下时，他就不会刚好在它下面。可是归咎于我并要我负责不是很奇怪吗？这有什么道理呢？

这个问题有真实的案例可循。一棵树倒在行进中的电车上，造成乘客受伤，其中一人告上法庭。他说树倒下时电车刚好在那里，表示这趟行程的某一点，司机开车的速度一定超过速限。不守法律在本质上是种过失，所以不管司机开车是不是不安全，在法律上都有过失责任。要是他没有超过速限，电车就不会刚好在树倒下时开到那里，所以原告控诉司机过失伤害。

原告输掉这场官司。法院判决，就法律上来说，司机的过失并没有造成这起意外。逻辑上，法院不对；但就经济效率而言，法院是正确的。为什么呢？

司机是在他晓得树何时和是否倒下之前决定车速。加快速度并没有提高树倒在电车上的事前概率；要是树晚几秒钟才倒下，加快速度反而能够避免意外发生。原则上，我们可以在司机所做的决定造成意外发生后惩罚他，在他所做的决定避免意外发生后奖励他，从而给他正确的诱因，但什么都不做会更省事。由于他所做的决定并没有构成事前成本，不要他负责可以给他正确的诱因。

同样的论点也可以用到从天而降的保险柜上。事后根据实际发生的事情判断，你所做的决定害朋友丧命。事前根据你当时所能获得的信息判断，你所做的决定对朋友死亡的概率没有影响。耽搁他的时间使他刚好在落下的保险柜下方的概率很低，正如不耽搁他的时间使他刚好在落下的保险柜下方的概率很低。你造成了朋友的死亡，但法律如果考虑那种因果关系，产生的结果会比忽视它的经济效率低。

同时成因（coincidental causation）是可预见性问题的极端状况。从经济的观点来看，侵权行为必须赔偿损害的主要原因，是要给人们正确的诱因，不要做出对他人构成成本的事情。但如果行为者不知道或无法知道自己的行为将对他人构成成本，却要求他必须赔偿损害，那么做并无好处。所以不可预见性可作为侵权责任的一个抗辩事由。这个结论不适用于行为者不知其行为后果但很容易得知这个后果的情况。许多实际的案例介于"可预见或者容易预见（即本应该预见而未预见）"和"完全无法预见"之间，需要法院判别。且把这件事留给法院去伤脑筋，我们继续谈因果关系逻辑中第二件棘手的事。

两位猎人同时、独立且意外地把第三位猎人错当小鹿，开枪射死他，一颗子弹贯穿头部，另一颗穿过心脏。遗孀提起诉讼。每位猎人都说自己愿意就造成损害的部分加以赔偿，但是一颗子弹和两颗子弹的效果没什么差别，或许只是使殡仪馆的收费略高一些。以经济学的语言来说，每颗子弹的平均成本是半条命，但是边际子弹造成的成本接近于零，而且如果把侵权法想成是一种诱因体系（即激励机制），真正重要的是边际成本。这个结论似乎是自相矛盾的，虽然论证在逻辑上是说得通的。

如果读者觉得不合情理，可用数字来探讨这个问题。假使只有艾尔或比尔一人出去打猎，误杀卡尔的概率是10%。如果两人同时出猎，每个人都有10%的概率误杀卡尔，但卡尔被杀的概率只有19%——艾尔单独误杀的概率是9%，比尔单独误杀的概率是9%，两人同时误杀的概率是1%。

假设（参考第9章的方法）卡尔的生命价值为100万美元，而且法律接受上一段的论点。如果艾尔或比尔误杀卡尔，他必须赔偿100万美元。如果两人同时误杀卡尔，两人都不必赔偿。这是否给了他们正确的诱因，在决定出去打猎时适当考虑可能对卡尔造成的成本？

要是艾尔不打猎，比尔决定打猎，他会有10%的概率损失100万美元，因此期望成本是10万美元。比尔的期望赔偿成本也是10万美元，因为他有10%的概率必须赔100万美元给卡尔的遗孀。比尔有正确的诱因，只有在打猎的价值至少值10万美元时才会出去打猎（也许他非常热爱打猎）。

接着假设艾尔已经在那里打猎。比尔决定打猎会使卡尔的死亡概率从10%提高为19%，增加的期望成本只有9万美元。比尔的期望赔偿金额也是9万美元，因为他有9%的概率单独误杀卡尔而必须赔偿100万美元，以及1%的概率和艾尔同时误杀而不必赔偿。在两人同时打猎的状况下，法律也给了比尔正确的诱因。

对艾尔来说，结果也是一样。如果改用不同的法规，假设在两颗子弹共同误杀的意外中，每位猎人必须赔偿50万美元。经过计算，你会发现每个人都有高得不合效率的诱因想要待在家里。

上述论点与多数人认为法律应该怎么做的直觉大相径庭。一个原因是，在卡尔中两颗子弹的情况下，他的遗孀什么赔偿也拿不到。如果侵权赔偿制度的目的是要提供保险，艾尔或比尔都不必负责时就达不到这层目的。

如果卡尔在打猎时被树根绊倒而射死自己，侵权法也不能提供他的遗孀什么保险。侵犯法并不是一种提供保险的好方法，理由我们后面会谈到。利用保险公司提供保险，并利用侵权法吓阻让他人负担成本的行为，才是比较合理的做法。

上述论点看起来不对的第二个理由，是没有把数字加总。艾尔和比尔共同造成100万美元的损害，我却说艾尔造成的损害和比尔造成的损害加起来是零。在这里，困惑是因边际损害和平均损害不同而起。考虑到艾尔已射死卡尔，比尔造成的边际损害是零；即使比尔没有出外打猎，卡尔还是死于艾尔枪下。艾尔的情形也是一样，他所造成的边际损害是零。两人所造成的平均损害是半条人命。

如果以上所说令人不解，可以拿经济史上有名的谜题——钻石和水的矛盾——来说明。钻石的用处远低于水，但钻石的价格远高于水，为什么呢？

答案在于，虽然水的总价值很高，但浇草坪的最后一加仑水的边际价值却很低。市场的均衡价格等于边际价值，因为只要多增加一单位消费的成本低于价值，人们会持续消费，直到价值刚好等于价格。人们为每加仑水支付的价格相同，他们是按照水的边际价值来买水，而边际价值远低于平均价值。同理，艾尔和比尔是按照各自造成的边际成本来赔偿，而边际成本远低于平均成本。

为什么我要花那么多时间谈这种反直觉的论点？原因正是在于它反直觉。当经济学告诉我们的是本身已经相信的事情，我们很容易忽视它的逻辑而只注意结论。如果经济推论似乎反直觉，我们会更仔细去思考那个论点和它所抵触的直觉。

在这个特殊的案例中，经济逻辑是正确的，但法律结论（至少就两位猎人的情况来说）错误。要了解为什么，我们必须把论点扩大到因果关系以外的范畴。

前述结论的一个问题在于，我假设艾尔和比尔是独自行动，同时误杀纯属意外。如果我们接受同时误杀不必负责的法律原则，那么下一次同时误杀可能就不是真的意外事件了。这种法律创造了一个明显的机会，让蓄意谋杀者逍遥法外。

第二个问题来自我那不合理的假设：艾尔和比尔有能力支付罚款，能适当赔偿卡尔被杀的成本。这带我们回到第7章讨论过的事前惩罚跟事后惩罚的问题。主张采用事前惩罚的一个论点，是事后惩罚通常很重（但概率低），罪犯可能无力支付。于是我们必须在下列两者择一而行：一个低于所造成损害的罚款，其结果是对违法行为的吓阻力量不足；或者一个更严重和成本更高的惩罚，如死刑或徒刑。

为了解决猎人无偿付能力的问题，可以用针对打猎粗心大意的事前惩罚，配合对误杀卡尔的不充分的事后赔偿。一个方法是，在同时误杀的情况中对两位猎人处以罚款。尽管两位猎人都没有造成严重的伤害，因为一颗子弹也会致卡尔于死地。但误杀卡尔足以证明他们打猎粗心大意，而这是我们想要惩罚的行为。基于完全相同的理由，差点误杀的行为（假设我们能够证明）也要受惩罚，虽然这种行为没有造成伤害。

以上论点是指艾尔和比尔在两颗子弹的情况中必须负责，但把这个结论一般化是不正确的。我们可以想象其他多余成因（redundant causation）的情况，双方显然独自行动，没有无偿付能力的问题，而且我以上所提论点说得通，则隐含的意思是双方都不必负责。

我们也可以想象有些情况中，同样的推论方式会导致反向的反直觉结果。假设两人独自犯下侵权行为，且任一方的行动不会单独造成损害，但双方一起行动会造成很大的损害。这时边际损害高于平均损害；原本艾尔或比尔都不必负责赔偿的论点（因为他们各自造成的边际损害等于零），现在却变成他们应该各自负责全额的损害赔偿（因为他们各自造成的边际损害等于一条命）。聪明的读者尽可自行想象各种例子。

透过经济理论来分析，法律所探讨的因果关系有许多在逻辑上不合常理。在同时成因的情况中，即保险柜从天而降的例子，你的确造成朋友死亡，可是法律却假装你没有，从经济角度分析，这么做是正确的。而在多余成因的情况中，即猎人横死的例子，艾尔或比尔都没有造成卡尔死亡，可是法律却假装他们有，从经济角度分析，这么做是正确的。

因果关系二：9%有罪

核反应堆的经营者犯下错误，导致辐射外泄。经仔细计算，这件事将使未来二十年当地的患癌率从每年10件提高为11件。核反应堆经营者要不要赔偿损害？如果要，要对谁赔偿，赔偿多少？

根据传统的习惯法，答案是"不必"。如果癌症患者提起诉讼，被告会辩称，既然11件病例中只有1件是他的过失造成的，那么不管怎样那件病例十有八九还是会发生的（发生的可能性很大）。侵权行为原告必须以优势证据证明他的主张，而这表示他必须证明被告有罪的可能性比较高。本例中被告必须负责的概率只有约9%，所以原告输掉了官司。

法律会如何处理这件讼案？当然不会要求核反应堆经营者为所有的癌症病患负责。如果这么做，核反应堆经营者赔偿的金额会是过失损害的11倍，不但过高且不合经济效率。一个可能的做法是，允许对或然性的过错行为（probabilistic wrongs）提出侵权诉讼。癌症病患可以要求根据核反应堆为唯一致癌因素时的损害赔偿金额，给予1/11的赔偿。或者，那个地区的每个人可以要求根据事前成本，也就是致癌风险提高的部分，给予损害赔偿。

但这个方法有一些问题。首先，如果要持续这么做，所有的民事裁决都得根据概率。如果某人有9%的概率可能造成损失，必须赔偿9%的损害，那么有60%概率可能造成损失的人，应该只需赔偿60%，而不是像现在规定的100%。另外一个问题是，在实际患病之前，我们几无证据确定辐射外泄的真正影响。而集体诉讼又有严重的诱因问题——如何确保律师为集体诉讼人的利益尽力，而不是为自己的利益尽力？由于在解决复杂问题时，审判有其局限，现行法律判决的不容妥协特性似乎不无可议之处。

一种没那么激进且较好的解决方法，是由受害者团体提出控诉。假设有110位癌症患者共同提起诉讼，他们无法证明何人是因辐射外泄而致癌。但他们可以使用统计数字,证明辐射外泄的估计结果是多了10件病例,所以被告必须等额赔偿整个团体的损害。或者,如果法律体系将侵权求偿权视为可让与的财产(就像一千年前冰岛的法律体系,第17章将讨论),律师事务所可以买下这群受害者的求偿权,然后控告核反应堆经营者。我们将在第18章探讨这种可能的做法。

就我所知,这种联合控诉的方法从未用在这类案例上。但至少有个有名的案例以类似的方法处理,只是原告和被告的角色对调。这个案例和己烯雌酚(diethylstilbestrol,DES)有关。一些服用这种药的妇女,生下的女儿会出现并发症。并发症至少潜伏10—12年才出现,最严重的人会罹患癌症,概率是1/250到1/10000。

这个案例引出两个问题。第一,有无法律依据要求这种药品的制造商赔偿损害?为了避免出售需要一个世代以上才有副作用产生的药品,制药公司将必须测试新药一整个世代之后才出售,而且必须仔细监视每位服药者乃至他们所有的子女的医疗状况。他们大规模做这件事,却只是为了测出这么小的影响,这种防范措施未免过当,可能导致药品异常昂贵。许多需要新药的人也可能等不了这么长的测试期间。所以有人会说,不管用多少合理的成本,新药产生的影响都是不可预测的,所以制药公司不应负损害赔偿之责。法院强迫制药公司加强预防措施并无帮助,因为即使制药公司必须负损害赔偿责任,也不值得花那么高的成本去预防。

另一个问题是,如果制药商必须负责,哪家制药商该负责以及负责哪位受害者? DES是没有取得专利的药品,有许多不同的公司生产,没有一家占有大部分市场。等到副作用终于产生时,找不到记录可证明特定妇女使用的药剂是哪家公司生产的。如果某位妇女控告某家药品公司伤害，该公司可以诚实回答，她服用的药剂为该公司生产的概率很低。法院可以按市场占有率的比例，将损害赔偿分配给各制药公司以解决这个问题。这使得被告非自愿性地集合在一起，就像原告自愿性地集合在一起。

损害赔偿责任：如何只产生符合经济效率的意外

> 如果某个人使用一台危险的机器，他应为所引起的损害负起赔偿责任，这不仅公平而且合理。如果他从使用机器获得的报酬不用来赔偿损害，对大众是种伤害，应加以制止。
>
> ——布拉姆韦尔法官在鲍威尔诉福尔案中的说辞
> （Bramwell, L.J., in Powell v. Fall, 5 Q.B. 597[1880]）

在因果关系的丛林中绕了一大圈，现在应该回到一个非常简单的问题。我采取的行动可能对别人构成成本，例如开车、举枪射击、以炸药炸开岩石。成本的高低和发生的概率取决于我采取什么防范措施。如何使用侵权法给予我诱因，采取值得且必须实行的预防措施呢？

我们的目标不是完全消除风险。除非禁止生产车子、枪支和炸药，否则我们没办法完全消除风险。我们的目标是采取符合经济效率的预防措施，进而产生符合经济效率的风险。我们希望生活的世界，是我会多检查一次煞车，当且仅当它能降低的预期意外成本至少等于所花的成本。我们希望生活的世界，是我会用炸药而非长柄大槌来炸岩石，当且仅当它节省下来的成本至少足以弥补邻居增加的风险。我们想要的不是没有意外的世界（这样的世界阻止意外所花的成本多于它的价值），而是只有符合经济效率的意外的世界（这样的世界阻止意外所花的成本低于所获价值）。我们希望拥有的世界，是每个人只采取合乎成本的所有预防措施。

为求简化，我先谈最简单的状况——单一成因的事故。我开小型飞机可能会伤害他人的生命财产。造成伤害的概率取决于我采取了哪些防范措施，而不是看别人采取了哪些防范措施。别人没办法做什么防范，除非屋顶加上几英尺厚的强化水泥，但这种防范措施在成本上划不来。

先从严格责任这个简单的原则谈起：只要造成损害，就要负责赔偿。所以在决定是否飞行、多常飞行、使用多安全（多贵）的飞机、多久检查一次时，我会同时考虑对我的成本和对别人的成本，采取所有值得采取的预防措施。这表示严格责任会带来符合经济效率的预防措施。

另一方面，根据过失责任原则，至少就经济学家的定义来说，只有在我没有采取所有成本合理的预防措施，才需要为意外负赔偿责任。这种过失观点以汉德公式（Hand formula）出现在法律中：若当事人能够采取某种预防措施以降低意外发生的概率，而且采取这种预防措施的成本低于意外发生所减少的概率乘以意外的成本，当事人并未采取该种预防措施就有过失。以更直觉的方式来说，如果当事人未能采取适当的预防措施，而这种措施是理性的人在本身是意外成本的唯一承担者时会采取的，那么这时对他人造成损害便属过失。

假设坠机是以过失责任原则处理，我因此有两个选择：我可以采取所有成本合理的预防措施，也可以不采取。要是我没有采取所有成本合理的预防措施，并且发生意外，我将负责赔偿损害，一如依严格责任原则的情形。但就像刚刚说过的，既然我必须负起责任，我就有意愿采取所有成本合理的预防措施。所以在过失责任原则和在严格责任原则下一样，只采取所有成本合理的预防措施符合我的利益。

不同的法律规则对诉讼数量有什么影响？根据严格责任原则，即使我采取所有成本合理的预防措施，我还是要负责任，所以严格责任原则会比过失责任原则带来更多的诉讼案。另一方面，根据严格责任原则，诉讼案件的处理应会比较简单，因为原告不需要证明被告是否有过失。整体而言，严格责任原则对诉讼成本的影响并不明确。

以上是假设法院无所不知，不只知道造成什么损害、是谁造成的，也知道侵权者采取了什么预防措施，以及应采取而未采取哪些预防措施。现在我们放宽这个不切实际的假设。预防措施可分为两类：可观察的和不可观察的。可观察的预防措施是法院知道你做了什么事，以及哪些事情应做而未做。不可观察的预防措施是法院不知道你做了什么事，或者不知道你应做哪些事情却未做。如果是不可观察的预防措施，法院无法判别你是否有过失，是否未能采取合乎成本的所有可观察的预防措施。

根据新的假设，严格责任原则和过失责任原则会产生不同的结果。依严格责任原则，法院不必知道你采取了哪些预防措施，或者应该采取却未采取哪些措施，所以结果不变；你有意愿采取所有成本合理的预防措施。但依过失责任原则，你有更有利的选择。你可以采取所有可观察的合乎成本的预防措施。做了这些事，你就没有过失，所以如果意外发生，你不必负责。现在你是根据意外对你造成的成本，不是对受害者造成的成本，来选择最适量的不可观察的预防措施。

假使我出了点小车祸。我在法院成功证明了我以合理的速度开车，但是一头鹿窜到车前，我为了闪避而撞凹停在路旁的车子。我没有成本合理的措施能避免那件意外。

但其实我不开车就可以避免意外。无所不知的法官可能算出那趟行程对我的净价值只有10美分，行程中对生命财产造成的预期损害是20美分，所以不上路是合乎成本的预防措施。如果是这样，我发动车子那一刻便犯下过失，应对此后造成的任何损害负赔偿责任。

现实世界中，法官并没有那类信息。他们知道我有没有上路，却不知道我该不该上路。我的开车次数，也就是我的**活动水平**（activity level），是不可观察的预防措施。在法律和经济学的文献中，可观察和不可观察预防措施的分野往往被视为预防措施和活动水平之间的分野。这是一种简便的方法，因为活动水平是一个重要的不可观察的预防措施，却有误导作用，因为它不仅限于此。

严格责任原则给我诱因（但过失责任原则没有），在决定活动水平等不可观察的预防措施时，去考虑所造成的外部成本。因此不可观察的预防措施越重要，采取严格责任原则就比过失责任原则越合理。波斯纳法官即提出这一点，解释为什么"超危险"（ultra-hazardous）活动（如以炸药炸除树干残株，或者在后院笼子里养狮子当宠物）适用严格责任原则。他的理由貌似有理，他认为，在有些活动中，符合经济效率的预防措施往往是不去从事活动，在法律上，"超危险"就是用来形容这些活动的。

同样的论点也可用在相反的方向，例如前面谈过的德州最高法院对特纳诉大湖石油案所做的判决。德州法院不愿依照弗莱彻告赖兰兹案所采的严格责任原则，部分原因是大量储水在英国可能是土地异常使用的情形，但在西德州干燥的土地上要种植作物，大量储水有其必要，也就是没有必要利用严格责任原则给农民不去建立储水池以防意外发生的诱因，因为不管法律怎么规定，他们还是会在自己的土地上建立储水池。

两个案例的共同特色是，英国和德州的法院显然十分清楚它们做出的判决会有更广泛的影响。英国法官讨论了炸开储水库可能造成人命损失，虽然实际发生的意外中并没有人死亡。他们显然想到
Ⓑ 20世纪早期炸破水坝曾经夺走数百条人命的前车之鉴，所以希望建立判例，以减低将来这类意外发生的可能性。德州法院的判决有一部分是着眼于储水库在农业上的重要性，虽然诉讼案中的储水库储存的不是灌溉用水，而是抽取石油所产生的咸水。两地的法官都以前瞻的眼光判案。他们判决的不只是已经发生的特殊意外，也决定了将来的意外要如何处理，从而影响人们的诱因，因为人们的行为会决定未来意外发生的可能性。

处理双重成因的问题

以上只假设一方能够采取预防措施，避开了科斯向外部性理论引入的复杂性。我们现在改用车祸为例。我的车子撞上你的车子的

　　　　　　　　经济学与法律的对话

可能性，要看我是怎么开车的，也要看你是怎么开车的。车祸的发生是双重成因（dual causation），发生的可能性取决于双方所做的决定。

从另一层意义来说，车祸也是双重事件：两辆车子撞在一起，双方都会受伤害。这个特色使得问题的分析更加复杂，所以我把问题简化，假设相撞的是汽车和坦克。两位驾驶人会影响相撞的概率，但只有汽车受到损坏。如果要把这个假设拿掉，可以把每次撞车看成是两个侵权行为，每次只分析一个。

先谈法律不要求承担责任的情况。如果汽车撞毁，那是汽车驾驶人的问题。汽车驾驶人有适当的诱因去采取预防措施，因为他必须负担车祸的成本。坦克不必负担成本，所以不会采取任何预防措施。这个法律导致汽车驾驶人出现符合经济效率的行为，坦克驾驶人却没有出现相同的行为。

为了解决这个问题，我们改用严格责任原则：当坦克撞坏汽车时，坦克必须负严格责任。现在坦克驾驶人在决定如何驾驶（以及多久检查一次轮纹、是否在公路上练习四处眺望）时，会充分考虑意外发生的成本。但汽车驾驶人晓得万一坦克撞坏他的车子，坦克驾驶人必须赔偿损害（假设汽车驾驶人没有受到伤害），因此根本不采取预防措施。我们解决了坦克的诱因问题，却制造了汽车的诱因问题。

接着考虑过失责任原则。意外发生时，坦克驾驶人只在有过失的情况下才须负责。如法院无所不知，将产生符合经济效率的结果。坦克驾驶人因此采取了所有成本合理的预防措施，理由和前面所说相同：如果不采取这些措施就必须负责，而如果他们必须负责，则采取所有成本合理的预防措施符合他们的利益。由于坦克驾驶人采取了所有成本合理的预防措施，绝对不会在法律上被认为有过失，因此无须负责。由于坦克架驶人无须负责，汽车驾驶人晓得他们必须承担意外发生的成本，因此采取所有成本合理的预防措施，也符合他们的利益。过失责任原则解决了问题，在双重成因的世界中产生了符合经济效率的诱因。

允许与有过失（contributory negligence）抗辩的严格责任原则能产生相同的结果。根据这种法律规则，除非汽车有过失，否则坦克须负严格责任。汽车驾驶人知道，如果他们未能采取所有成本合理的预防措施，他们将承担意外发生的全部成本，而如果他们必须承担全部成本，采取所有成本合理的预防措施符合他们的利益。由于汽车驾驶人绝不会在法律上被认为有过失，坦克驾驶人晓得他们须负严格责任，所以采取所有成本合理的预防措施，也符合他们的利益。于是我们不只有一个解决方法，而是有两个。

这些解决方法要能行得通，必须假设法院无所不知，晓得每个人做了什么事，以及应该做什么事。但如果是这样，双重成因的问题有更为简单的解决方法。这个方法是由法院宣布：任何时候只要发生意外，驾驶人如果没有采取成本合理的预防措施，一律枪毙。没人想被枪毙，所以人人都会采取成本合理的预防措施。

我们刚刚退回解决外部性问题的最简单方法——建立一个中央集权机构，晓得每个人应该做什么事，并且要求他们去做。证据和理论都告诉我们，除了非常简单的状况，这个方法运作得不好。要那么做，中央规划者必须获得不太可能获得的信息，而且规划者的利益必须和被规划者相同才行，而这种情况十分罕见。

为了把以上所说的问题纳入分析，我们要再次舍弃法院无所不知的假设，并把预防措施分为可观察和不可观察两类。把前述论点应用到比较复杂的双重成因中，得出的结果汇总如表3所示。

表3　各种法律的结果

是否达到 最适水平?	无责任 （1）	严格责任 （2）	过失责任 （3）	严格责任＋ 与有过失（4）
坦克的 注意水平	否	是	是	是
坦克的 活动水平	否	是	否	是
汽车的 注意水平	是	否	是	是
汽车的 活动水平	是	否	是	否

这张表出现一个有趣的对称现象：列1和列2相同，除了坦克和汽车的角色对调。列3和列4也类似。这个情形并非偶然。无责任和严格责任是相同的原则，只是双方的角色对调：在无责任的规则下，汽车就必须承担损坏的成本；依严格责任原则，坦克则必须负担损坏的成本。过失责任和允许与有过失抗辩的严格责任也是相同的原则：一方必须支付成本，除非另一方有过失才由那一方支付。这些原则看起来似乎不同，因为撞毁的是汽车，不是坦克，如果法律什么事也不做，汽车车主就必须支付成本。但如果我们深入思考，这项成本是双方的决定所共同造成的，而损害赔偿原则是决定由谁负担成本的方法，对称性就变得很明显。

在我们实际设计法律体系时，表3可能很有帮助。假设有一些意外的成本是由双方（坦克和汽车）的决定而产生，起初由一方（汽车）承担。如果最能采取预防措施的是汽车，也就是为了防止意外发生，汽车驾驶人有许多值得去做的事，而坦克则几无或毫无成本效益的预防措施可采取，那么无责任是合理的原则。要是上述假设刚好相反，严格责任是合理的原则。

假设两者都不奏效。有些值得实行的预防措施应由汽车去做，有些应由坦克去做。则下一步是把预防措施分成可观察和不可观察。假设汽车能够采取的重要预防措施可观察（例如不要酒驾、不要在坦克前面突然转向），而为了减少意外发生次数，坦克能做的主要事情是远离道路。远离道路算是不可观察的预防措施，因为法院虽然知道坦克有没有开上道路（要是它没有开上道路，就不会撞到我的车），却不晓得它是不是应该这么做。根据这些假设，允许与有过失抗辩的严格责任是符合经济效率的原则。把上述假设倒转，则符合经济效率的是过失责任原则。

还有一种原则也应该考虑。假设坦克驾驶人必须负起严格责任，但不是对汽车驾驶人赔偿损害，而是交罚款给国家。如此一来，坦克和汽车都有诱因去采取符合经济效率的预防措施（包括可观察和不可观察的）。坦克以罚款的形式承担意外的全部成本；汽车也承担全部的成本，因为如果坦克撞坏汽车，汽车驾驶人得不到损害赔偿。而且依这个原则，法院不再需要去观察或评估预防措施，所以和过失责任或与有过失责任的原则相比，它需要的信息较少。

这个方法用来解决双重成因的问题固然漂亮，却有个令人遗憾的后果：驾驶人发生意外绝不会报案。坦克撞坏汽车后，坦克驾驶人会付钱给汽车驾驶人，请他不要报案。如果车祸双方开的都是汽车（这更符合现实），两车相撞并都受损，这个结果会更明显。这时法律采用的是双重责任原则：每位驾驶人都要负担本身的成本，并向国家上缴等于另一位驾驶人成本的罚款。如果他们在意外发生时要向当局报案且要上缴罚款的话，这将给两位驾驶人符合经济效率的诱因来避免意外，但这并无法提供理由促使驾驶人真的去报案，因为不报案可以避免交罚款。

以上讨论的是法律体系中的一般部分，但不是侵权法的一般部分。如果我们把损害赔偿改成罚款，也就是把侵权行为改成了刑事犯罪行为，必须把执法机制从私人提起诉讼改成由国家强制执行。

我们已把假设改得更切合实际，并指出为什么有些法律比较适合处理某些意外。但为什么在过失责任原则下，还会有人有过失呢？到目前为止，我们的论点都指出行为者总是会选择符合经济效率的可观察预防措施，而且法院判决有无过失是根据可观察的预防措施。

法院和双方都可能犯错。法院可能搞不清楚什么是符合经济效率的预防措施，而把没有过失的人判成有过失，或者把有过失的人判成没有过失。侵权者可能低估符合经济效率的预防措施水平，或者赌法院会低估。法院如果真的会犯错，有些行为者就会认为，采取多于符合经济效率水平的预防措施符合他们的利益，因为可以降低他们没有过失却被法院误判为有过失的可能性。而另外一些人则认为，采取少于符合经济效率水平的预防措施符合他们的利益，因为他们期望法院会误判他们没有过失。意外造成且诉讼发生后，所有人都会认为，动用资源以使法院往对自己有利的方向误判，是符合本身利益的做法。这些众多的可能性会使分析变得更复杂。这可以解释为什么有人会被认为有过失，以及为什么世界上有那么多律师和法学教授。

法院可能犯错的一个原因是对行为者的特质不够了解。你最适当的开车速度有一部分要看你的反应有多快，以及紧急应变的能力有多好。但法院没有这种信息，于是在界定过失时不是根据对你成本效益最高的预防措施，而且根据对想象中"理性的人"成本效益最高的预防措施。

假使你是职业赛车手，而且你相信你的安全车速远高于一般驾驶人的标准。假设没有时速限制，但如果你肇事，你当时的车速将成为法院判定你有无过失的根据之一。再假设法院是依据理性人的标准，认为时速超过60英里为过失行为。那么你应该开多快?

你有两个选择。你可以保持车的时速在60英里以下，以确保你在出事后会被认为无过失。或者，你可以开得超过60英里/时，付出的代价则是万一肇事，你必须负责。第二个选择实际上置你于严格责任的世界中，你会根据平常的理由，选择符合经济效率的速度。

决定选取何者时，你必须在"能以最适当的速度开车所获得的收益"和"在那种速度下肇事必须赔偿损害的成本"间权衡取舍。要是成本高于收益，则开车慢得无效率符合你的利益。同样的推论适用于开车技术极烂的驾驶人。这种人有时会开到60英里/时，对他来说快得不合经济效率，因为他不必为这种车速下的事故负责。

严格责任原则可以消除这个问题：法院不必决定预防措施的最适水平是什么；驾驶人晓得他必须承担所有的成本，会考虑和本身能力有关的所有私人信息，自己决定最适当的预防措施。

如果波斯纳有关习惯法具有经济效率的理论正确，那么在侵权者和预防措施最适水平有关的特质差异很大的情况中，法院应该倾向采取严格责任原则。因为在这种情况中，根据理性之人的特质采取过失责任原则，会对某些人吓阻过度，对其他人则吓阻不足。推而广之，不只在活动水平很重要的地方（波斯纳的论点），而且在不可观察预防措施（包括那些不是因为法院无法观察而是因为法院无法判断是否无法观察的预防措施）很重要的地方，我们应该采用严格责任原则。我不晓得这种模式实际上是否存在。

损害赔偿金额

你因过失伤害到我，我起诉并胜诉，你应该赔偿我多少？传统的答案是"使受害者恢复到侵权发生前的状态"。第9章处理过由该规则引起的如何赔偿死伤者才适当的问题。本节将考虑其他问题。

不考虑双重成因等复杂状况，"使受害者恢复到侵权发生前的状态"似乎正是庇古外部性方法的意旨。我给你施加了成本，因此我要赔偿一笔与这部分成本（损失）相等的金额，这样就给了我适当的诱因，在做决定时将这外部成本考虑在内。如果每个侵权者都会被发现、起诉而败诉，这个方法行得通。但在真实世界中，信息不完全，诉讼很花钱，法院并非无所不知。我们可以预期真实世界中的侵权者被裁定须负责任的概率低于1，甚至远低于1。如果是这样，侵权者平均赔偿的损害金额会低于他们造成的全部损害，因此他们在避免侵权上的诱因，低得不合经济效率。

有一个解决方法是提高赔偿金额，以弥补起诉成功的概率低于1的事实。刑法有时是用这种方式运作。如果你乱丢垃圾被罚100美元，不是因为你丢一个可乐瓶造成价值100美元的损害，而是因为高罚款是用来弥补乱丢垃圾被发现的低概率。然而，侵权法只要求让胜诉的受害者恢复到侵权发生前的状态。第18章会讨论为什么这个规则可能合理。

近数十年来，侵权法有一个例外原则日益重要，那就是惩罚性赔偿（punitive damages）。一般损害赔偿是基于实际造成的损害，惩罚性赔偿则可能更高，有时高出许多。

了解惩罚性赔偿的意义

不久以前，民事诉讼中几乎所有损害赔偿根据的原则，都是"使受害者恢复到侵权事件发生前的状态"。惩罚性赔偿也称为"惩戒性赔偿"（exemplary damages），在以前十分少见，以致19世纪时一些重要的少数意见（如新罕布什尔州最高法院及某位主要的法律评论人）主张它不存在。

探讨惩罚性赔偿之前，值得看看以前的一些案例。哈克尔诉莫尼案（Huckle v. Money）是最早的案例之一，与英国皇室和批评者之间的冲突有关。这宗案件的经过是，一份反政府刊物上注销一篇匿名文章后，若干钦差（或可说是18世纪的特务）非法强行闯入有嫌疑的作者家中，限制他的自由，并搜索他的文稿。作家稍后提起诉讼。特务辩称，他们只需要赔偿对他造成的实际成本，也就是拘禁他几个小时，加上房间被翻得一团乱所带来的麻烦。结果特务败诉，法院判决惩罚性赔偿给这位作者。

还有一件案例涉及蓄意攻击。有位地主扬言将不经另一位地主许可，在后者的土地上猎鸟，而且真的那么做了。后者提起诉讼，他因此获得的赔偿远高于实际的损害。 Ⓒ

以上这些案例在18和19世纪非常少见，直到最近才大幅增加。构成惩罚性赔偿的法律要件是"蓄意或轻率"（deliberate or reckless），而且赔偿金额没有法定上限。 Ⓑ

关于惩罚性赔偿的理论，我搜集了六个不同的解释，其中四个明显和经济效率有关，另两个不是。先从后者谈起：

1. 惩罚性赔偿并不存在。被误解为惩罚性赔偿的判决，只是因为损害很难衡量。有人在你家里限制你的行动，或者未经你允许在你的土地上射击，伤到你的自尊，有损你的名誉，所以法院在计算损害时要把那些成本纳入考虑。这个解释和我前面提过的案例相符，也是19世纪重要的少数意见所持的见解。如果这种看法正确，那么现代的惩罚性赔偿法律就是个错误。

2. 一般性赔偿意指不对侵权者做道德评判，只要求他弥补所造成的伤害。惩罚性赔偿则用以表达公开谴责。但为什么要给受害者一大笔钱来表达愤怒？为什么使用侵权法，而不改用刑法来表达愤怒呢？

接下来两个是经济分析的解释，由波斯纳法官和常与他共同发表文章的威廉·兰德斯（William Landes）提出：

3. 惩罚性赔偿是一种概率乘数，用来补偿侵权者不遭起诉或受害者可能无法胜诉的状况。果真如此，那为什么要使用"蓄意或轻率"的标准呢？或许有人会说，蓄意侵权者也会设法隐匿自己的行为，降低被察觉的可能性，但这种说法很难用在轻率的侵权行为 Ⓑ

上，例如坐在无顶小货车后面沿街对空射击。如果惩罚性赔偿是种概率乘数，它们应该是根据不法行为导致侵权诉讼成功的可能性，而不是根据是否轻率或蓄意。

4. 如果损害很难衡量，而符合经济效率的不法行为又不存在，惩罚性赔偿是个安全的解决方法。 处以太高的惩罚有什么不对的地方呢？它会给人们过分审慎的诱因，吓阻符合经济效率的不法行为。因此如果我们深信某一类的侵权行为（例如所有的蓄意侵权）都不合经济效率，就不需要担忧会处以太高惩罚。如果我们不是十分肯定侵权行为造成多大的损害，我们也有可能从高估计。

这个解释比前一个稍好。轻率侵权行为被称为轻率的部分原因，是侵权者连最简单和最明显的预防措施也没有采取。这表示其行为明显缺乏经济效率，所以我们不需要担忧对他产生过度吓阻。在蓄意侵权的情况中，侵权者花了一些成本去侵权，这和人们必须付出成本才能避免的意外事故不同。所以最适水平可能是零。

但也有可能不是如此。侵权者获得的收益或许高于侵权者和受害者的合计成本。即使如此，如果透过市场交易能以较低的成本取得相同的收益，允许侵权行为也是无效率的做法。在意外侵权的状况中，我不晓得我会伤害到谁，所以很难事先向他购买许可。蓄意侵权时比较不成问题，如果我在你的土地上猎鸟对我的价值高于我不这么做对你的价值，我可以付钱给你以购买许可。所以我们可以把惩罚性赔偿看成是执行财产法则的一种工具。

但如果侵权行为既是蓄意的又符合经济效率呢？比方说下列情况下的污染与喷火花：你晓得制造污染是侵权行为，愿意赔偿损害，但没办法安排交易，因为受害者太多；火车喷火花且赔偿损害符合经济效率。在这两个例子中的损害程度都能准确衡量，所以设定赔偿金额等于损害，将足以吓阻所有无效率的侵权行为。我们不希望更高的赔偿金额吓阻了原本符合经济效率的侵权行为。

惩罚性赔偿的最后两个解释是我提出的。我对它们不是完全满意，但我认为比前面的解释好。

5. 在计算符合经济效率的赔偿金时，如果能正确地考虑诉讼成本，我们会发现：更能吓阻的侵权行为，相对于它们造成的损害，受到的惩罚应该高于较无法吓阻的侵权行为。惩罚性赔偿适用于某些较能够吓阻的侵权行为。

为了解释这一点，必须考虑一个因素：诉讼成本。我们希望吓阻所有无效率的侵权行为，但并非不计代价。如果某种侵权行为造成净损害，例如对受害者的损害减去侵权者的利益是100美元，但吓阻那种侵权行为要花1000美元的诉讼成本，我们最好不要那么费事。

下一章是在刑法的架构内，相当详细地探讨最适惩罚的逻辑。它的结论是，以惩罚等于损害的庇古式法律来吓阻所有无效率行为，只有在成本很低的情况下才有效率。要是侦查、诉讼和惩罚罪行的成本很高，则计算符合经济效率的赔偿水平的法律规则会变得比较复杂。它不但取决于实际造成的损害，也与违法行为的数目和相关成本如何随惩罚而变动有关。

如果不法行为的供给非常没有弹性，也就是需要大幅（且成本昂贵）加重惩罚，才能使不法行为的数目温和减少，那么只有非常无效率的不法行为才值得吓阻。因此，我们可以让惩罚低于造成的损害，目的是只吓阻非常无效率的侵权行为，因为那些侵权行为对侵权者的收益远远低于其所造成的损害。

较高的赔偿裁定会使每个案件的诉讼成本增加。但如果违法行为的供给很有弹性，较高的赔偿裁定也会导致诉讼案件大幅减少。在这种情况中，提高惩罚（例如处以惩罚性赔偿）可以降低诉讼成本。所以把损害赔偿定得高于实际损害，吓阻若干符合经济效率的不法行为以避免对这些行为进行诉讼的成本，是符合经济效率的做法。

Ⓦ 以上分析细节可参见第15章，另可在本书网址找到更多数学运算。此处重要的是这个论点和惩罚性赔偿之间的关系。蓄意侵权行为特别容易吓阻。在意外责任的情况中，多加一项成本只会使行为者已经负担的意外成本加重。行为者没办法不想发生意外就不会发生意外，他只能投入若干成本在预防措施上，以降低意外发生的概率。然而，蓄意侵权行为是故意的，所以行为者可以刻意不要去做。轻率侵权行为比较难处理，但正由于其轻率，侵权者应该能够轻易也应该避开它们。

如果这个论点正确，表示惩罚性赔偿适用于供给相当有弹性的侵权行为，一般性赔偿则适用于供给相当没有弹性的侵权行为，并至少大致符合经济效率。一般性赔偿往往赔偿不足，因为它们不含概率乘数——而且赔偿应该不足，因为如果侵权行为的供给相当没有弹性，则考虑惩罚成本之后，最适惩罚应该低于损害。惩罚性赔偿的赔偿往往过度，而且理该如此，因为如果侵权行为的供给相当有弹性，最适惩罚应该高于损害。

6.惩罚性赔偿是设计来吓阻策略性侵权行为的。

我们用一个简单的蓄意侵权行为来说明。比方说，和你争抢相同女生去约会的人，你会痛打他们一顿。这么做不是因为你喜欢打人，而是想要吓阻别人和"你的"女生外出。

如果一般性赔偿能够充分补偿侵权受害者，它也是行不通的。你打我，我告你，法院判决给我足够的钱以补偿我被打。我没有受到净伤害，所以我或者别人都没理由避免再次冒犯你。就像车后保险杠流行的贴纸写的："来撞我吧，我正需要钱。"

但是一般性赔偿其实未能充分补偿侵权受害者，理由至少有三个。第一，损害并没有确定造成，所以从事前来说，受害者只是获得部分补偿。其次，（根据美国法，不是英国法）受害者通常必须负担本身的律师费用。最后，一般性赔偿往往忽视身心伤痛等成本，而这种成本很难量化。这么一来，如果我预期找你喜欢的女生约会将挨揍，即使我知道可以告你，也可能因此获得赔偿，我还是可能改找别的女生。第5章谈过铁路公司成功吓阻农民改种苜蓿，以省下安装火花消除器的成本，也是使用相同的策略。

你打我是个符合经济效率的侵权行为吗？也许不是。你获得的收益很有可能高于我的损失，所以即使你晓得可能必须赔偿我的损害和负担你的律师费用，你还是决定要打我。但输的不是只有我一人。由于你显示出打人的意图，你便将成本加诸每一个可能让你不高兴的人。所以在策略性侵权的状况中，法院观察到的损害可能严重低估实际的损害。

在美国的法律体系中，打人通常被视为刑事犯罪行为，不是侵权行为。刚刚的例子是刻意用来呼应第8章"酒吧内打架是否符合经济效率"的分析。如要更实际的例子，不妨看看多加了一些细节的前述英国案例。

我是18世纪有钱的英国地主。我有钱的原因和结果是我控制了议会的几个席次。我能控制这些席次，是因为我的佃农照我的吩咐投票。而在政治事务上，邻居都唯我马首是瞻，所以邻居的佃农也等于照我的意思投票。

最近却有一位邻居不甘雌伏，扬言要在他的佃农占选民多数的选区竞选一个席次。此时此刻，我非做某些事情不可，应该给他一点教训。

我在当地一次舞会快近尾声时公开宣称，这位邻居是个恶棍，胆小如鼠，有点脑筋的人都不会想跟他往来。我不把他放在眼里，不管他准或不准，我都计划下周末在他的土地上猎鸟。我真的那么做了。他控告我非法入侵。我请了一位好律师。五年下来，他投入无数时间，过程艰辛，也花了数千英镑，终于打赢了官司。我付给他相当于猎场一天的租金——但此后再也没人敢向我控制地方政治的权力挑战。我成功地做了一次策略性侵权。所以为了阻止我，法院必须判给受害者惩罚性赔偿。这么做不只可以提高我使用计策的成本，也可以降低它的效果，因为我之所失正是邻居之所得。

类似的分析也可用来阐释更早的案例。钦差的一个目标是找出谁写了那篇匿名文章，另一个目标是让皇室的批评者难堪。要是法院只判决一般性赔偿，皇室的伎俩就成功了。

但我们无法使用惩罚性赔偿来应付现代钦差。在主权豁免原则之下，要起诉政府得经过政府的同意。美国的《联邦侵权索赔法》（Torts Claims Act）就不采用惩罚性赔偿。

为什么赔偿受害者？

侵权法和刑法的一个不同点是，侵权者赔偿受害者的损害，而不是缴纳罚款给国家。为什么这么做？

前文提过一个答案——给受害者提出控告的诱因。这是个好理由，但不如表面看到的那么好。如果惩罚是缴纳罚款给国家，受害者仍有提出控告的诱因，因为提出控告后可以向对方提议撤销控诉，以交换适当的赔偿金额。18世纪的英国刑法就是这么做的，当时刑事犯罪行为的起诉不是由警察提出（因为没有警察），而是由私人（通常是受害者）提出控告。

如果把罚款交给国家，对受害者来说，只要和解金额高于零，都比继续指控有利，而且只要和解金额低于上缴的罚款，对侵权者也比较有利。把罚款交给受害者，而不是交给国家，会降低谈判范围，因为受害者只接受和解金额至少等于法院裁决的赔偿金额（扣除不进行和解所产生的任何法律成本）。缩减谈判的范围很可能降低谈判的成本。

这个论点适用于任何自诉人，不限于受害者，而依18世纪的英国法律，任何英国人都可以起诉任何刑事犯罪行为。然而，如现代侵权法一般，把起诉权交给受害者有三个好处。第一，受害者最有可能知道侵权行为发生，因此如果给予合适的诱因，处于最佳位置的人会报案。第二个理由是受害者可能是重要的目击证人，因此给他取得罚款的权利，可以免除他和起诉者之间必须进行的交易。第三个理由是受害者有另一个起诉的诱因：起诉这次罪行，或许能够吓阻将来的犯罪。把罚款给受害者，能将各种诱因齐集于一人身上，消除了成本昂贵的交易。这个论点在第18章会再出现。

把侵权损害赔偿给受害者，还有一个更常见但较无说服力的理由，那就是这么做可以补偿他的损失。前面已经提过，不久后也将更详细地谈到，侵权法是不良的保险形式。而且如同我们在汽车和坦克的例子中看到的，赔偿"受害者"对诱因可能有适得其反的影响，因为赔偿减低了他采取预防措施以阻止意外发生的诱因。

策略性侵权行为则是例外，如第5章所述，赔偿减低了侵权者的威胁效果。当引起火灾的罚款改成损害赔偿，则在没有诉讼成本等复杂因素的世界中，铁路公司的策略性地位将瓦解，并且会同意安装火花消除器。

由此可见，区分匿名侵权行为（anonymous tort，如意外车祸）和蓄意侵权行为（侵权者知道受害者是谁）是很重要的。匿名侵权行为没办法依赖策略性行为。我可以乱开车，期望其他人看到之后会自行提高警觉，但由于我只是许多驾驶人中的一个，对他人的行为产生的影响微不足道。关于这一点，我能够想到的最接近的真实例子，是有位朋友车子撞凹了绝不修理，她的理由是让其他驾驶人看了会觉得她开车很不小心而提高警觉。

非匿名侵权行为不只创造了策略性行为的风险，也创造了讨价还价的机会。邻居之间的往来可能不需要靠侵权法来让我们获得正确的结果。所以，对象愈明确，财产法则比补偿法则更适用。

双重成因和产品责任

近数十年来许多诉讼与产品责任有关，这个法律议题介于侵权和合约之间。使用产品意外发生问题时，例如可乐瓶爆炸或割草机伤人，该由谁负责？我们要采取**买方当心**（cavert emptor）原则，还是**卖方当心**（caveat venditor）原则？或者有没有更好的方法呢？

这种说法使得两者的差异显得很尖锐。如果你太太拿出你的枪杀死你，即使根据卖方当心原则，枪支制造商也不可能为这件事负责。产品责任法处理的是和产品瑕疵有关而致"事情出错"的问题，不过这个范围还是很广而且模糊。割草机如果割错东西，不是每次都能判别是机器有瑕疵，还是使用不当。

选用补偿法则的明显理由，是它能影响人们的诱因，去做防止意外发生的事情，例如制造更安全的可乐瓶，或设计更安全的割草机。如果可口可乐公司要负责，这会给他们维持高水平质量管理的诱因，才能确保可乐瓶很少爆炸。这是卖方当心原则的立论依据。

但实际的问题比上述的要复杂，理由有二。第一是使用者也能防止意外发生，例如不要在大热天摇晃可乐瓶，割草时记得穿鞋子。产品责任法对用户提供意外保障后，便降低了使用者防止意外发生的诱因。这是买方当心原则的立论依据。于是我们回到了第6章所说的道德风险的问题，而答案还是一样：要把诱因放在产生最多利益的地方。

第二个理由是，即使可口可乐公司不必负责，它可能仍有很好的理由要设法确保瓶子不会爆炸。这个理由叫作商誉（reputation）。如果消费者能相当准确地预测瓶子爆炸的风险，质量管理不良便会导致销售下降。在消费者有充分信息的世界中，买方当心原则会导致双方都采取符合经济效率的预防措施，因为可口可乐公司必须维持商誉，使用者则必须负担任何意外的成本。如果可口可乐公司能获得充分的信息，晓得每位顾客会如何处理瓶子，并据此调整价格，那么卖方当心原则的效果也是一样，但是尚未发生的事情并不容易取得充分的信息。

为了让商誉能给可口可乐公司适当的诱因，消费者不仅得十分清楚一般瓶子爆炸的风险，还得对可口可乐瓶爆炸的风险了如指掌，这样，可口可乐公司加强质量管理后，在商誉方面受益的就不会是整个业界，而是它自己。这个假设有多合理，因产品而异。如果消费者购买商品时完全不知道质量管理程度，商誉或许就无法给卖方诱因。在这种情况下，就应该要求卖方负起责任。

不被可乐瓶爆炸弄瞎眼睛的一个方法是采取预防措施。你可以放在冰箱里冷藏，如果必须拿不冰的可乐瓶，务必戴皮手套和护目镜。另一个方法是不要买。如果消费者能够获得充分的风险信息，一个结果是制造商会有正确的诱因，另一个结果是消费者能做出正确的决定，晓得该买什么。严重低估产品瑕疵风险的消费者，可能会买到价值低于价格的产品，而高估风险的消费者，可能犯下相反的错误。这是另一种逆向选择的问题。

要是卖方晓得风险，但买方不晓得，卖方可以为产品投保，这是卖方当心原则的结果。可口可乐即是一个例子。产品如有瑕疵而使消费者发生损失，保险公司将会理赔，所以消费者不必知道风险有多高。同理，如果买方最清楚风险何在，比方说，打算开新买的车子去参加竞速比赛，那么卖方不应为此负责。

这些论点的结果相当直接，但不见得能轻易付诸实际应用。如果买方对每一家公司的产品风险拥有准确的信息，则买方当心是正确的原则。如果买方没有这种信息，但卖方有，而且卖方最能防止意外发生，则卖方当心是最好的原则。在比较复杂的情况中，例如卖方晓得风险，但买方最能控制风险，那么我们必须设法了解何种考虑比较重要，或者提出某种折中方法，例如只要求卖方负部分风险责任。

侵权法主要便是采用这种折中的补偿法则，相当于共同保险。而传统的损害赔偿是基于狭义的成本概念。虽然这种做法已经略有改变，但损害赔偿平均而言仍然相当低，所以很少人真的希望别人的车子来撞他们。因此即使侵权法要求别人负责赔偿损害，大多数人依然至少有一些诱因会设法避免成为受害者。

主张制造商负损害赔偿责任还有一个理由——他们通常比消费者更能分散风险。消费者一辈子可能只碰到一个爆炸的可乐瓶。而可口可乐公司一年卖数千万瓶，其损失应该能够合理预测，就像保险公司能够预测承保许多房屋的损失。

虽然消费者需要风险上的保障，而且侵权法能够提供，但我们有更好的方案。保险相较于补偿法则有两大优点。第一，补偿法则的选择性太强。如果我因为可乐瓶爆炸而伤到手，补偿法则可能赔偿我的损失。但如果我在家门口阶梯上滑跤而伤到手，除了自己，没人可告。我想获得的保障不只包括来自产品瑕疵的风险，或者因为他人过失产生的风险，还包括所有一般性的风险。所以我们应该利用保险在意外发生时提供保障，另一方面利用侵权法给人们避免意外发生的适当诱因。

保险优于侵权法的第二点，是保险公司希望建立慷慨理赔的商誉——当然不是慷慨到鼓励诈领保险金，而是慷慨到足够让人们愿意向它买保险。诉讼被告一方则需要相反的声誉。如果他在某件官司让原告愈感棘手，下一位原告想要碰碰运气的可能性就减低。原

告和被告之间的敌对关系，产生的成本可能远高于保险公司和申请

理赔的顾客之间比较融洽的关系。平均而言，侵权被告付出的每1

美元损害赔偿金额和律师费用，在支付原告的律师费用后，原告只

拿到约50美分。

由此可见，在选择补偿法则时，要多考虑一项相关因素：诉讼成本。依买方当心原则，没人必须负责，没人会被告，也没人支付律师费用。依卖方当心原则，受害消费者必须提出控告，或至少扬言要控告，才能获得赔偿。一般法律论点主张让损失留在原地，接着和把它们转移到别处有时能够获得的利益相互比较。

我们谈的是两个简单的方案：买方当心和卖方当心。法院可能会分得更细，对某些种类的风险采取买方当心原则，对其他种类的风险采取卖方当心原则。或者他们可能采用过失责任原则，主张只有在证明可口可乐公司疏于采取适当的预防措施时，才判决它必须负责（过失责任原则），或除非可口可乐公司能证明使用者疏于采取适当的预防措施，否则要它负责（允许与有过失抗辩的严格责任原则）。

以上所谈是假设补偿法则是由法院或议会制定。另一种可能的做法是利用合约。如果汽车公司提供3万英里保证，等于实施卖方当心原则。

根据契约自由的法律体制，法院会制定标准合约规范，但让当事双方能自由更动。如果法院采用买方当心原则，而卖方相信改用卖方当心原则对买方的价值会高于对本身的成本，则卖方会提供保证，并据此提高价格。如果法院采用卖方当心原则，而买方觉得因此获得的法律保障的价值低于卖方提供保障的成本，那么买方会同

意签署卖方免责声明，把所用的原则改成买方当心，以交换适当幅度的降价。何种补偿法则最适合某种状况的经济分析，在契约自由的法律体制仍然有用，因为它有助于法院选择标准法规，也有助于双方决定依标准合约订约是否划算。但合约最后是由双方决定，不是由法院决定。

主张允许契约自由的论点，有赖于消费者和卖方都很理性而且拥有某些信息，但不必像买方当心原则需要充分的信息。消费者不必知道可口可乐公司瓶子爆炸的风险，只需要知道有没有产品保证后的处境，或者根据开出的价格，决定要用买方当心原则或卖方当心原则。

上面关于契约自由的讨论，指出了一个重要但容易被忽略的区别：决定什么是正确的法律，以及决定什么机制最有可能产生正确的法律，这两者并不相同。在买方当心原则和卖方当心原则之间做选择时，分析重点放在第一个问题：什么时候某种原则优于另一种原则？在契约自由和强制性补偿法则两者间做选择时，分析重点放在第二个问题：何种机制最有可能产生最适当的法律？

扑克牌、信息的价值，以及法官的过失

即使你出乎意料获得信息，如果这个叫人惊喜的新信息没有改变你的策略，它还是一文不值。

——斯克兰斯基（David Sklansky），《消除扑克牌戏、赌博和生活中的模糊想法》（*Fighting Fuzzy Thinking in Poker, Gaming & Life*）

斯克兰斯基谈的是扑克牌戏，具体地说，他提出了一个问题：何时值得花钱去买其他玩家所用策略的信息，尽管通常这样的打赌会赔钱。不过他的分析适用于更广泛的层面，一如书名所示。对生产者和消费者来说，提供信息和评估信息都很花钱；这些做法是否值得，取决于信息有多少价值。如果一瓶可口可乐对我的价值是1美元，但只卖50美分，晓得它爆炸的风险成本是2美分，对我的行为不会有影响，因为那瓶可乐的价值仍高于成本，我还是会去买。如果那瓶可乐对我的价值是51美分，则爆炸的信息会影响我的行为（可乐价值是51－2＝49美分，成本则是50美分，所以我不买），但由于价值只比成本低1美分，买它并不会犯下很大的错误。

进一步而言，信息如对消费者心目中的产品价值只有微小的影响，不可能影响他买或不买；如果信息确实促使他不买，结果只能省下小钱。所以只有在缺失的信息对产品价值有很大的影响时（如车子是部烂车或保养得很好），逆向选择才重要。因此除非信息会显著影响产品对消费者的价值，否则无法提供信息不应作为控诉的理由。但这个原则并没有被目前的法律体制所认清，结果我们买到的每一样产品的说明书都有15页的警告文字，目的是万一将来打起损害赔偿官司，厂商可以拿给陪审团看。

我们可以用小儿麻痹症疫苗预防接种为例。100万个接种沙宾疫苗（脊髓灰质炎疫苗）的人中，大约会有1个得小儿麻痹症，但我们找不到其他方法来避免，所以法院裁决沙宾疫苗"本质上具有危险性"，不算是有瑕疵的产品。

虽然无法让本质上有危险的产品变得安全，我们还是可以不使用它来避开危险。所以生产疫苗的药厂是否有过失，不在于生产出那种疫苗，而在于未能适当警告使用疫苗的人。

这是否算是过失，要看警告有无效果而定（至少从经济学家的观点来看是如此）。在戴维斯诉惠氏实验室公司（Davis v. Wyeth Laboratories, Inc.）一案中，法院就接受这个论点，试图计算相关的成本和收益：

> 公共卫生局局长的报告……预测1962年这一年，20岁以上的100万人中只有0.9人会因自然原因罹患小儿麻痹症。……因此原告不接种疫苗而罹患疾病的风险，和他接种疫苗罹患的风险差不多。这种情况下，我们没办法同意……接种疫苗是明显的选择。

这段话里面的错误如果不是很明显，那么请再看一次。法院比较了戴维斯接种疫苗的风险（约一百万分之一的概率罹患小儿麻痹症）和不接种疫苗的风险。为了估计后者，它使用了成年人中**一年内**可能因自然原因而罹患小儿麻痹症的比率。但是疫苗接种终身有效，因此应该比较的是成年人一生中罹患小儿麻痹症的概率，而且或许应该使用加权计算方式，因为愈晚罹病，生命所受的影响愈小。

如果我们假设罹病的风险是常数，并以失去正常生活的年数来衡量罹患小儿麻痹症的成本，则法院的计算差了约25倍，也就是接种疫苗的收益应该是成本的20倍以上。如果法官和制药公司一样，应为过失负法律上的责任，则写上述意见书的法官和附和他的人恐怕须赔偿惠氏公司很高的金额。

蛋壳和前后不一致的法律

原告约14岁，被告约11岁。1889年2月20日，他们在渥基沙村中学的走道上对坐。被告脚伸过走道，用脚趾头碰撞原告右脚外胫。碰撞力道轻微。……不久后原告那个地方剧烈疼痛，痛得他大叫。……他将永远无法再使用那只脚。

——沃斯伯格告帕特尼（Vosburg v. Putney, 80 Wis. 523, 50 N.W. 403[1891]）

这是习惯法中一个比较奇怪的案例。也不知怎么回事，沃斯伯格的脚被帕特尼轻轻一踢后，就严重受伤了。虽然帕特尼无法预知那个后果，法院仍判决踢人是侵权行为，所以他（也就是他父母）必须为后果负法律责任。因此产生了一个法律原则，迄今依然有效：侵权者不论遇到什么样的受害人，都得对所致伤害负责（A tortfeasor takes his victim as he finds him）。即使受害者碰巧异常脆弱，像"蛋壳"轻轻一碰就会碎裂，侵权者仍必须为侵权行为造成的实际成本负责。

表面上看，如果造成损害愈高要赔偿愈多，必须是在损失可以预见的情形下才合理。如果无从判断谁是或谁不是蛋壳，就没办法调整预防措施去回应责任加重的诱因。不过，有个符合经济效率的论点主张采取这种原则，它根据的不是单一案例（无法预见）的损害，而是许多案例的平均损害。

侵权受害者的脆弱性各不相同。如果法律限制损害赔偿不能超过可以合理预测的金额，那么运气不好的侵权者伤害到特别脆弱的受害者时，赔偿金额将是平均水平，运气好的侵权者伤害到特别强壮的受害者时，赔偿金额将低于平均水平。因此侵权者的平均赔偿金额将低于平均损害水平。而如果改为采取"侵权者不论遇到什么样的受害人，都得对所致伤害负责"的原则，我们就能给可能侵权的人正确的平均诱因去采取预防措施。

如果你认为该法律规则有效率的论点有说服力，那么不妨回头看第12章的案例（摄影师遗失喜马拉雅山的底片）。该案例的逻辑和此节案例的十分类似。在这两个案例中，有过失方所获得的风险信息都不如受害者多。虽然沃斯伯格可能不知道自己的脚有多脆弱，但这件事他知道的比帕特尼多，因为他晓得脚曾有旧伤，仍在复原中，而帕特尼不知道。也就是说，脆弱的受害者很可能知道自己很脆弱，而且肯定比侵权者更有可能知道。

刚刚用来为沃斯伯格告帕特尼案判决辩护的相同论点，也可用来抨击哈德利告巴克森代尔案的判决。该案的判决规则使过失方（底片冲洗公司）遗失无价值底片的赔偿金额低于平均损害水平，遗失特别有价值的底片则照平均损害金额赔偿，因此平均而言，赔偿金额低于实际造成的损害。我用来为哈德利告巴克森代尔一案判决辩护的论点，即给知识较多之一方采取适当预防措施的诱因，也能用来抨击沃斯伯格告帕特尼案的判决。如果你体弱多病，穿盔戴甲来保护自己，比起要世界上每一个人视其他每一个人体弱多病，做起来更容易。

这一对法律规则和相关的理由（两个案例都引自波斯纳法官），充分说明了事后评估法律体系的经济效率是有风险的。一旦我们晓得规则为何，通常能够为它具有经济效率找到头头是道的说辞。而我们往往也能找到相对的论点，为相反的法律规则辩护。关于这件事，我们再来看第二个例子。

神迹想要就有

你伤害到某人，法院裁决赔偿损害。那么，应该采用什么形式的赔偿呢？每年支付受害者的医药费和损失的收入，还是根据未来的成本估计出现值，一次付清？

反对每年支付的一个理由，是法院需要持续介入。另一个理由是扭曲了受害者的诱因。如果他找到工作，表示他没有因伤害而完全失去能力，损害赔偿金额就会被调低。要是法院改用一次付清的方式，受害者便可自由去做能做的事，以降低受到伤害所产生的成本。现代法院经常采用这个政策。

这个政策有两个问题。第一是需要法院事先估计成本。因此，恢复得比法院预期为快的受害者会收到过高的赔偿，恢复得比较慢的受害者则收到过低的赔偿，而且这两类受害者都有花费时间和精力的诱因，去设法说服法院从高估计未知的未来成本。

第二个问题可用一个简单故事来说明：

> 侵权案原告成功地获得高额赔偿。被告律师深信所谓的伤害并无其事，判决确定后，他找到原告并警告他，如果他（原

告）被人看到离开轮椅，他会再度被控欺诈。

原告答称，为了节省这位律师的追踪成本，他乐意告诉他自己的旅行计划。他伸手从口袋掏出一张到露德（Lourdes）的机票。那是以神迹闻名的天主教圣地。

一次付清的确可以降低受到伤害的成本。它也降低了假装受到伤害的成本，因为一旦支票兑现，就不用再装下去。

一起想想

　　道路交通……无法不对处于其中的生命或财产构成风险；既然如此，开车上马路的人很可能陷自己于受到伤害的风险之中……经过正在装卸货品的仓库的人，当然承受不可避免的意外风险。因此在两种情况中，如果不举证证明自己已经留意或运用技巧不让意外发生，便无法获得赔偿。

　　——布莱克本法官（J. Blackburn）在弗莱彻告赖兰兹案的说辞

这段话引自一件有名的早期案例。就布莱克本法官所提的案例来说，他主张过失责任原则比严格责任原则更合适的说法是否正确？

提示：如果我们从严格责任原则改为过失责任原则，谁的活动水平会（符合经济效率地）降低？

15 刑　　法

　　有人犯了罪，被捕并判刑。对他来说，这是成本，所以人有理由不要犯罪。从这个观点来看，刑法解释起来很简单：它是一种执行财产法则的方法。如果你的车子对我的价值高于对你的价值，我可以向你购买。如果法律禁止我偷你的车子，那么只有在车子对我的价值低于对你的价值，也就是你保有车子符合经济效率时，结果才会改变（即我才不会偷你的车）。

　　这个论点假设刑事犯罪行为总有比较便宜的市场替代品。你可以去买，不必去偷。对人施以暴力殴打呢？你对我热爱的Macintosh冷嘲热讽，于是我狠狠揍你一顿出气。如果双方同意互殴，如拳击赛，那是找不到替代品的。如果我打你获得的乐趣多于你被打的不快，那么打你可能是符合经济效率的刑事犯罪行为。或许像侵权法一样，刑法的目标不该是制定够高的刑罚以时时吓阻刑事犯罪行为，而是制定将损害还施给损害者的惩罚（更准确地说，由于并不是所有的罪犯都会被抓到，要制定的是惩罚和惩罚概率的组合）。在这种情况下，我只有在打你符合经济效率时才会动手。

　　波斯纳法官曾举了一个符合经济效率的犯罪例子，或许比我的

　　　　　　　　　　　　　　经济学与法律的对话

更为合理。有位猎人在森林中迷路，饥饿万分，幸好找到一栋上锁的小屋，里面有食物和电话。于是他破门而入，饱食一顿，并打电话求助。他获得的利益高于屋主的损失，所以他的犯罪行为符合经济效率。这种行为没办法以市场交易来取代，因为屋主当时不在现场，设法交易。

法律体系也许会允许这种违法行为，一种方式是让预期刑罚大约等于实际损害。这样的话，猎人就会以决定犯罪来证明那是符合经济效率的罪行。闯入小屋对其价值一定高于受罚的成本，否则他不会去做。美国也是这么执行停车法律的。违规停车对他人构成成本，但如果违规停车对我足够重要，我以愿意交罚单来证明这件事。

允许符合经济效率的犯罪还有另一种方式，那就是修改法律，让他们不再是罪犯。美国法律就是这么处理迷路猎人问题的。根据紧急避险原则，他可以免除刑事责任。同样的，如果你赶着送妻子到医院生产，开车时速高达75英里，交通警察可能护送你到医院，而不是开罚单给你。只有符合经济效率的行为能够让法院或警察观察到，这个方法才行得通。

为了测试一下你对经济效率有多支持，我们来看一个符合经济效率的谋杀例子。有一个爱好户外运动的有钱人，他觉得世界上够危险、值得猎捕的唯一动物是人类。他提议给10位冒险者各10万美元，让他随机选择猎杀其中一人。他们同意了。法律应该承认这项协议吗？如果他狩猎成功，法律能以双方同意为由而不判他谋杀吗？这是否过度扩张了契约自由的精神？

这个杀人游戏符合经济效率。它产生了事前净收益，因为所有当事人都同意那么做。可是大部分人反对这种行为。有人可能以第13章所说的商品化论点为由而加以反对。有人说，打猎可能伤及无辜的第三者；但那位户外运动爱好者也许有自己的私人猎场。不管怎么说，我们都不可能改变对这种事的保留态度。也许我们终于找到效率作为法律理论渊源的局限。

接受美中不足的现状

前面提出两种刑法模式：一为订立够高的刑罚以时时吓阻刑事犯罪行为，另一为订立够高的刑罚而只消除所有不合经济效率的犯罪行为。但两者都没办法说明现况。刑事犯罪行为仍然出现，所以我们并没有时时发挥吓阻作用的够高刑罚。此外，几乎所有发生的刑事犯罪行为都不符合经济效率，也就是受害者受到的损害高于罪犯得到的收益。

如果谋杀罪的惩处（被逮捕并定罪的概率和所判的刑罚）处于最适水平，那么应该只有符合经济效率的谋杀才会出现，也就是杀人者获得的收益高于受害者的损失。如果法律体系如此运作，那么我们之所以没有抓更多的杀人犯，或者处以更严重的刑罚，原因就在于如果我们那么做，就不会有够多的杀人行为。这话听起来不像是我们最近生活其中的世界。我们的现行法律也不符合庇古开出的处方：预期刑罚等于造成的损害。如果把这个原则用在谋杀上，则由于造成的损害是一条人命，以及判刑定案的概率低于1，刑罚必须比死刑还严重，例如凌迟处死。

我们没有抓到全部的杀人犯，或者没有抓到几乎所有的杀人犯，原因是那么做的成本会高于其所值。一部分成本来自增加警察人数和增设法院，另一部分成本是无辜的被告也会受罚。举证标准

　　　　　　　　　　　　　经济学与法律的对话

如果低到有罪的每个人都被判刑，没罪的一些人也难免遭殃。

正视执法成本

想要理解刑法的执行，我们需要正视它的成本。为了吓阻刑事犯罪行为，必须逮捕罪犯并判刑。这两个活动都很花钱，所以在量刑时，应该把这些成本纳入考虑。每件罪案的成本通常随着被逮捕的概率增加和刑罚趋重而提高，因此较高的预期刑罚会使每件罪案的成本增加。但有些时候总成本可能较低，因为较高的刑罚会吓阻一些刑事犯罪行为，而遭到吓阻的刑事犯罪行为不必处以刑罚。

每件罪案的成本随着逮捕概率的增加而增加是很明显的事：在100位杀人犯中抓50个人，比抓25个人要动用更多警力，而且需要检察官和法院花更多时间定他们的罪。至于为什么每件罪案的成本也随着刑罚趋重而增加，则需要进一步探讨刑罚成本。

当被定罪的罪犯交1000美元罚款给国家时，他的成本是1000美元，但净成本是零。罪犯损失的每一块钱都给国家得了，所以惩罚成本（惩罚施加给罪犯的成本与惩罚带给他人的收益之间的差额）为零。

假使罪犯无法支付够多的钱，我们可以不罚他钱，改为坐牢一年。从他的观点来说，坐牢一年相当于1万美元的罚款。刑罚让他负担了1万美元的成本，但执法体系一无所获。相反地，其他人必须花钱维持监狱的营运（假设也是1万美元）。这么一来，刑罚的净成本（罪犯的损失加上执法体系的损失）是2万美元。这就好像他交了1万美元的罚款，我们却收到负1万美元的罚款。

加重刑罚后，有能力支付罚款的罪犯人数减少，所以我们倾向于改用成本较高的刑罚，如监禁。所以加重刑罚通常会提高每件罪案的惩罚成本。

以上所述解决了经济学家加里·贝克尔（Gary Becker）提出的问题。先假设我们对某些刑事犯罪行为处以概率20%、1万美元的惩罚。为什么不改用概率10%、2万美元的惩罚呢？这么做对罪犯的影响相同（假设他是风险中立者），所以吓阻效果相同。我们只需要逮捕和审判一半的罪犯，就可以解雇一些警察、法官和检察官以省下支出。

这么做行得通，于是我们可以继续推论，例如处以概率5%和4万美元的惩罚。最后得出的结论是：符合经济效率的惩处组合是，以无限小的概率处以无限高的惩罚。

但这是不可能的，因为我们无法持续让罚款翻倍；罪犯能够支付1万美元，却可能没有能力支付2万美元。随着刑罚加重，我们被迫改采愈来愈不符合经济效率的刑罚，提高惩罚成本。因此，符合经济效率的体系会在罪犯觉得相同的刑罚和概率组合（吓阻效果相同）中，选一个能让惩罚成本和逮捕成本降到最低的组合。不管我们提供的是哪个水平的吓阻，最终都会是一个成本最低的惩罚和惩罚概率。

下一个问题是，吓阻水平应该定多高？我们应该吓阻多少刑事犯罪行为？不予吓阻的刑事犯罪行为应该有多少？如果我偷的电视机对你的价值是500美元，对我的价值只有400美元，那么这是无效率的刑事犯罪行为。但如果为了防止我偷电视机，在警察、法院和监狱等事情上花200美元，这更是没有效率。"防止所有无效率的刑事犯罪行为，而且只防止无效率的刑事犯罪行为"的规则，只有在不负担成本的情况下才正确。进一步而言，只有刑事犯罪行为的净成本高于防止犯罪的成本时，防止犯罪才具有效率。我们不加重谋杀罪的刑罚，可能是因为虽然我们希望防止更多的谋杀案（其实我们可能希望防止所有的谋杀案），但这么做的成本高于我们愿意负担的水平。

当每件罪案的成本随着预期刑罚的加重而提高，罪案数目也会减少，因为较高的预期刑罚会吓阻罪案。罪案数目减少，必须花在逮捕和惩罚上的成本就跟着降低。如果罪案数目的降幅高于每件罪案成本的增幅，则提高预期刑罚会降低执法和惩罚的总成本。这么一来，刑罚较重、罪案较少的制度，所花成本就低于刑罚较轻、罪案较多的制度。多吓阻一件罪案所增加的成本为负值，因此防止所有不合经济效率的罪案和若干符合经济效率的罪案以节省惩罚成本，是符合经济效率的做法。推到极端，我们可以想象一个社会，该社会对商店偷窃的惩罚是死刑，其结果就是不再有商店扒手，且再没有人被处死过。

最适刑罚理论

下一步就是让论点更加精确，以便看到对任一犯罪行为，我们是如何算出有效率的惩罚的。假设有一种刑事犯罪行为，每次罪案造成的损害是1000美元。我们一开始将预期刑罚设为900美元，即从罪犯的观点来看，他面对的惩处组合（概率和惩罚的组合）相当于百分百缴纳900美元的罚款。

假设预期刑罚提高到901美元，可以多吓阻一件罪案。而对人数略少的罪犯略微加重刑罚，会使我们逮捕和惩罚罪犯的总成本增加50美元。我们应该那么做吗？答案要看吓阻犯罪的净收益有多大。

吓阻犯罪可以为受害者省下1000美元，但我们也必须考虑罪犯受到的影响。如果他从犯罪中得不到什么东西，他就不会去犯罪。为了计算吓阻产生的净收益，我们必须从受害者的损失中扣除罪犯获得的收益。我们如何衡量罪犯获得的收益呢？当然不是去问他，而是去观察他。当且仅当犯罪对他的价值高于预期将遭受的惩罚时，他才会犯罪。

如果罪犯获得的收益低于900美元，则在我们提高刑罚之前，他已遭吓阻。如果获得的收益高于901美元，那么即使刑罚提高，他也不会遭到吓阻。因此我们吓阻的罪案，对罪犯的价值介于900美元到901美元之间。他造成1000美元的损害。所以这件罪案造成的净损害约为100美元。如能吓阻违法行为，我们便消除了100美元的净损害，而成本只有50美元，因此值得去做。

根据这个论点，只要收益高于成本，我们就继续提高预期刑罚直到吓阻最后一件罪案的成本等于它造成的净损害。较正式的说法如下：

净损害＝对受害者造成的损害－罪犯获得的收益

对边际罪案（也就是稍微提高刑罚所能吓阻的罪案）来说，

罪犯获得的收益＝预期刑罚

因此

净损害＝对受害者的损害－预期刑罚

对最适刑罚来说，

多吓阻一件罪案的成本＝净损害＝对受害者的损害—预期
刑罚

重组之后，我们得到：

预期刑罚＝对受害者的损害—多吓阻一件罪案的成本

或者，以比较简洁的数学式来表示：

$$\langle P \rangle = D - MC$$

假使多吓阻一件罪案的成本是正值（如果犯罪行为的供给非
常没有弹性，需要刑罚加重很多才能吓阻一件罪案，多吓阻一件
罪案的成本就会是正值），我们应该让预期刑罚低于造成的损害。
我们只想吓阻非常不合经济效率的罪案，也就是用很低的刑罚也
能吓阻的罪案，因为只有它们才会造成够高的净损害，值得花费
吓阻的成本。假使多吓阻一件罪案的成本是负值（如果犯罪行为
的供给非常有弹性，预期刑罚只要小幅加重就可以吓阻很多罪案，
多吓阻一件罪案的成本就会是负值），我们应该让预期刑罚高于造
成的损害。我们不只吓阻所有无效率的罪案，也吓阻一些稍有经
济效率的罪案，例如一些饥饿的猎人和愤怒的 Macintosh 用户，以
求节省惩罚他们的成本。我们仍然没有吓阻经济效率很高的罪案，
例如在森林中迷路的猎人，即使价格大涨，他也愿意花钱去买某
人的小屋使用权。

设定刑罚水平的上述解决方法，结合了两个不同的直觉要素：刑罚应等于造成的损害（"以牙还牙""以其人之道还治其人之身"），和刑罚高到产生吓阻效果。要是逮捕和惩罚罪犯很容易且成本不高，最适当的水平约等于造成的损害；执法和惩罚成本不重要，所以我们只把制度设计得能够吓阻所有无效率的刑事犯罪行为，而且只吓阻无效率的刑事犯罪行为。如果在某种惩罚水平，犯罪行为的供给有很高的弹性，以致在那个水平以下有许多犯罪行为，在它之上的犯罪行为很少，而且如果我们预期极少犯罪行为具有经济效率，那么我们就把刑罚定在加重刑罚对吓阻效果几无影响，无法弥补它的成本的那一点，这便是足以吓阻大部分犯罪行为的够高惩罚。

到目前为止，如果罪犯获得的收益高于受害者承受的成本，我把这种刑事犯罪行为称为符合经济效率。在森林中迷路的猎人是我的标准例子。有一些犯罪行为是我们在不花钱的状况下想要吓阻，但实际的成本却使我们却步的。罪犯犯这些罪不符合经济效率，但考虑吓阻成本后，我们去吓阻也不符合经济效率。

最适惩罚的分析带我们回到早先的财产法则与补偿法则的讨论中，但形式更复杂。吓阻犯罪行为的边际成本偏低的情况中（也就是如第5章所说的，透过法院分配资源相当便宜），我们希望采用补偿法则，让损害赔偿大约等于实际造成的损害。如果自愿性交易成本低，使得符合经济效率的非自愿性交易极为少见，且利用法院的成本很高，我们则希望采用财产法则，把损害赔偿定得很高，足以吓阻几乎所有的非自愿性交易，从而消除诉讼成本。

为什么要计算罪犯的收益？

读者可能觉得前面几页的一些说法很奇怪。在计算吓阻谋杀案的净收益时，我是从受害者的损失中扣除罪犯获得的收益。分析惩罚成本时，我把国家收得的罚款视为收益，但罪犯支付的罚款或损失的生命、自由则为成本。从头到尾，我在计算法律是否符合经济效率时，理所当然地把罪犯的成本、收益与其他人的成本、收益同样纳入考虑。

显然有人会认为，除了从经济面探讨成本和收益，也应该从道德的角度探讨。我有生命和财产权，所以遭到谋杀或盗窃算是损失。你没有权利夺走我的生命和财产，所以阻止你杀我或抢劫我不能算是你的损失。这种说法很有说服力，但就本书的目的而言，却是错误的，因为它一开始就假设结论成立，却不试图证明。

法律的经济分析吸引人的地方，是它提供了一个方法去回答法律应该是什么样子，我们应该拥有什么权利。它从一个看似很弱的前提着手：我们在设计法律时，应该把饼做到最大。它完全不假设法律和道德规范应该以什么（如赏罚、权利、正义、公平）为基础。

从这个前提和经济理论着手，我们可以提出一长串处方，包括：盗窃和谋杀应加以惩罚，合约应该被执行，刑事处罚需要的举证标准应该高于民事处罚。

我们从经济效率着手，最后的结论与现行的法律、道德观相当吻合。我们的收获远多于投入，这是法律的经济分析有趣的一个理由。如果不对每个人的所有收益一视同仁，而是先把人分成好人和坏人、正义或不正义、罪犯或受害者，那么我们等于一开始就假定结论成立。坏人的收益不算是收益，那么制裁坏人的法律自然就符合经济效率。如果一开始就假设道德的结论，我们便无法从经济学推演出道德的结论。

判别哪些行为属于犯罪，是理论应该做的事。谋杀显然是刑事犯罪行为，但开车超速呢？你迷了路，饥饿难当而闯进空屋呢？如果有人自以为Windows操作系统比Mac OS好，所以我狠狠揍他一顿呢？我们可以利用经济分析去回答这些问题。如果我们只是把经济分析当成精心设计的工具，用以证明我们预设的答案，那我们将无法从未知的事物中学到什么。

把罪犯的成本和收益纳入计算的第二个理由是，即使我们同意防止犯罪是好事，还是必须确定它有多好，以及因此值得多努力去做。以在商店行窃的穷人和烧房子只为取乐的纵火犯为例，假设两者在一年内造成的成本恰好相同，而且都是我们想要防止的刑事犯罪行为。但我们愿意花更多心力去制止纵火，花较少心力制止商店行窃，因为前者的刑事犯罪行为是一种巨大的浪费。同样，我们大多数更愿意去原谅一个因"紧急避险"而实施谋杀的凶手——在只有一个救生艇的情况下，他面临的另一种选择就是自己死亡。不只经济理论认为罪犯获得的收益必须纳入计算，如果更深入检视我们本身的道德直觉，也会发现罪犯获得的收益并不全然与我们的道德判断无关。

所以我认为我的做法是对的。经济分析应该同等重视谋杀者和受害者的成本及收益。如果这么做能够得出我们所要的结论（谋杀是坏事），那会很有意思。如果不能，那也同样有趣。

　　　　　　　　　　　　　　　经济学与法律的对话

最符合经济效率的惩罚

你盗用雇主的钱而被判有罪，除了服刑一年，当你出狱后投入就业市场，即使你有会计专长也找不到工作。因此你受到的惩罚包括徒刑和污名（stigma），后者是别人晓得你犯过罪而你必须承受的成本。

污名是很严重的惩罚。经济学家约翰·洛特（John Lott）曾就它的影响规模做过两次实证研究。其中一次研究白领罪犯，另一次研究被控欺骗顾客的公司。第一次研究发现，判刑定案后，白领的收入损失占总惩罚的一大部分。第二次研究则发现，企业价值（以股票市值衡量）因污名而受的损失是名义上受的惩罚的好几倍。

你如何衡量污名带来的损失？洛特的观察方式是看公司的股票价格。他使用多元回归分析来计算每一家公司过去的股票价格和其他变量（如同业的股票价格）的关系。他接着根据分析结果来预测这家公司在被起诉后的价值，并与实际的股票价值比较，把其间的差异解读为因指控而损失的企业价值。他发现平均损失是罪名成立后最高罚款的好几倍。他得出结论：大部分的损失不是源于公司将要支付罚款，而是源于商誉上的损失。法院诉讼程序的实际功能不是直接提供惩罚，而是创造信息。

污名和其他惩罚至少有两个有趣的不同点。第一，它能够产生负的净成本，而且实际上经常如此。这和其他的惩罚不同。为了证明这一点，不妨做个简单的实验。假设你因盗用公款罪名而服刑。刑期结束后你去找工作，向老板表示你晓得他不愿雇用有盗用公款前科的人当公司会计，但你愿意比别人少拿薪水。要是你们谈妥了薪水，表示要到这份工作对你的价值高于他把工作给你的成本。如果他不肯雇用你，表示他让有前科的人当会计的成本高于工作对你的价值。

污名是一种信息，而且是很宝贵的信息（除极少数例外），因为它让人们能做更正确的选择。你曾盗用公款的信息对雇主很宝贵。如果你仍能说服他们付较低的薪水请你工作，那么污名只不过是把钱从你移转到他们身上，因为如果没有那个信息，他们会以正常薪资雇用你。如果你没法说服他们雇用你，那么这个信息对他们的价值一定高于对你的成本。所以污名往往是带有净负成本的一种惩罚形式。它对其他人的收益高于受惩罚者遭到的伤害。

污名还有另一个特色：惩罚的效率有多高，要看被判有罪的人是否真的有罪。如果我们把无辜者判为有罪，污名会是非常不合经济效率的惩罚，因为我们创造的信息是错误的。所以刑事罪宣判经常留下污名，民事裁决通常不留下污名，这个事实是前者举证标准较高的另一个理由。

富人应该支付较高的罚款？

在很久以前我开始教法律的经济分析那会，有一个问题经常出现：如果我们以罚款来惩罚犯罪，那么富人和穷人的罚款应否相同？我认为应该相同，我的学生则认为不应相同。

我的理由直接来自法律上的庇古方法。一个刑事犯罪行为会构成一定金额的损害，如果罪犯获得的收益高于损害金额，他的刑事犯罪行为会产生净收益，如果低于损害金额，则产生净损失。不管是富人还是穷人，让惩罚等于损害金额可得到符合经济效率的结果。富人可能犯较多的罪，正如他们买较多的凯迪拉克轿车，但那是特色，不是瑕疵。

洛特在他一篇政治不正确的文章中，把这个论点往前推进一步。根据他的观察，同样是犯罪，富人和穷人比起来，被判有罪的可能性更低，因为他们请得起更好的律师。这个事实是我们的法律体系符合经济效率的明证。毕竟大部分的刑事犯罪行为都是用徒刑来惩罚，不是用罚款。对富人来说，坐牢两个星期的金钱成本高于穷人，因此如果我们希望两者面对同样金额的预期成本，就必须以较低的定罪概率来平衡较高的成本。 Ⓑ

我和洛特的论点简单明了，却是错的。在我不再向学生解释为什么他们是错的之后，我开始长期思考这个问题，尤其是执法成本的含意，最终才意识到我们错了。在逮捕和惩罚罪犯不需要花费成本的世界中，同等金额的预期惩罚是正确的法律，所以我们要烦恼的事情只是如何吓阻并只吓阻所有的无效率刑事犯罪行为。但我们的世界不是这样子。我们不提高对谋杀案的惩罚，不是因为害怕提高惩罚会使谋杀案变得太少。

一旦你考虑执法成本，最适惩罚便不只取决于实际造成的损害，也取决于吓阻犯罪有多困难。本节问题的答案在许多状况中因人而异。我的学生指出，和贫穷的罪犯比起来，要较高的惩罚才能吓阻有钱的罪犯。如果吓阻成本很高，则对每一类罪犯处以刚好能吓阻大多数犯罪行为的惩罚可能是合理的做法，而这需要对不同的人处以不同的处罚。

我们来考虑两类刑事犯罪行为。一类对富人和穷人的效用大致相等，另一类对这两种人的金钱报酬大致相等。富人和穷人偷100美元得到的金额相同，所以同样的罚款应能吓阻违法行为。事实 Ⓦ

上，由于富人每小时的时间价值高于穷人，因此如果要花相同的时间偷100美元，那么吓阻富人的罚款应该比吓阻穷人的要低些。

痛殴你讨厌的人或开车超速等违法行为的情况则不同。对富人来说，这些违法行为的金钱价值比较高，所以需要较高的（金钱）惩罚才能吓阻他。因此可能有人主张对比较有钱的被告处以较高的罚款，或以同等的概率判处同等的徒刑。

我后来发现，学生的直觉有一部分与比较复杂的经济分析吻合，但只是部分而已。如果你进行分析，会发现符合经济效率的法律有时必须对富人处以较高的罚款。但有些时候，根据供给曲线和执法成本的某些假设，对穷人施予惩罚而忽视富人才是符合经济效率的法律，因为高到足以吓阻有钱罪犯的惩罚，所花成本高于所获价值。

富人和穷人有第二个不同点，但含意比较清楚。罚款是比徒刑更符合经济效率的惩罚，而且比较有钱的罪犯能够支付较高的罚款。即使两者都无法支付高额罚款，如果透过徒刑施以一定金额的惩罚，则收入较高的罪犯在狱中待的时间会更短，所以富人惩罚成本较低。所以，（每1美元惩罚的）惩罚成本应该会随着收入提高而下降，这表示应该对比较有钱的罪犯处以较高的惩罚金额。

但也可能不是如此。惩罚富有罪犯比惩罚贫穷罪犯的成本更低，但定富人的罪比较费时费力，因为如洛特所说，他们请得起更好的律师。在设计符合经济效率的法律体系时，我们必须考虑这两类成本。这可能使富人在杀了人之后，或更合理一点，在醉酒并扰乱社会治安后还能逍遥法外。这种情况是否发生取决于这些成本的大小。如果是这样，你们就必须决定花这些成本来实现正义是否值得。

我遗漏了什么

本章从头到尾我都把刑法的吓阻目的视为理所当然，这使得可能犯罪的人不要犯罪才符合他们的利益。虽然这个假设大幅简化了分析，却也可能忽视一些相关的考虑因素。

第一，有些刑罚有不同的目的——使犯人丧失犯罪能力。一些服刑的人或许仍能犯罪，但与他逍遥法外时相比，他的犯罪机会和可能受害的人数显然大受限制，所以把罪犯关起来应该会减少他造成的伤害。处以死刑则减少得更多。

在简单的庇古世界中，判决罪犯有罪不需要成本，而且所有的惩罚都是罚款，所以罪犯没有造成净损害；只有符合经济效率的犯罪才会发生，而我们并不想阻止这些刑事犯罪行为。在那种世界中，剥夺犯罪能力并无价值。但在执法成本和惩罚成本为正值的世界中，剥夺潜在罪犯的能力以防止犯罪发生，可以省下逮捕及惩罚成本及刑事犯罪行为造成的净损害，所以剥夺犯罪能力有净收益。

一个更复杂的分析版本，是把那个收益当作惩罚成本的减项。把某人关起来所付出的成本是他的自由和我们的一些税收，但也提供降低犯罪机会的收益，所以徒刑的效率高于简单计算所显示的。死刑的效果也类似。论证逻辑相同，但不同惩罚的相对效率可能改变。

主张监禁犯人的第二个论点是，有机会把他们感化成好公民。过去两个世纪以来，这个信念时而流行，时而被打入冷宫。最早的感化院在19世纪初兴建，之所以叫这个名字，是因为那是人们学习忏悔罪过的地方。教导忏悔的方法有剃光头、穿囚服、苦役、关

Ⓑ

单人牢房、研读圣经。如果接受了12年的公立学校教育后还不知道循规蹈矩，我很怀疑多加几年徒刑能把人教好。所以我在分析时会继续忽视悔过的因素，但若它确实存在，在计算惩罚成本时也会被纳入减项，也就是负成本。

为了简化分析，我只考虑一次犯一种罪。我在第1章曾指出，有时这是错误的方法。如果两种罪彼此可以替代，例如持械抢劫和持械抢劫加杀人，则提高其中一种罪的惩罚可能吓阻罪犯改犯另一种罪。符合经济效率的法律体系必须考虑这种可能性——这在文献中称为"边际吓阻"（marginal deterrence，也叫边际威慑）问题，这会使分析及解释变得复杂许多。有兴趣的读者可以去看我和斯乔斯特罗姆（William Sjostrom）合写的一篇文章。那篇文章说明了如何把边际吓阻的问题纳入符合经济效率惩罚的分析中。

"惩罚有吓阻效果"在我的分析中不是假设，而是结论；我假设的是人有理性。而证据也一面倒地指出，惩罚确实带来经济学家所认为的吓阻效果。这一点与一般人的迷思恰好相反。许多统计研究曾衡量逮捕、惩罚或两者的概率改变对犯罪率的影响。除极少数例外，这些统计研究显示，提高预期惩罚会降低犯罪率。

这些统计研究也一致指出，犯罪率对概率的敏感度高于对惩罚的敏感度。逮捕和定罪概率从10％提高到20％所导致的犯罪率下降的幅度，高于将刑期从1年提高为2年所导致的。有时这被解释为罪犯是风险爱好者，也就是他们喜爱风险较高的2年徒刑和概率10％，甚于风险较低的1年徒刑和概率20％，即使以年数衡量的预期成本相同。

对此有个简单的解释。犯罪受审的成本不限于法院在定罪后施加的惩罚，也包括等候审判的时间或最后无罪开释的人筹措保释金所花的钱、诉讼的时间和金钱成本、污名。假设所有这些成本合起来的影响相当于一年的有期徒刑，那么我们会有：

10%的概率被处有期徒刑两年=0.1×（有期徒刑两年＋其他成本一年）=0.3年

20%的概率被处有期徒刑一年=0.2×（有期徒刑一年＋其他成本一年）=0.4年

这个例子可以一般化。如果徒刑年数只代表一部分惩罚，其他惩罚固定，那么刑期提高一定的百分率所引起的罪犯预期成本的增幅，会小于定罪概率提高相同的百分率所引起的，因此即使罪犯对惩罚的风险偏好属中性，前者的吓阻效果也会比后者小。

为什么不全处以死刑？

假设持械抢劫现在处以十年的有期徒刑，被捕和判刑的概率是60%。针对潜在罪犯偏好所做的研究显示，他们觉得60%的概率被处十年徒刑和10%的概率被处死刑之间无差别。如此一来，法律应该改弦更张，我们应该关闭监狱。每次罪犯被判有罪，我们就来掷骰子。掷出1到5，放他们走。掷出6，处死。

表面上看，这种做法显然可以改善法律体系。从事前来看，犯罪者的处境并没有改变，而我们得到相同的吓阻效果，所以受害者的处境不会变糟，而且我们不必再花钱设立监狱。不过这仍有改善的空间。为什么要浪费时间去逮捕和判决罪犯，最后却放他们走呢？我们可以降低在法院和警察上的支出，只将 1/10 的罪犯定罪，而省下监禁和逮捕的成本。

这个论点适用于目前处以徒刑的刑事犯罪行为。如果刑期只有一个月，我们就改用 720 面的骰子，不用 6 面的骰子。因此，符合经济效率的法律体系是不用徒刑的。能够交罚款的被告将被处以罚款，因为罚款的效率高于执行死刑。不能交罚款的被告将被处以死刑，概率根据罪行的严重程度调整。如果有一种惩罚比较严重且更符合经济效率，就不会利用另一种惩罚，因为我们总是能够用概率较低、较重的惩罚来使制度更符合经济效率。

如果我们想要认真建构一套符合经济效率的惩罚，就应该考虑更广泛的选择。我们可以设计让罪犯选择服刑 X 年或交罚款 Y 元。X 年是照传统的方式服刑完毕，也可以由私人的监狱工厂取得囚犯同意，交 Y 元的保证金而拥有囚犯，监狱和囚犯签订协议书，订立雇佣条件，允许囚犯工作来交罚款。值得信任的囚犯可以做正常的工作，过正常的生活，用自己的收入支付罚款。比较危险的囚犯需要严密看守，必须在监狱里面工作，偿付罚款的速度就比较慢。太过危险或没有生产力可在工作中获利的囚犯，只要服完刑期就可以。

被定罪的罪犯是否缺乏偿付能力，有一部分要看这么做是否符合他的利益；一个人可能无力交罚款，却愿意或有能力支付同等金额的赌债。法律体系如果允许被判有罪的人在罚款和比较不吸引人的惩罚（徒刑或可能的死刑）之间做选择，它会让罪犯能够确定，万一他被捕可以缴付罚款。

　　　　　　　　　　　经济学与法律的对话

另一种方法是让死刑变得更符合经济效率。在18世纪的英国，尸体经常被卖给外科医生做解剖。而在20世纪的美国，尸体的价值还要高得多。执行死刑有利于取得器官以供移植，而健康状况良好的罪犯尸体的市价高达数万美元。

现在我们知道符合经济效率的刑罚体系的大致模样。它必须能从被判有罪的罪犯身上榨出最多的罚款，并威胁对交不起罚款的人施加更不愉快的惩罚。如果罪犯受到刑罚威胁后仍无法支付罚款，但他的生产价值高于看守和吃住的成本，就以劳役来补充；要是生产价值不敷看守和吃住成本，则处以死刑，器官捐给国家。监狱如果不能自给自足，就会尽可能地让犯人不适，以便让每一元监禁成本产生尽可能多的惩罚。这样的刑罚体系，大部分在历史上发生过，而且不是在很遥远的过去。但这与现代社会的惩罚制度不大一样。如果不是我刚才的分析有错，就是现代社会的制度非常没有经济效率。

一些不充分的回应

有一个反对死刑的论点是，死刑没有挽回的余地，而法院有时会犯错。但徒刑也无可挽回。花在监狱里的岁月无法拾回，就像人死不能复生一样。当然了，误判徒刑产生的损失比较少，但由于判处徒刑的概率必须高于死刑才能产生相同的吓阻效果，错误也会同比例提高。徒刑确实有个好处，那就是如果在刑期结束前发现有错，我们可以矫正部分的错误，而且可以在某种程度内补偿受刑人。但两种情形都极少见，不能作为徒刑优于死刑的合理理由。

剥夺犯罪能力是徒刑有时可能比死刑或罚款更符合经济效率的一个理由。感化也是一样，前提是我们真的知道如何改变罪犯的偏好或技能，使他们不可能再次犯罪。虽然这些复杂情况可能会改变直接吓阻模型的含意，但这两者都很难用来为现代的惩罚制度辩护，因为我们大量使用徒刑，死刑和劳役极为少见，捐出器官根本不为人知。

目前在美国执行死刑非常昂贵，因为需要长久的诉讼。这可能是反对死刑的一个经济论点。但这作为我们不愿执行死刑的结果而非原因，似乎比较自然。主张死刑具有优越性的论点，并不要求我们在判决时更加小心谨慎。过去的社会曾经广泛使用死刑，如18世纪的英国和19世纪、20世纪初的美国，但都没有出现旷日持久和昂贵的诉讼。

还有一个支持现行法律的理由，认为法律是民众偏好形成的结果。现代人不喜欢看到死刑、劳役、酷刑，或切割死刑犯的身体以供器官移植。因此，这些惩罚会产生很大的负外部成本。这些偏好的存在使我们目前的法律符合经济效率。

但我不接受这种解释，就好像在定义经济效率时，我不能接受罪犯获得的收益不应纳入计算的想法。经济理论如果因为某人未经解释或独特的偏好而任意排除异常因素，那么它就禁不起检测，也没有预测能力。经济分析的目标是解释，不是描述。人确实可能有那些偏好，但如果未经解释的偏好是我们想要解释的机制的唯一原因，我们便无法解释它们。如果能够证明由我们的偏好所形成的机制真的符合经济效率，也就是我们的独特偏好实际上就是符合经济效率的规范，那么我们的分析工作会有趣得多。

不合经济效率的惩罚的优点

现在用比以上所述更为对称的观点，也就是考虑所有相关行为者的诱因，来探讨惩罚符合经济效率的世界。在这个世界中，说服法院相信某人犯了罪，就可以夺取被告大量的财物、人力，甚至身体的资本。在惩罚符合经济效率的世界中，被定罪的被告所损失的大部分东西为某人所得，所以将被告定罪会符合某人的利益，不管被告是否真的有罪。

到目前为止，我所用的最适惩罚的传统分析方法是立基于一项错误之上，那就是把政府看成是哲学王（philosopher-king）。而这个错误已经遭到大力批评。谈管制和相关议题的旧教科书，视市场参与者为有理性、自利的行为者，政府则是明智、仁慈、利他的组织，并且尽其所能矫正市场失灵。公共选择理论和现代的管制分析则已舍弃这样的模型。

正统的最适惩罚理论也犯了相同的错误。它视罪犯为理性、自利的行为者，却视警察、法院、检察官、议会等执法机制为哲学王，后者虽未拥有完全的知识，但有最好的动机。这种方法比较难以把侵权法和刑法纳入相同的理论中，尽管它们的手段和目的显然类似。侵权案件由私人提起诉讼，刑事案件由检方代表国家提起诉讼。私部门原告显然必须被视为有理性且自利的行为者。但以不同的方式看待公部门行为者，不只模糊了他们之间的类似性，也使我们更难清晰思考如何在私部门法律和公部门法律间做选择（这是第18章讨论的主题）。

我们同等对待所有行为者之后，便可以清楚看出，符合经济效率的惩罚制度除了有很高的收益，也有很高的成本。成本产生自寻租行为。法律体系成了某些人用来剥夺他人的机制，为了防止被剥夺，人们也必须采取昂贵的预防措施。如果惩罚的效率降低，也许社会整体的处境会变好。

这不是一个纯理论的问题。看看以下真实例子：

现代侵权法提供机会给被告（或被告的律师）透过集体诉讼和惩罚性损害求偿进行各种寻租。一般认为这会产生一大堆没有正当理由的法律诉讼，律师从被告公司和它们的保险公司那边赚足了钱。第3章讨论过的"欺骗市场"官司的求偿行为就是一例。当无辜的被告面对高额损害赔偿时，即使罪名成立的概率很小，也宁可息事宁人，在庭外和解。美国停止生产小型飞机的一个合理解释是，面对类似的寻租行为，业者最好采取防卫性反应：退出行业，比冒险惹上官司要好。

财产没收法律给公部门执法官员创造了类似的诱因。依现行法律，用来从事刑事犯罪行为的财产可由国家查封。查封行动不需要证明财产所有人违反任何法律（查封的对象是财产，不是所有人），也不需要对所有人或使用者定罪。所有人如想取回财产，必须透过民事诉讼途径，证明财产并没有用于犯罪。

在美国，根据联邦法律的没收行动归联邦政府执行，但不是只有联邦执法机构才有诱因，还要考虑相关的市场交易。科斯定理也适用于执法体系。联邦机构将所获利益与地方执法机构分享，地方执法机构因此也有了诱因。在联邦法律经过修改，把这种利益分享合法化之后，地方执法明显转向于毒品法律的执行，因为有许多机会能够没收财物。许多州也有自身的没收法律，其中有些法律把被没收的财物直接交予负责的执法机构。这种制度隐含的诱因构成了明显的风险——执法重点被导向查封财物，而非阻止犯罪。

刑法里面也有相同的问题。美国红宝石山脊（Ruby Ridge）杀人案便是一例。大家似乎都同意该案冲突的起因在于美国联邦烟酒枪械管理局（BATF）对韦弗（Randy Weaver）设下圈套，说服他出售两把猎枪给BATF的线人。这么做的目的是迫使韦弗为BATF效力，暗中侦探政治理念和他相同的人（白人分离主义者）。虽然执法官员想要获得的是他提供的服务，不是现金，但行动背后的逻辑相同。由于执法机构大量利用线人，许多案例中应该也有类似的行为，只是没有被报道出来。

看看以下略为过时的虚构例子：

> 1993年，佛蒙特州首次通过器官银行法律。佛蒙特州一直设有死刑，而死刑犯现在晓得他的死可以救多条生命。死刑于事无补的说法不再成立，至少在佛蒙特州不成立。
>
> 后来这种说法在加州也不成立。在华盛顿州、乔治亚州、巴基斯坦、英国、瑞士也是如此。

尽管通过新法，器官移植仍然供不应求。于是法律体系顺应政治压力，检方宣读了这样的死刑判决：

> 本州将证实诺尔斯（Warren Lewis Knowles）在两年内故意闯红灯共计6次。同期内，诺尔斯超速行驶不下10次，有一次超速高达每小时15英里。
>
> ——Larry Niven, "The Jigsaw Man," in *All the Myriad Ways*

所有这些例子都表明一个共同的问题——符合经济效率的惩罚对公部门和私部门执法者的诱因会产生影响。从哲学王执法模式的观点来看，法律制度可因降低刑法的执行成本而有明显改善；但从理性自利的观点来看，它也可能引发成本高昂的寻租战争，而这是一场一人对所有人的战争，每个人都想利用法律体系去剥夺别人，同时避免自己被剥夺。

吃人肉、寻租和强暴

Ⓑ 我们可以再看一个比较陌生的例子。所有人都反对吃人肉，表面上看，禁止吃人既不合理且无效率。一旦我死了，身体再也用不着，何不让别人从中摄取一些有用的蛋白质？

答案应该很明显。在有吃人肉习俗的社会中，人人都有成为他人晚餐的风险。每个人都必须费力确保没人有机会下手杀他。不准吃人肉的禁令一下，大部分人大多数时候都找不到理由彼此杀害，所有人活着都会容易许多。

希腊一位历史学家曾说波斯帝国法治严明，带着一大袋黄金的处女能够从大路的一端走到另一端而毫发无损。这两种暴露在风险中的宝贵东西，在一个重要的层面上和我们的讨论有所不同。拥有好几袋黄金的人很少在毫无保护的情况下行经荒郊野外。他可以把黄金锁在安全的处所，实际上也经常这么做。但妇女要锁住贞操则困难得多。

强暴可能是最常见的重罪，其中一个原因是，大部分妇女拥有许多男人想要的东西（身体的使用权），却找不到低成本的保护方式。有些社会解决这个问题的方法，是把妇女的身体关起来。妇女被隔离，只有信得过的男人才能得见，至少上层社会的妇女是被如此对待。在现代社会，这可是成本很高的解决方法，因此，我们的社会试图将强暴视为重罪以解决问题。

移植用器官是否应该有完全自由的市场，是同议题的另一个例子。移植用器官目前供不应求，让这个市场合法化似乎是解决问题的明显之举。这可以给个人事先出售器官使用权的诱因，器官只在个人死后才取用，或者个人同意死时出售器官，所得资金交给继承人。更具争议的是，如果价格够高，有两个肾脏的人会有诱因出售其中一个。

反对完全自由器官市场的最佳论点是寻租问题。很少有人身上会带着几百美元以上的现金，但是每个健康的人都有价值数万美元的器官。如果市场完全自由，人们将有很高的诱因去绑架别人，只为取得他们的器官，因而提高了谋杀案发生的风险和防范谋杀的成本。世界上某些地方已经发生这种事，都市中也盛传器官绑架案，例如有人一觉醒来，肾脏已经不翼而飞。

一个解决办法或许是在设置市场时，建立器官出售的所有权转让记录。另一个办法是颁布法律，规定器官可由所有人事先或在死时出售，但不得转售图利。

狩猎民族几无任何财产，或者至少没有任何东西的价值超过两三天劳动的价值，所以他们很少设立地方法官或任何常规的司法行政。没有任何财产的人，只能伤害另一个人的身体或名誉。但当一个人杀害、伤害、殴打、毁谤另一人，虽然后者受害，前者却得不到任何好处。不过对财产的伤害则不一样。伤人者获得的利益往往等于受害者的损失。……因此取得宝贵和大量的财产需要建立公民政府。在没有财产，或者至少财产不超过两三天劳力价值的社会中，公民政府就没有那么必要。

——亚当·斯密，《国富论》，卷五，第一章，第二篇

延伸阅读：

本人与斯乔斯特罗姆合撰的《边际吓阻的经济原理》(Hanged for a Sheep: The Economics of Marginal Deterrence)，1993年发表于《法学研究期刊》。(*Journal of Legal Studies*)

16　反托拉斯

第一部分：经济学

第2章简单说明了自由放任的好处。如果放手让人们以彼此接受的条件交换商品，所有的商品将会流向价值最高的用途，商品分配因此具有经济效率。如果某种商品对潜在消费者的价值高于潜在生产者的生产成本，那么后者会发现生产它符合自身利益，并在生产出来后卖给前者。所以，只有当商品值得生产时才会被生产出来。

这个论点假设生产成本是多卖一单位商品的唯一成本。但如果多卖商品可以压低价格呢？比方说，我在小镇上开了唯一一家杂货店。一个星期多卖10加仑牛奶的成本，不是只有多进货和销售更多牛奶的成本，还包括因此损失的牛奶收入——因为我本可以通过少卖一点牛奶而对牛奶定一个更高的价格。

用数字来计算可能会更清楚。我必须在下面两件事中做选择：一个星期卖100加仑，每加仑2美元，或者一个星期多卖10加仑，也就是110加仑，每加仑1.9美元。多卖10加仑的成本是每加仑1.5美元，所以收入是增加19美元，而成本只有15美元。看起来这样的生意好像不错，但后来我想到，原来的100加仑我本来可以卖更高的价格，现在却必须用较低的价格出售，害我损失10美元的收入。

如果只考虑跟多卖牛奶直接相关的成本与收入，只要价格高于成本，我就会继续卖更多的牛奶。在完全竞争市场中，每家公司的销售量对价格没有显著的影响，卖方的行为就是如此。而垄断企业（或拥有一些市场力量的企业）晓得它只有降低价格才能卖得更多，但这会损失原来销售量可卖得的高价钱。对我（卖方）来说，损失的这部分收入是一种成本。但就作为整体的所有人来说，这只是一种移转：顾客本来愿意用较高的价格购买牛奶，现在价格降低了，我的损失是他们的获利。

为什么销售价格高于成本是缺乏经济效率的行为呢？假想有位顾客，多买1加仑牛奶可以为他产生1.8美元的价值，比我的牛奶售价低，但高于我的成本。如果我多生产1加仑牛奶并送给他，我损失1.5美元，他获利1.8美元，整体净收益是30美分。如果我生产牛奶并以1.5美元的价格卖给他，净收益仍是30美分，但我们之间的利益分配不同。只要我的牛奶售价高于它的成本，那些认为牛奶价值高于它的成本、低于售价的顾客就不会向我购买，这是缺乏经济效率的。这个简单的道理通常是以垄断企业的成本曲线、需求曲线、利润极大化价格的图形来说明，是垄断企业缺乏效率的标准经济主张。

牛奶对顾客的价值高于我的生产成本，顾客却不来买，这造成了我的问题，也造成了经济效率上的问题：我失去了潜在的利润。一个解决方法是，想办法用不同的价格将牛奶卖给不同的顾客，对愿意高价购买的人收取高价，对只愿意在低价购买的人收取较低的价格。这种价格歧视不见得行得通，因为我无法判断谁愿意支付高价，谁不愿意支付高价，我也无法阻止低价买进的人把产品高价转售出去。

如果这个问题能够漂亮地解决，也就是我能以每位顾客愿意支付的最高价格卖产品给他们，那么反对垄断企业的标准主张便站不住脚。只要有一位顾客觉得牛奶的价值高于我的生产成本，我就有意愿把产品卖给他。因此，若能实施完全的价格歧视，我便能以不同售价出售给不同人，使每个顾客付出的成本低于其所认定的产品价值，这样的生产数量正合乎经济效率。

完全的价格歧视产生了完全的经济效率，至少就数量来讲是如此，但在不完全的价格歧视下则不然，而卖方通常也只能做到不完全的价格歧视。完全的价格歧视会使所有的交易利益归于卖方，买方一无所获，就像双边垄断谈判中，有一方比另一方更擅长谈判。但经济效率关心的是净收益的多寡，不是谁获得收益，因此谁获得收益应该跟效率无关。也可能不是这样，我在后面还会讨论。

在完全竞争的产业中，超额利润（利润高于正常资本报酬）会促使人们开新公司，导致产量增加、价格下降和利润下滑。所以处于长期均衡状态的完全竞争产业，产品价格往往只够支应企业成本，包括股东的资本报酬，而经济利润（economic profit）为零。但垄断产业只有一家公司，可能会有垄断利润。

第二部分：垄断之无效率

时间为1870年。文明世界的西方某处有块肥沃农地，未来值得铺设一条铁路。铺设第一条铁路的人将享有垄断。如果这条铁路在1900年铺好，支付所有成本（包括用来兴建铁路的资本的正常报酬）后，总利润将是2 000万美元。要是这条铁路在1900年之前铺设，每年会亏损100万美元，因为住在那个山谷的人口不够多，收入难以维持铁路营运的成本，直到1900年才会转亏为盈。

我晓得这些事实，准备在1900年铺设铁路。不过有人抢先一步，计划在1899年铺设。他可望获得1900万美元的利润，这比我先建而他一无所获要好。但还是会有人愿意在他之前铺设铁路。于是铁路会在1880年铺好，而兴建铁路的人只获得正常的资本报酬。这种情况跟第10章缺乏效率的提早移民垦荒、第3章缺乏效率的盗窃是相同的。

在这种情况下，垄断利润并不是从顾客到铁路公司的移转，而是一种净损失。垄断利润愈高，企业会动用愈多资源去争取利润。因此，完全的歧视定价不是解决垄断问题的最好方法，而是最糟的方法。由于每位顾客都用自己愿意支付的最高价格去购买，企业生产出的全部利益都以垄断利润的形式移转给该企业——而所有的垄断利润都会被花在获取垄断上（成为获取垄断的成本）。所以交易利益如何分配确实很重要（至少在这种情况下是如此），这不是从经济效率来看，而是从无效率行为的诱因来看。

我们已经谈到垄断缺乏经济效率的两个理由。其一是垄断企业在追求利润极大化的过程中，以太高的价格销售太少的数量；如果它扩大产量，顾客的所获将多于它的所失。其二是取得垄断利润的机会，将鼓励垄断企业表现缺乏经济效率的寻租行为，因为企业会动用资源以确保垄断地位。

如果垄断缺乏经济效率，应该如何对付它呢？回答这个问题之前，必须先回答另一个问题。

为什么会有垄断？

小镇内仅有的一家杂货店是一种自然垄断。如果有人想开第二家，其中一家最后会被迫关门，因为单一杂货店营运的平均成本较低，能以较低的价格出售产品，而两家杂货店只能各自吸引部分顾客。如果一个产业绝大比重的生产成本（如产品设计成本、计算机程序开发成本、装备工厂的成本）不受生产数量影响，也会形成自然垄断。有愈多产品分摊固定成本，平均成本就愈低，所以大公司有能力对小公司展开削价竞争。

几乎所有公司都有一些固定成本，但为何不是每种产业都形成自然垄断呢？一个理由是，生产的规模经济被行政管理的规模不经济所抵消。公司规模愈大，从总裁到工厂作业员间的层级愈多，前者就愈难掌控后者。即使公司规模大到能享受生产成本的规模经济，进一步成长却可能使它的行政管理成本提高，工厂管理也可能不再那么仔细。这是大多数产业存有众多公司的一个原因。

除了自然垄断，一种产业只有一家公司的另一个原因是，如果有人试图竞争，垄断者可以寻求公权力保护。"垄断"的原始意义是销售东西的独家权利（exclusive right，专营权）。一般来说，这种垄断权是政府为筹措资金而出售，或者授予跟政府友好的个人，如国王的外戚。这种垄断仍然十分常见，邮局便是很好的例子。根据美国的民营快递业务法令，与邮局直接竞争属非法行为。

第三种垄断形式和反托拉斯的法律议题有关。假设某种产业只有五家大公司。其中一家公司的总裁有一天想到，如果他们都减低产量，价格就会上涨，而他们从价格上涨获得的收益，高于销售量减少所产生的损失。结果是形成一种卡特尔，也就是一群公司彼此协调行动，压低产量以抬高价格，就好像他们是一家垄断企业一样。

卡特尔成员面对的问题是，虽然每家公司都希望其他公司压低产量以抬高价格，却也希望扩增自己的产量，好从高价中获利。他们可以用略低的价格，多卖一些产品给可能被竞争对手抢走且可以信任（不会走漏交易风声）的客户。每个卡特尔成员都在暗地里作弊，伤害其他成员。要是他们做得过火，市场价格就会被压回到卡特尔成立之前的水平。

一个解决方法是由卡特尔成员签署一纸合约，同意降低产量，并同意所有销售都由一个共同的代理人负责，以防止暗地里搞鬼。这种合约在不少国家合法且具执行效力。但在美国不然，这种合约长久以来被视为"贸易限制"（restraint of trade），因此不具执行效力。依现行的反托拉斯法，它们也属非法。

不过由政府执行的卡特尔协议则不受限制，如解除管制前的美国航空业。执行美国的国内航空卡特尔的机构是民用航空委员会（CAB），它可以否决调整票价（包括降价）的计划。国际航空运输协会（IATA）也有类似的功能。这个协会的大部分会员是政府经营的航空公司，而政府当然能够执行协议，可以否决非会员在本国的落地权。

另一个解决方法是这些公司合并成一家垄断企业。这可能会提高些许成本，原因很简单，市场之所以有五家公司而不是一家公司，正是因为这五家公司都已经达到平均成本最小化的规模。但如果合并后的公司有够大的市场，能够抑制产出和推升价格，利润也有可能提高。在美国，司法部反托拉斯局并不会准许这些公司合并成垄断企业。

我有位朋友提出很有创意的看法，建议反托拉斯局区分"促进竞争"的合并案和"反竞争"的合并案。前者是指各企业结合之后，能以更便宜的方式生产产品，后者的目的则是创造垄断企业。促进竞争的合并会使业内其他公司的处境变糟，因为它制造出一家更有效率的竞争对手。反竞争的合并则使业内其他公司的处境变好，因为它会抑制产量以求抬高价格，使得大家同蒙其利。所以，新的合并案提出时，反托拉斯局只要观察是谁在反对就好。如果业内其他公司反对，它就批准合并案；如果其他公司不反对，则驳回合并案。不过，如果其他公司晓得反托拉斯局处理合并案的方式，并调整自己的策略，这种方式便行不通。

卡特尔和反竞争的合并，都会产生前面所说的两种无效率现象。不管是前者还是后者，垄断都会把价格推高到边际成本之上，使产出降到符合经济效率的水平以下。在卡特尔的情况中，寻租的成本是以下列形式呈现：卡特尔成员为了执行（和规避）卡特尔协议所做的支出，以及创立和维持卡特尔的谈判成本。至于反竞争的合并的无效率（公司大到无法最小化平均成本），则是来自要合并的公司在追求垄断（为了将顾客的金钱转移到他们手中）的过程中的寻租支出。

人为垄断

假设在某些产业中，规模经济和规模不经济大致相互抵消；大公司和小公司的生产成本几乎相同。人们普遍相信这种情况可能导致**人为垄断**（artificial monopoly）；洛克菲勒经营的标准石油信托（Standard Oil Trust）就是最好的例子。

假设我是洛克菲勒，已经控制90%的石油产业。我的标准石油公司收入庞大，累积了巨大财富。公司拥有的资源远多于任何一家规模较小的石油公司，甚至比它们的总和还多。只要其他公司存在并与我竞争，我投入的资金就只能赚到正常的市场报酬。

我决定采取掠夺性的定价方式，把我的价格降到我的（以及对手的）平均成本以下，逼使对手退出这一行。我和竞争对手都因此赔钱，但我的本钱比较大，所以先倒的是他们。之后我可以再把价格提高到垄断价格。要是有任何新公司考虑进入市场，从高价中牟利，我会把以前对手的下场告诉他们，并扬言如有必要，将再演出相同的戏码。

然而，这样的口头分析并不精确。"我和竞争对手都赔钱……"听起来好像我们赔的钱一样多。事实不然。如果石油产品有90%是我卖的，另一家竞争者的产品占1%，而且我们的销售价格和平均成本也都相同，那么他每损失1美元，我会损失90美元。

我的情况可能更糟。降价之后，需求量会增加；如果我要维持低价，就必须增加产量，损失自然跟着提高。我的竞争者每损失1美元，我则可能损失95美元。竞争者并不想压低价格，所以他或许会降低产量以减低损失，迫使我赔本卖更多产品。他可以让老旧的炼油厂停工，减少某些工厂的开工时间，人事遇缺不补，利用种种方法缩减他的损失。这么一来，当我损失95美元时，他可能只损失50美分。

虽然我的规模比他大，资金比他雄厚，但并非大到和富到没有极限；我只是他的90倍大，比他有钱90倍。但我赔钱的速度比他快90倍以上。如果我继续以低于成本的价格出售产品，企图把他逼出市场，先破产的将是我，不是他。尽管人们普遍相信洛克菲勒是以低于成本的价格出售石油来迫使竞争对手退出市场，但仔细研究导致标准石油分裂的反托拉斯案记录，并没有他曾经那么做的证据。那种故事似乎是历史学家版的都市神话。

有一次，标准石油一位高层主管扬言，如果规模较小的玉米农夫石油公司（Cornplanter Oil）不停止扩张并争夺标准石油的生意，标准石油会削价竞销。玉米农夫石油经理的答复（根据他自己的证词）如下：

> 唔，我说："莫菲特先生，我很高兴你那么说，因为如果你们能做的事只是降价竞销，而且如果你们真的要降价竞销，我就让出200英里地，让你们自个儿去卖个痛快。"我又说："我不想要比那还大的市场；如果你要的话，那就去卖吧。"道 Ⓑ 声再见我便走了。情况就是这个样子。
>
> ——约翰·麦基（John S. McGee），《掠夺性削价：标准石油（新泽西）案》

掠夺性定价在逻辑上并非不可能。如果洛克菲勒能够说服潜在的竞争对手相信他愿意损失无数金钱，好把他们逐出市场，那么可能没有人敢向他挑战，他就不会有什么损失。但是这种游戏的优势是在小公司，不是在大公司，证据也显示人为垄断基本是一种虚构。它存在于历史书籍和反托拉斯法中，但在真实世界中始终难得一见，原因可能是它用来维持垄断的手法根本行不通。

解决方法与随之而来的问题

由于竞争具有经济效率，有人可能会认为，要解决不合经济效率的垄断，可以拆散垄断公司。但如果自然垄断的企业被分割成规模较小的公司，平均成本会上升。由于平均成本会随着产量增加而下降，分割后的某家公司会扩张，将其他公司逐出市场（或收购它们）。到头来又回到原点——只有一家垄断公司。

垄断缺乏效率，所以有人主张分割人为垄断企业，或者立法禁止掠夺性定价以防止形成垄断，但由前文可知，借掠夺性定价来创造人为垄断只是一种神话。也有人主张分割政府管制自然竞争行业所创造的垄断。但在自然垄断情形下，完全竞争并不是可选的。我们不希望每个小镇都有十家杂货店。

要解决自然垄断缺乏效率的问题，经济学教科书提出的方法一向是由政府管制或者收归国有。这种方法有一个问题。主管官员或经营国有垄断企业的人员也有自身的目的———一方面追求个人私利，另一方面为政府的政治利益效力。因此主管官员的政策很可能是（已多次被历史所证实）设法让垄断企业的利润达到最高，以对现任政府提供政治献金，并为将来待遇优渥的工作机会铺路。

假设我们解决了这个问题，并请公正无私的主管官员管理自然垄断企业。他们看过本章的前半部分，认为解决方法是强迫这些公司按照边际成本收费，也就是按照多生产一单位产品的成本来收费。

这会引来几个问题。第一个问题是如何确认公司的成本——教科书外的垄断企业并没有一张画着成本曲线的图表。一个方法是去观察每单位产出的成本，然后据此定价。但是成本与产出的关系不是光靠观察就可以了解。要确定边际成本，我们不只需要知道公司在目前产量下的生产成本，还需要知道在其他产量下的生产成本。

第二个问题是，主管官员观察的是垄断企业在做什么，不是能够做什么——而且企业明白主管官员正在看。垄断企业的经理人可能会想，如果安排最后几单位产品的生产成本尽量偏高，主管官员就会看到高的边际成本，从而允许他们定高价格。

假设主管官员看穿了这种欺骗手法，准确地衡量出边际成本，并且让定价等于边际成本。自然垄断企业的形成，是因为多生产一单位产品的成本会随产量增加而下降，所以规模较大的公司相对于规模较小的公司享有成本优势。但在边际成本不断下降的情形下，平均成本会高于边际成本，因为平均成本包含了更早前成本较高的那些单位的成本。因此，如果自然垄断企业被迫依照边际成本出售产品，最后一定会破产；如果企业预料政府将插手管制，也不会进入这个市场。为了防止这种事情发生，主管官员必须设法弥补价格和平均成本之间的差距。

一个解决方法是用纳税人的钱提供补贴。虽然这可能符合经济逻辑，但在许多情况下并不可行，国会或地方议会也很少发空白支票给主管机构。一种常用的方法是从垄断企业的顾客身上捞钱。主管官员不再要求企业按照边际成本收费，而是按照平均成本收费。这是经济效率较低的结果，但仍比垄断企业自己定的价格要好。

主管官员如何确定平均成本呢？如果只是请垄断企业的会计师计算今年的支出，并根据这个数字定明年的价格，那么垄断企业的管理层就会缺乏降低成本的诱因。管理层晓得主管官员正在看，他们会据此修正自己的行为。

在美国，管制自然垄断的方法是"报酬率"（rate of return）管制，也就是定一个让受管制公用事业（regulated utility）的股东能得到"合理报酬率"的价格。公用事业是美国目前最常见的受管制自然垄断企业。管理委员会根据历年经验，把股东资本以外的投入成本设定在它认为的应有的水平。

投资人必须获得多少报酬率才会愿意投资公用事业呢？最明显的答案是"市场报酬率"——但要投入多少资本呢？如果主管官员是以投资人的原始投资额来衡量投资规模，那么新公用事业实在不具吸引力：要是投资人赌错了，公司宣告破产，他们就会失去一切；如果他们赌对了，却只能获得市场报酬率。所以主管官员根据历史成本在计算报酬率时，必须加进风险贴水的估计值，以弥补投资人失去资本的可能性。

公用事业能不能根据其股票市值来衡量目前的投资价值，并设定能够提供市场报酬率的价格呢？很遗憾，这是个循环性的问题，股票的价值取决于投资人认为公司会赚多少钱，而这又取决于他们认为主管官员将允许公司定的价格。既然股票的价值会随着公司盈余而变化，那么主管官员允许公用事业赚的盈余就是在股票价值上的市场报酬。

管理委员会经常举行听证会，发布新闻稿，说明他们如何尽责地保护消费者不受贪婪的垄断企业剥削。但是他们到底做了什么事，产生什么影响，则鲜为人知。斯蒂格勒（George Stigler）和弗里德兰（Claire Friedland）早年发表过一篇探讨管制经济学的论文，试图根据实证资料，即观察各州在不同时期实施管制的公用事业的报酬率，来确定公用事业管制的效果。结论是，管制毫无效果。

扩大垄断

反托拉斯法非常在意一家公司在某个市场拥有垄断地位后，可能借此在另一个市场取得垄断。最近引起争议的一个有名例子是微软，它被控试图利用在桌面计算机操作系统市场近乎垄断的地位，取得网络浏览器市场的垄断。这个案例至少牵涉三种不同的法律议题：垂直整合（vertical integration，又称纵向一体化）、规定零售价（retail price maintenance）、搭配销售（tie-in sales）。而法院普遍采纳的法律分析都与经济理论相互矛盾。这样的结果令我们不解。接下来我将说明法院对这些实务做法的解释是错的，并解释为什么它们仍然存在。

垂直整合

假设钢铁生产属于自然垄断，而且我拥有这一垄断。生产汽车需要钢铁，而我是唯一的供应来源，因此我买下一家汽车公司，并且拒绝把钢铁卖给它的竞争同业，不久我就能在汽车市场取得垄断。不管是在钢铁业或汽车业，我都能赚取垄断利润，所以我和股东都很快乐。

这个策略错误的地方，不是它行不通，而是没有必要。如果我想要推升汽车的价格，不必拥有汽车公司也能做到。我只要提高卖给汽车公司的钢铁价格就可以。汽车公司会支付抬高后的价格给我，并把增加的部分转嫁给他们的顾客，因此我不必踏进汽车业也能取得汽车业的垄断报酬。

垂直合并（vertical mergers）是反托拉斯法管理的事项之一，因为它怀疑垄断企业进行垂直整合的动机可能是为了扩大垄断。但上段的论证不只表明垂直合并不应该被怀疑，也表明垂直合并不应该产生，因此我们要问：为什么企业要做垂直合并？

其中一个原因当然是，公司生产自己的原料或销售自己的产品有时会比较节省成本，结果就是，即使在无涉垄断的行业，我们也会看到相当多的垂直整合案例。更有趣的一个原因是，公司在生产过程的某个阶段会拥有垄断地位，而垂直合并是降低垄断无效率的一种方法，能够提高公司的利润。

我的钢铁垄断企业提高对汽车公司的售价后，汽车公司的反应是减少使用钢铁，增加使用铝和塑料。这种原料替代是缺乏经济效率的。汽车公司使用100美元的铝来替代120美元的钢铁，但我生产钢铁的成本只有80美元。在经济效率上，这代表20美元的净损失，利润也可能损失这么多。

对我来说，一个解决方法是收购汽车公司。我可以指示汽车公司的经理人，在他们确定使用钢铁较便宜时，应以80美元的真实成本来计算，但在汽车价格的制定上，应尽可能赚取最多的垄断利润。这么一来，我消除了钢铁垄断价格的无效率，同时仍以垄断价格出售汽车，并赚取相应的垄断利润。

规定零售价

规定零售价是指制造商控制零售商出售产品的价格。多年来，®美国联邦法律允许各州自行决定是否允许并执行这种合约。依现行法律，明述规定零售价的合约在各地都属非法，不过实务上大家照做不误——只要在网上比较最新型号的Macintosh价格，你就会知道。

禁止规定零售价的一个理由是，制造商可以通过规定零售价将对零售商的"垄断"地位延伸至零售市场，这样做大概可以从零售商的垄断利润里分得一杯羹。但这种说法的问题不是制造商的策略行不通，而是根本没有必要。制造商可以任意定出零售商愿意接受的价格；如果他想提高零售价格，只要提高批发价格就行。如果没有规定零售价，零售商会互相竞争而使获利降低，最后只够保本。所以制造商不用觊觎较高的零售价格所增加的收入，他可以全部拿走。

说明了规定零售价在理论上不成立的理由之后，我们必须解释：为什么它确实存在？为什么有些制造商试图制定和执行控制产品售价的协议？

假设我是高价位的高保真音响设备的零售商。为了增进销路，我花了不少钱设立试听室，让顾客试听不同制造商的设备，请教专业业务员，然后决定购买哪种产品。

从试听室的人潮来看，一切都很顺利；业务员几乎没有空闲的时间。但从账簿上来看，情况不对；试听的人很多，但几乎没人买。为了思考这个问题，我需要呼吸一点新鲜空气，于是走到外面散步。就在街角，我找到了答案——一家新开的目录折扣店，办公室很小，没有试听室，卖的产品和我相同，但比我便宜20％。店门口还贴着地图，画出我的试听室位置。

这对我和音响设备制造商都造成麻烦。因为顾客可以免费利用我昂贵的售前服务，然后向成本较低的竞争对手购买，所以我停止提供售前服务。我关闭试听室，裁撤大部分业务员，并且降价竞销。顾客不再能够先试听我的产品才决定要不要买，他们的应对之道是，到出售不同品牌设备的经销商那里购买。这些品牌的制造商坚持用刚好支付业务员和试听室的成本的最低价来销售。这些品牌的经销商提供了售前服务，而且晓得没人能以更低价竞争。

搭配销售

很久以前，计算机需要占用一整个房间，不是只占用桌面，而且只有大公司和政府才买得起。当时有家公司叫作国际商业机器（IBM）。在那之前，IBM生产卡片阅读机——能把打孔卡分类以处理信息，是计算机问世之前的迟钝产品。在卡片阅读机的销售和出租市场上，IBM有近乎垄断的地位，销售协议规定顾客必须使用IBM的打孔卡，但后来被视为非法。为什么呢？

明显的答案是，因为IBM企图将卡片阅读机的垄断地位延伸到打孔卡。但这个答案同样说不通。打孔卡不完全是高科技产品；许多公司都能生产，也确实在生产。IBM可以要求顾客使用它的打孔卡，但无法控制使用其他机器的人使用哪种卡片。如果IBM利用卡片阅读机加打孔卡的垄断地位而提高打孔卡的价格，使用IBM产品要付出更高代价。但要做到这一点，还有容易得多的办法——可以直接提高卡片阅读机的价格。坚持要顾客使用昂贵的打孔卡，反而只是间接提高卡片阅读机的价格。

有人可能会认为，反正顾客别无选择，IBM还是能够出售昂贵的打孔卡。但这种说法不对。首先，IBM的顾客可以选择完全不用卡片阅读机，也可以选择使用其他公司的卡片阅读机——如果IBM的产品变得太贵的话。更根本的理由是，如果IBM能坚持销售昂贵的打孔卡而不失去任何顾客，它应该也能提高卡片阅读机的价格而不失去任何顾客。所以IBM坚持打孔卡和卡片阅读机搭配销售并不合理。接下来就必须解释为什么IBM会那么做。

一种常见的解释是，IBM很关心打孔卡的质量。如果卡片阅读机出了问题，IBM可能必须维修，而如果问题太多，商誉可能受损。自行生产打孔卡则可以用来控制质量。类似的解释也可见于早期一件反托拉斯案例中。这个案例是针对一家大型制鞋公司，它的市场地位一如全盛时期的IBM。

另一种比较有趣的解释是，IBM采取了很聪明的歧视性定价。同样的机器对不同顾客的价值并不一样，所以IBM希望对卡片阅读机评价高的公司收取高价，因为这些公司愿意支付高价，但对比较边际的用户收取较低的价格。

即使顾客愿意支付高价，也不会把这种想法告诉IBM。但一般来说，对卡片阅读机评价高的顾客也是高用量顾客。要求所有顾客都使用IBM的打孔卡并索取高价，实际上是对高用量顾客卖较贵的卡片阅读机。高价的打孔卡配合较便宜的机器，可以留住低用量顾客，同时从高用量顾客身上赚更多的钱，因为他们最不可能放弃使用IBM的机器。

这种搭配销售的解释，不知道是何时由哪位经济学家首先提出，但我怀疑其实最早提出的是律师。我最早碰到的搭配销售案例不是计算机，而是印刷机，而搭配销售的产品是印刷用纸。为印刷机制造公司的搭配销售辩护的律师，提出一个简单的解释：如果这家公司把所有的固定成本和变动成本都算进印刷机的价格中，小型印刷厂会买不起。印刷机价格较低和纸张价格较高的组合，可以让小型印刷厂能够负担，因为用不到太多纸张，但大型印刷厂使用的纸张较多，从他们身上多赚的钱可以用来支付公司的固定成本。这正是经济学家视搭配销售为一种歧视性定价的原因。这种解释也正确指出价格歧视所产生的经济效率的好处——降低某些顾客支付的价格，但不降低其他顾客支付的价格，因此使得产量增加。

虽然这些论点显示搭配销售有时具有经济效率，但不表示永远如此。要求顾客购买昂贵的打孔卡，会促使他们采取昂贵的预防措施，避免卡片用量超过必要限度。如果使用者采取预防措施的成本高于IBM省下的卡片成本，这样的结果显然缺乏经济效率。卡片价格过高所产生的经济无效率，必须与低用量顾客买得起卡片阅读机的经济效率相互比较。但我们找不到理论能够预测两者相抵的净效果；净效果可正可负。

结论何在？

本章主要用于解释问题，而不是分析法律。一个原因是，反托拉斯理论和反托拉斯法是十分复杂的领域，我在这两方面的研究都不多。但在此节，至少值得尝试从法律而非纯经济的观点来汇总这个主题。

反托拉斯法利用三种不同的方法降低垄断带来的成本：控制垄断形成、管制垄断企业、控制合法垄断企业的滥用。

垄断企业的形成有三种不同的控制方法。第一种方法是限制大公司合并，反托拉斯局相信这种合并会有"反竞争"的效果。如果两家泡菜公司希望合并，其中一家控制40%的市场，另一家控制50%，反托拉斯局可能认为90%的市场占有率太接近垄断，令人不安。原则上，反托拉斯局不只观察市场占有率，也要看如果合并后的公司试图以高价剥削消费者时，其他泡菜制造商是否有扩张的能力，或新公司是不是容易进入市场，以及消费者有多高的意愿用其他产品替代泡菜。要是观察结论不利于合并，有意合并的公司可能被迫放弃合并，或其中一家公司在合并前将泡菜业务分离出去。

控制垄断企业形成的第二种方法，是限制会形成垄断的行为，特别是掠夺性定价。前面说过，这种限制只是为了治疗想象中的病痛，但反托拉斯局可能不见得同意。搭配销售和规定零售价的行为也可能受到限制。

最后一种，可能也是最重要的方法，是让市场集中度高的产业中的公司难以合作，不会形成实质的垄断或卡特尔。要防止这种事情发生，可以拒绝承认卡特尔协议，就像美国和英国的做法，或将这种协议（包括秘密固定价格的协议）视为非法。

在美国，受管制的垄断企业主要是公用事业，如电力、天然气、自来水和电话公司，管制工作主要由各州执行。根据前面讨论过的理由，我们无法肯定公用事业的管制机构是否试图追求经济效率以及他们真的追求的话能不能做到有效率，也无法肯定他们对他们管制的产业能不能发挥显著的影响。理论上的做法非常简单，例如让价格等于边际成本，并且寻找资金来弥补该价格与平均成本之间的差距。但实务上的应用没那么容易。

控制合法垄断企业的弊端，和前面讨论过的"扩大垄断"有关。我认为虽然这种行为可能来自垄断，并且可能提高垄断企业的利润，但这是不是让其他人的处境变糟则不明确。因此，我们也不清楚限制这些行为是否合理。

新一代的反托拉斯

美国联邦政府在20世纪80年代的反托拉斯行动相当少，部分原因是这些行动往往弊多于利，而这是受到前面所提论点的影响。最近联邦政府的反托拉斯行动又开始活跃，主要是针对计算机业。微软的反托拉斯讼案是目前的焦点。

一个原因可能是，软件是特别明显的自然垄断例子。计算机程序写成之后，多生产一套的成本几近于零，所以卖量愈多，平均成本愈低。于是任何时候都可能有一种产品独霸某个利基市场，例如一个独霸的文字处理程序，或一个独霸的影像编辑程序。这在目前指的是微软的Word和Adobe的PhotoShop。

研究这些市场的经济学家利博维茨（Stanley Liebowitz）做了一个有趣的实验。他把各种利基产品的市占率和计算机杂志对产品的平均评价绘制成图，结果相当惊人。任何时候都有一种独大的产品。它会保持龙头地位，直到某家竞争同业开始不断获得更好的评价，并且迅速夺取市场为止。在计算机业中，程序一旦写成，再生产一百万套的成本相对不高，所以市占率的变化相当惊人。

就像美国式的婚姻被称为一系列的再婚，软件业是一系列竞争的显著例子。任何时候总有人独领风骚，只是一代新人换旧人。个人计算机的历史仍然相当短暂，但电子表格程序的霸主却已数度易位，从最早的 VisiCalc 到 Lotus 123，再到微软的 Excel。文字处理程序的主宰者则从 WordStar 到 WordPerfect，再到微软的 Word。

这可能让你觉得见到某种垄断的模式，反托拉斯局也这么觉得。微软不见得永远领先，比如，Adobe 就持续主宰绘图和排版等利基软件的市场。但是微软成功的软件应用程序的市占率很高且不断成长。竞争同行提出的一个解释是，微软拥有操作系统（首先是 MS DOS，后来是 Windows），让它在设计软件上有不公平的优势，比其他任何人更了解软件互动所需的程序代码。

这种解释听起来合情合理，但对实际的状况并未解释清楚。就算微软拥有这种优势，也限于利用微软操作系统的计算机，所以微软的应用程序应该只能（或至少主要在）英特尔平台上受到欢迎。但 Word 和 Excel 不只是 Windows 操作系统中被使用最多的文字处理程序和电子表格程序，也在多数的 Macintosh 计算机中称霸。

有人会认为，微软利用操作系统优势取得英特尔世界中的独霸地位，并利用 Macintosh 用户希望使用与别人兼容软件的愿望，进而扩及到 Macintosh。虽然这听起来合情合理，却和历史事实不符。Macintosh 刚问世时，在英特尔计算机上主宰的文字处理程序是 WordStar，在 Macintosh 上称霸的则是 Word。微软是先在 Macintosh 的文字处理程序和电子表格市场取得独霸地位，而且它拥有的操作系统优势并不比别人好，也不如苹果公司（它也有自己的文字处理程序）。之后微软才发展至 DOS 与 Windows 操作系统。

网络外部性：标准键盘与德沃夏克键盘的迷思

解释垄断和认为应该采取反托拉斯行动的最新经济理论，称作"网络外部性"（network externalities）。它的基本观念是，消费和生产一样有规模经济。我使用的文字处理程序跟别人相同，彼此交换文件会更便利，所以愈多人使用Word，会让我愈想放弃可靠的WriteNow。如果我家的电话能打给更多人会更方便，所以电话网络的规模愈大，提供给每位顾客的价值愈高。因此，和生产有规模经济一样，消费也会形成自然垄断。

传统打字机上的按键安排，即标准键盘（Qwerty keyboard），便是个典型的例子。根据广为流传的说法，标准键盘的设计方式本来是为了减慢打字速度，以减少早期打字机按键卡死的问题。它在早年一项重要的打字比赛中，被当时世上唯一的（不看键盘）按指打字者所使用，并因此赢得市场地位。这种优势一旦建立后，尽管有更好的德沃夏克键盘问世，它仍能借由网络外部性的力量而维持它的地位，没有人愿意使用德沃夏克键盘。

1990年，利博维茨和马戈利斯（Stephen Margolis）发表了一篇名为"键盘的神话"（The Fable of the Keys）的文章，证明前述故事里的每件事都不正确。为了防止按键卡死，标准键盘的设计不是希望减慢打字速度，而是把经常紧接着出现的字母安排在键盘的两边，让使用者能交互敲打；时至今日，这仍是理想的模式，因为打字者可以轮流使用左右手，速度比较快，也没那么累。在早期许多打字比赛中，不同的机器互有胜负，而且比赛分数清楚显示，没有一位打字者比其他人具有更多的速度优势。

324

受到最不利影响的或许不是标准键盘，而是它的竞争机型。德沃夏克键盘的优势只在发明人奥古斯特·德沃夏克（August Dvorak）的监测下才展现出来。主张网络外部性理论的人，将德沃夏克与标准键盘之争视为该理论正确的证据，但其实他们是把广告宣传当作科学资料。由独立第三者所做的测试发现，新按键配置最多比旧标准键盘的速度快几个百分点。

利博维茨和马戈利斯并非否定网络外部性，但他们表示，这只不过是把规模经济和自然垄断中已经熟悉的现象改个名称而已。他们宣称网络外部性的影响并不重要，至少就打字机来说是如此。虽然有些打字者需要能在不同的打字机之间转换，很多人却不必。许多写作者宁可在一台打字机上完成全部的作品，尤其是在过去的机械式打字机时代，当时各种键盘的变化远比今天的计算机键盘复杂。转换键盘布局的成本并非特别高，在 IBM 推出 Selectric 后，成本更是下降很多。当使用者从打字机改用文字处理器后，转换成本更低，因为计算机键盘的配置可以用软件来更改。每一台 Apple Ⅱc 都有内建的转换程序，可以切换使用标准键盘或德沃夏克键盘。

如果德沃夏克键盘真的像爱用者所说的那般好用，应该能够迅速取得绝大多数打字者的认同，而不会再去用其他的键盘。它应该能普及开来，标准键盘也应该早被丢到历史垃圾堆中。但这种事情并没有发生。

计算机软件也有类似的问题。计算机软件的兼容性也有很高的价值，但利博维茨和马戈利斯同样反对他人使用文字处理程序会增加对我的价值的说法，因为证据显示这样的影响似乎不大。如果一个人对文字处理程序的选择主要是受到别人的影响，那么第一个独霸的文字处理程序应该能永久独霸，因为没有对手有竞争的机会。由此推论，我现在应该还在用WordStar或MacWrite，而VisiCalc应该仍然支配着电子表格的市场。但这种事情并没有发生。

他们也提出一些较不直接的证据。假设有两种同样出色的文字处理程序，一种占有95%的市场，另一种只占有5%。如果外部性很重要，对使用者来说，主宰市场的产品应该远比另一种产品有价值，例如前者可能比后者的价值高出100美元。理性的垄断者因此应该提高价格，从愿意花钱的顾客身上狠捞一笔。但他不会提高100美元，因为这种价格可能会让他的竞争对手开始扩张。所以他只提高50美元，既维持垄断，也从垄断中捞钱。

由此可知，如果外部性很重要的话，每个利基市场的主宰产品应该会卖得比竞争对手贵。但根据实证，情况似乎并非如此。所以网络外部性不是不存在，而是它似乎并不是非常重要，至少在软件市场中是如此。

Ⓑ

我谈了很多美国最近反托拉斯的背景，但对当前众所瞩目的微软案例谈得很少。一个理由是，等到这本书出版的时候，微软的案子可能已经尘埃落定，其他的事情会占去新闻标题。另一个理由是，我对这件案子的诉讼细节或正反两面的证据了解得不够多，无法就竞争对手对微软各种坏事的指控来发表个人意见。

延伸阅读：

《掠夺性削价：标准石油（新泽西）案》《键盘的神话》收录在丹尼尔·施普尔伯编的《经济学的著名寓言：市场失灵的神话》一书中。

17 其他法律体系

　　法律经济分析的主体是法律——各个时空背景下的法律。但到目前为止的讨论，几乎只集中在现代的英美法律上。本章将把讨论范围扩及三种非常不同的法律体系。其中两种是过去的法律体系：萨迦时代（saga period）的冰岛和18世纪的英国。第三种不是法律体系，而是规章体系，是由私部门所执行的规范，存在于离我家几个小时车程的地方；它在某些争议上的效力高于加州公部门的法律。

　　探讨这些体系的一个理由是，观察本书的理论是否与它们相符。另一个理由是扩大视野，了解目前法律体系处理的问题，是不是还有其他可能的解决方法。第三个理由是提供现实的证据，了解其他的解决方法可能如何运作，以及它们可能遭遇什么问题。下一章将探讨如何利用这些证据来大幅修改美国的法律体系。

具有报复性质的私法

　　每个国家如神话般的历史之初，总有一些强大的贤明统治者，如乔治·华盛顿、阿尔弗雷德大帝（Alfred the Great）、查理曼大帝（Charlemagne）。冰岛的历史也是从一位强大的统治者开始。他的名字是哈罗德·哈尔法（Harald Haarfagr），生于9世纪，最大的成就是把一些由弱势国王统治的小王国合并成一个大王国。

这个大王国称作挪威，人民的主要工作是农耕、捕鱼和当海盗；他们就是我们现在称的维京人。许多维京人不满哈罗德修改他们传统的政治体制，于是驾驶长船，载满亲友和家畜，前往北大西洋一座新发现的岛屿。这就是冰岛的起源。

到了10世纪初，冰岛人终于着手建立自己的法律体系，并以传统的挪威法律为蓝本，但删除一个重要的项目。他们认为没有国王一样可以过得很好，因此建立包括议会和法院的政体，但没有中央行政机构，而且只有一位公务员：议长（logsogumaðr）。议长的工作是主持议会，提供法律咨询，并在三年任期内，当众朗诵整部法典一次。以现代美国用语来说，他们忽略了整个政府机构。少了行政机关来起诉犯罪，就很难建立刑法体系，所以冰岛人也完全忽略了刑法。

冰岛的体系是以"高齐"（Goði）为中心建立起来的。高齐通常译作"族长"（chieftain），但这种译法容易产生误导。一个拥有土地的普通冰岛人可以充任某个高齐中的议员（thingman）而进入法律体系。此人与高齐的关系属于自愿性质；议员可以自由转换到另一个高齐。这套体系建立之初，冰岛有39个高齐，后来增加为40个。成为高齐一员的权利称作"高齐权"（goðorð），以一项可移转的私有财产来代表，就像麦当劳的特许经营权。你可以靠继承或向别人购买高齐权来成为高齐的一员。

假设我们是生活在10世纪的冰岛人。我怀疑你在我的林地伐木，决定采取法律行动。第一步是公开询问你属于哪一个高齐，因为我们的高齐之间的关系，决定我必须在哪个法院告你，就像现代的两个美国诉讼当事人所住之州可能决定哪个法院有司法管辖权。

法院被决定好后，我提出损害控诉，就像现代的侵权诉讼。你可以随自己的意愿出庭或不出庭应诉；没有警察可以逮捕你，拘留你去审判，这和现代的刑事案不同。随后法院做出判决：你应该赔我20盎司的白银。审判终结了，你可能赔偿，也可能不赔偿。

如果你不赔偿，我会进行第二项法律程序，宣告你失去法律保护。一旦你被宣告失去法律保护，其他任何人可以杀你而不受罚。如果有人保护你，那他本身就触犯了法律，因此可能会被起诉。

现代的侵权法和合同法有时被称为"私法"，与"公法"（刑法）有别，因为前者由受害者提起诉讼，后者由公部门提起诉讼。但是冰岛的民法体系具有更强烈的私法精神，不只由私人提起诉讼，也由私人执行判决。而且依冰岛的体系，所有的法律都属民法。不管你侵犯我的林地财产权或杀害我兄弟，我都可循上述法律程序起诉。

冰岛的这套法律体系有一些明显的问题。第一是稳定性：如何让好勇斗狠的狐群狗党不犯法、不敢忽视判决？如果受害者相当穷困且没有朋友，缺乏适当的资源以提起诉讼且执行判决，也有类似的稳定性问题。其他的问题还包括，有些违法行为不易侦破——小偷得手后，十次有九次逍遥法外——以及被告无偿付能力。如果某人没钱可缴罚款，为什么要大费周章去控告他？

冰岛的法律体系对这些问题提出了解决方法，虽然并不完美。我们先谈最严重的威胁，也就是权贵人士不理会法院判决而可能导致的体系崩溃。

在冰岛的萨迦时代，权贵人士确实偶尔企图不理会法院的判决，并且强力阻挠法律体系的运作，但长期而言，他们很少能够得逞。部分原因是当事人之间的任何冲突都会造成伤害，制造一堆新案件。保护不法之徒的一方会败诉，因为那是违法行为。败诉的一方可以选择赔偿因此产生的损害，或者不予理会。但不予理会的话，会有愈来愈多人结合起来，共同对抗不法之徒及其支持者。

Ⓑ 我最喜欢举的例子是《尼雅尔萨迦》（*Njalsaga*）中的审判场面：诉讼案件正在审理，情况变得失去控制，露天法庭上的双方人马似乎就要爆发暴力冲突。某一方有人问一位友善的中立者会做些什么事来帮忙。这位中立者回答他将召集有武装的支持者。如果他朋友那一方败诉，他们可以退到他的人马后面。如果他的朋友那一方胜诉，他和他的人马将上场劝架，以免胜诉者杀太多人而承担不起。从这可以清楚看出，即使情况变得很糟，每个人都知道，长期而言，杀人终究是要付出代价的——考虑到杀人的赔偿很高，杀害你的敌对者就变成一件昂贵的事情。

以上是假设即使侵权官司的被告比原告有权势，有更多朋友愿意为他而战，原告至少还是有够多的资源去起诉。但如果被告相当穷且毫无权势呢（例如没有儿子的老人）?

解决的方法是让侵权求偿权（tort claims）可以转让。弱势的侵权受害者把他的求偿权卖给有足够力量起诉的邻居。他能够获得多少赔偿，要看邻居收到多少赔偿而定，以及他认为提起诉讼的困难程度如何。如果被告十分难缠，受害者可能必须把他的案件免费交给邻居处理，甚至帮分担成本。他获得的是吓阻效果——证明凡是伤害他的人都会被迫赔偿损害，即使他最后没有获得这笔赔偿。这样的情况和现代侵权受害者的处境相同，因为后者获得的损害赔偿只够支付法律成本——或者也可能和现代的刑案受害者相同，被判有罪者缴纳的罚款是给国家，不是给受害者。

美国的法律体系不允许移转未结案的侵权求偿权。就此而言，美国至少落后于最先进的法律技术一千年。但美国以比较笨拙和间接的方式达成类似的效果。如果律师同意以附带条件的方式起诉某个案件，等于接受部分的求偿权以作为酬劳。如果败诉，他不能获得什么；如果胜诉，他可以获得某个比率的损害赔偿。

若是犯罪行为被侦破的概率很低，又如何呢？冰岛的法律体系处理这个问题时，把隐瞒犯罪行为视为进一步的犯罪。循规蹈矩的冰岛人如果不小心杀了人，法律希望他立即将杀人事实及本人和受害者的姓名告诉邻居。如果他没有这么做——更糟的是，如果他把尸体藏起来——犯下的罪行将不只是杀人，而是更严重的谋杀。如果被逮捕，人不仅会处于更不利的法律地位，他隐瞒罪行的行为还会被视为可耻。

被告无偿付能力的问题有各种方式可以解决。一种方法是透过非正式的信用安排；被判有罪者可以在亲朋好友代为偿付法院所判之赔偿金后，为他们工作来抵债。另一种方法是服临时性劳役，即成为债务奴隶，以工作作为惩罚。最后，如果罪犯未能缴纳罚款，将失去法律保护，只能选择离开冰岛或者被杀，这个事实使得罪犯愿意尽力赔偿损害。

冰岛的法律体系建立于公元930年。接近公元1000年时，这套体系首次出现严重困难，居于多数的非基督教徒和居于少数但有挪威国王支持的基督教徒间发生暴力冲突。双方同意让（非基督教徒的）议长仲裁。议长裁决基督教成为冰岛的正式宗教，但非基督教的礼拜仪式仍可以私下进行。

大约150年后，又发生另一个严重的问题。两大派系爆发冲突，其中一派以武力阻止另一派透过必要的法律程序控告他们。但是头脑冷静的人终究占了上风，这个案件也以仲裁方式解决。但自1200年起，暴力冲突又与日俱增，终于导致冰岛体系瓦解。1262年，冰岛4个区域有3区投票决定将国家交由挪威国王统治。1263年，北区也同意了，冰岛前后长达333年的法律实验终告结束。

冰岛完全采用私法体系，在现代美国人眼里显然行不通。可是它在300多年内的运作相当良好，并且产生了全世界最好的文学作品之一。英文"萨迦"（saga）最初即来源于许多以冰岛为根据地的历史和历史小说，这些小说的背景时期和前文所述的相近。其中不少已被译成英文而广为流传。对很久以前在世界遥远角落、人口只有7万的国度来说，这是相当了不起的成就。

没有警察或检察官：18世纪的英国刑法

接下来要谈的体系在时间和法律上比较接近现在。18世纪英国的法律体系和美国很相似，包括刑法与侵权法的区分。但当时的英国虽有刑法，却没有警察去执行；英国直到1830年代才有第一批警察。当时英国也没有检察官。这显然产生了一个问题：没有警察和检察官，由谁来逮捕和起诉罪犯？

答案是，依英国的法律，每个英国人都可以起诉任何刑事犯罪行为。提出诉讼的个人实际上通常是受害者。

于是这产生了第二个问题。侵权案的原告有很明显的起诉诱因，因为胜诉能获得损害赔偿。刑事案件中的私人原告则无法获得什么；如果胜诉，被告将被处以绞刑、流放，或者可能被赦免。那又何必起诉？

起诉的理由之一，可能是希望在审判前于庭外和解。就算宣判有罪，原告也可能得不到什么，但被告可能损失很多，甚至丢掉性命，所以也许愿意赔偿原告以撤销控诉。在轻罪案件中，这种协议合法且被允许，在重罪案件中则属非法，但似乎仍会发生。

起诉的第二个理由和萨迦时期的冰岛一样，是要产生吓阻效果。假使我经营的事业特别容易遭窃，例如一个布料染整作坊，作坊中有很多价值不菲的布料是在户外进行染整。若我对某名窃贼提起诉讼，消息传出后，其他的窃贼便会被吓阻。今日的百货公司挂有"盗窃者送警究办"的标示，正是基于相同的理由，把吓阻当成私人产品（private good）。即使在美国的法律体系中，刑事案件的起诉实际上至少有部分是由私人提出，因为受害者往往必须在这个过程中大力配合，协助将罪犯绳之以法。

多数人绝不认为自己会是多起犯罪案件的受害者，因此无法做合理预期，以潜在的起诉来产生吓阻。18世纪的英国人想出一个聪明的替代方法：成立起诉重罪犯的组织。

有数千个这种组织成立，每个组织通常是在单一城镇内运作。每位组织成员要交一笔小额年费，这笔钱用来起诉对社员犯下重罪的人。成员名单会公布在当地报纸上以让当地的重罪犯知道。因此起诉组织有如委任机制，潜在的受害者可以确保万一别人对他犯下重罪将遭起诉，而把吓阻犯罪的收益从公共产品转为私人产品。如果由个人提出诉讼，只能略微提高定罪比率，吓阻效果有限。但是透过组织的力量，凡是对成员犯下重罪的人，定罪比率会大幅提高，因此能大幅增加吓阻效果。

为了让吓阻犯罪成为私人产品，必须让罪犯知道受害者是谁——在18世纪的英国，是让罪犯知道受害者属于起诉组织的一员。但在公路抢劫这类针对陌生受害者的犯罪行为中，这样的方法难以成功，因为罪犯不知道受害者是谁，不知道未来是否会被起诉。18世纪中叶，由于提出诉讼的诱因不足，英国中央和地方当局对起诉成功者制定一套奖励制度，有时出手相当大方。但这会产生新的问题，我们将在下一章再讨论。

除了由私人提出诉讼，18世纪英国的刑法体系还有另一个特色：惩罚的模式。我们先谈一下历史背景：

在中世纪的英格兰（和其他地方），天主教教会宣称对神父和修士等神职人员拥有最高的权力。在皇家法院被控犯下死罪的神职人员，可以申请"圣职者特权"，把案件移交宗教法庭审讯，而宗教法庭不会处以死刑。在政府机构没有广泛保存记录的社会中，这带来了另一个问题：谁算是神职人员？法庭又如何得知某位被告有资格称作神职人员？法庭自有一套简单的规则：任何人只要识字，就算是神职人员。传统上，他们要求被告诵读圣经上的诗句，测验诵读的能力。后来这称作"保命诗"，因为会念就能保住性命。不识字但细心的罪犯，会特意记诵这些诗词。

随着时间的推移，有两件事情的发展使得这套制度与初衷日益脱节。其一是读写能力普及化，这表示愈来愈多俗人可以要求圣职者特权。另一件事是"宗教改革"。到了16世纪，英国不再有宗教法庭来处理申请圣职者特权的案件。结果圣职者特权从原本是教会管辖神职人员的法律特权，转变为重罪犯逃避刑罚的护身符。

法律体系以各种方式来因应。其一是宣称比较严重的罪行"无神职豁免权"：这些罪行的被告不能申请圣职者特权。到了18世纪，几乎所有严重的罪行，包括偷窃金额达40先令以上，以及入屋行窃造成被窃家庭心生恐惧，都属无神职豁免权的重罪。根据法律，这些重罪的惩罚是绞刑。因此，乍看之下，在18世纪英国的法律体系中，所有的重罪都判处死刑。

但这种表象会带来各种误导。如果陪审团认为被告有罪，但法律规定的惩罚太重，他们有可能改判被告较轻的罪，这个过程称作"虔诚的伪证"（pious perjury）。如果被告被判死刑，法庭可能让他选择是否被流放至"新大陆"和服14年劳役，以逃过一死。如果战争爆发，被告也可能免于一死，条件是加入陆军或海军。孕妇即使犯下死罪，但腹中小孩并未犯罪，也可要求改判其他惩罚。也有不少被告被判绞刑定案后竟获赦免。

后来的历史学家称这套依赖处决人犯的体系为"血腥法典"。但它是怎么运作的呢？研究特定法院的记录后发现，被控无神职豁免权重罪的被告中，只有约40%照原罪宣判，其他被告则依较轻的罪行判处死刑以外的惩罚。而被判死罪者，只有约40%行刑。因此，至少就这个样本来说，被控犯下死罪者有约1/6的概率遭到处决——远高于目前美国的法律体系，但远低于当时法律的原意。

以上所说漏掉了一项惩罚：监禁（imprisonment）。这被我们认为是重罪的正常惩罚。在18世纪的英国，监禁有时用来惩罚轻微的罪行，如游荡罪（vagrancy）。除此之外，监狱也用来监禁被控犯下重罪的人直到接受审判，以及监禁判决定案的重罪犯直到执行绞刑或流放。到了18世纪末，监禁才成为对重罪犯的惩罚。

我们能从经济观点来了解这种惩罚模式吗？我想是可以的。

监禁危险罪犯的成本很高，而且依现在的标准来看，18世纪的英国并不富有。死刑和流放是成本非常低的惩罚。所以若判决定案的重罪犯借从军以免死罪，对政府来说，惩罚成本为负值，因为皇家军队多了一名士兵，而付出的代价低于在公开市场募兵必须支付的价格。

替代我们平常所讲的监禁的另一个方案是刑事奴隶（penal slavery，即劳役刑）——我们暂且放下21世纪的我们对这个字眼的敏感性，也就是设立监狱来强迫犯人劳动。根据已有的证据，刑事奴隶对政府来说通常不是很有吸引力的选择。给危险的罪犯吃、住，还要雇用狱警，成本远高于罪犯劳动的价值。1770年代短暂使用刑事奴隶似乎也暗含了这一点，因为当时爆发了美国独立战争，英国不再能够把重罪犯流放到美洲新大陆。

ⓑ 划桨奴隶制度史提供了更多的证据。划桨奴隶制其实是文艺复兴时代的产物，这和《宾虚》（Ben Hur）及其他小说的情节恰好相反；希腊和罗马的战舰一般是由自由人划桨。15世纪末左右，地中海强权才开始使用死刑犯当桨手。这个做法很快就流传开来，大量健康的男性罪犯得以免死，改为充当划桨奴隶。

要了解这件事的起因，不妨稍微探讨一下奴隶经济学。为了从奴隶身上获利，主人从他们的劳力上赚到的钱，必须多于给他们吃、看守和监督他们的成本。这件事做起来是否容易，有很大一部分取决于奴隶所做的事。

监督划桨奴隶很容易，因为他们必须整齐划一地划桨，如果有人偷懒，一眼就可看出。防止他们逃跑也很容易，因为带着锁链很难游泳。从奴隶主人的观点来看，划船舰是理想的奴隶劳动。罪犯惩罚史就告诉我们，因为这种刑事奴役制产生的价值高于成本，所以从国家的观点而言，它是比处决更为理想的惩罚形式。但桨帆船舰不适合航行在比较险恶的大西洋，所以英国才使用流放犯人的方式。

以上说明引来了另一个问题：为什么划桨奴隶会在那时候出现？我有个简单的答案，但纯属臆测。在古代到中世纪的大部分时间里，海战主要是在船上进行肉搏战。这么一来，你当然很不希望船上有一群没有武装、铐着锁链并且恨你的人。等到大炮的威力够强，使战舰从浮动军队转为浮动炮台之后，划桨奴隶才成为可行的军事技术。

所以我们可以发现，英国和其他地方的法律体系都努力寻求便宜、更好且有利可图的惩罚形式。这不只解释了死刑和流放的存在、监狱的缺乏，也说明了为何赦免罪犯。如果法官认定某名被告是好青年，只是一时受到诱惑，不是冷酷无情的罪犯，他也可能判决被告处以绞刑，然后赦免他，以制造足够的恐惧来吓阻将来的犯罪行为。同样的原则也大致能够解释现代法律如何量刑。它也能解释法律为何允许有精神疾病的刑事罪被告免受惩罚。如果某人太过疯狂，无法有效吓阻，把他送到收容机构以防止将来再出问题可能是比较好的做法，但惩罚他则没什么意义。所以不惩罚被告有时是因为没有必要，有时是因为没有用处。

选择性赦免的第二个原因，是它可以降低处决的负外部性。绞刑几乎总是对受刑人构成很大的成本（这是处以绞刑的原因之一）。但它也可能对别人构成很高的成本，如亲戚、朋友、雇主，以及必须救济死刑犯家属的纳税人，而这些成本毫无吓阻功能。所以如果这些人愿意不辞辛劳，在审判时挺身为罪犯做出有利的证词，或者签署请愿书请求皇室赦免，这就正好说明了这些成本是高昂的，因此赦免罪犯以避开这些成本是合理的。

以上是假设法院体系根据和罪犯有关的信息来决定是否赦免。另一种假设方式也同样有道理。罪犯雇主的请愿或许能够提供罪犯性格或生产力等方面的信息，而具有政治影响力的贵族的请愿没办法提供这类信息，至少不能直接提供，因为他可能从未与罪犯谋面，不可能对他了解太多，但这种请愿对案件审理结果的影响也许大于前者。

假使你是英国平民，朋友犯重罪（例如偷羊）被判死刑，你想救他一命。一个方法是去找你认识的地位高的人士，如当地的乡绅，请他出面打点。这是一种互相帮忙的形式。地位低的人有时也能为地位高的人效力。比方说，你可以在公开场合对乡绅表示敬意，或者支持他推荐的国会候选人。

地方乡绅对当局的影响力比你大，但不足以把罪犯从绞架上救下来。他因此写信给具有政治影响力的本地贵族，请他帮忙营救，信里说那是一位好青年，只是结交损友而误入歧途。同样，他们交换的不是信息，而是服务。地方贵族之所以具有政治影响力，原因之一是有地方乡绅的支持。

法庭考虑这些请愿后，会让被判有罪的重罪犯选择交罚款或被处决。罚款不是由罪犯而是由他的朋友缴纳，不是采用金钱的形式，而是一种帮忙。它会（可能透过中间人）流向影响赦免决定的人。出面交罚款的人如果能够阻止朋友犯下重罪，法律体系便会给他们那么做的诱因。这样的法律体系因此有如一种集体的惩罚，和一些原始社会的法律体系类似。在原始社会里，罚款不是由罪犯个人缴付，而是由亲族成员垫付，就像萨迦时期的冰岛。

以这种方式取得的赦免，是用具有经济效率的惩罚（罚款）代替没有经济效率的惩罚（死刑）。这给国家和统治者提供了资源。所以法律体系除了提供机制减少犯罪，还提高了国家维持权威的能力。从公共关系的观点来看，这是一种很漂亮的解决方式。除了被判有罪之人，没人受到威胁。乡绅并没有压迫佃农，而是应他们的要求伸出援手。由于可能有一天需要这种帮忙，村内每个人平常都对乡绅恭敬有礼。中世纪的英国国王就公开出售赦免令来筹措资金。18世纪的赦免是同一回事，只是做法更为微妙。

在现代人看来，18世纪的英国在法律执行上，既不设警察和检察官，也不对重罪犯处以监禁刑，看起来相当笨拙且行不通。和当时其他的制度或现代的制度相比，有什么证据显示它运作的好坏呢？

很遗憾，20世纪之前的犯罪率资料并不多。而由取得的数据显示，几个世纪以来，英国的谋杀率有长期向下趋势。如要明确比较18世纪末（由私人提出诉讼）和20世纪初（有公设警察和检察官）的情形，我们只能说：（从人均来看）前者的杀人罪起诉数据和后者的警方获悉的谋杀案数据相近，这表示18世纪的制度和现代的制度可能运作得一样好。但这两个统计数据能否相互比较，我们并不清楚。而且即使我们晓得两个制度中的犯罪率大致相等，却不知道其他因素的变化对它们可能造成什么影响。

拿英国和法国来比较可能比较有趣。18世纪的法国已有现代的刑法执行系统：有薪酬的专业警察、公设检察官、监禁刑（在18世纪中叶以前也有划桨奴隶）。18世纪末，拥有现代制度的法国却崩溃了，英国则统治了大部分的世界。当然，原因可能不止这一个。

最后一个问题是，为什么英国人没有早一点采用现代制度？或许是因为法国已有那样的制度，而在英国人眼里，法国那种制度显得邪恶和专制。比较合理的解释是，17世纪和18世纪初的英国忙于内战，接着是军事独裁，再接着是一连串成功的政变。在这些冲突中，有一件事很明显地浮现出来，那就是如果刑事罪的起诉是由皇室控制，国王的朋友犯了谋杀罪就能免除刑责。

现代社会也有同样的问题。有三件执法机构的违法案例可以作为说明。1969年，芝加哥警察射杀两名（熟睡中的）黑豹党党员。1990年，特务人员非法搜索和拘捕盖姆斯（Steve Jackson Games，斯特林［Bruce Sterling］在《打击黑客》［*The Hacker Crackdown*］一书中描述甚详）。1992年联邦保安官和联邦调查局在红宝石山脊案中杀人。在这些案件中，犯案者不是从未遭起诉，就是被控以较轻的罪行（妨碍司法，而非谋杀），或者是被和所属单位不同的政府层级起诉。没有一位涉案的政府人员被判刑罚，而是以民事赔偿，或与受害者或其继承人进行民事和解而结案。

这些例子显示出法律经济分析经常忽略的一个要点：对执法者和被执法者的理性假设。我们在构建法律体系时，不能单纯假设议员、法官和警察的所作所为都是好事——用经济学家的话来说，他们的行为不见得增进经济效率。我们也必须思考他们的诱因。

无需法律的秩序：现代社会中的私部门规章

本节的故事发生在20世纪末加州某郡。我们从科斯和牛谈起。

假设有两个邻居，一个是农夫，一个是牧场主。牧场主的牛偶尔会跑进农夫的田里，吃掉农作物。根据**封闭式牧场**（closed range）的法令规定，牧场主必须为因此造成的损害负责；他有法律上的责任，必须把牛关在围栏里面。若根据**开放式牧场**（open range）的规定，则是农夫有责任把牛挡在围栏外面；如果牛跑到田里，牧场主没有责任。

根据科斯对外部性问题的分析，我们晓得只要交易成本很低，不管我们采用哪种法规，对牧场主和农夫的行为都没有影响。如果符合经济效率的做法是农夫把牛挡在围栏外面，那么科斯的分析是对的，因为如果要负责的是农夫（开放式牧场的规定），他就会希望避免发生损害而得不到赔偿，或者如果要负责的是牧场主（封闭式牧场的规定），他就会付钱给农夫去做围栏，以避免自己花更多钱。同样地，如果符合经济效率的做法是把牛关在围栏里面，科斯的分析也成立。法规只是决定由谁付钱。

加州沙斯塔郡（Shasta County）由于历史上的偶然，同时拥有开放式牧场和封闭式牧场；郡里某些地方，牧场主必须为牛造成的损害负责，某些地方却不必。法律学者埃里克森（Robert Ellickson）认为，这是真实世界中测试科斯论点的绝佳机会。

他发现一个很奇怪的结果。科斯的预测是正确的：不管是开放式牧场，还是封闭式牧场，农夫、牧场主及农牧兼营的人在牛闯进农田一事上的表现是一样的。但科斯的解释是错的：双方并没有金钱的往来。面对开放式牧场，农夫并没有付钱给牧场主做围栏，而封闭式牧场的主人也没有付钱给农夫做围栏。

进一步的研究得出了简单和惊人的解释。在牛闯进农田一事（以及其他的事情）上，沙斯塔郡并没有采用加州的法律。这些争端是用一套非正式的邻居行为规范制度来处理，也就是由私人执行的私部门规章体系。

假设我的牛闯进你的农田，开始吃你种的西红柿。你打电话向我抱怨。如果我是好邻居，我会赶紧跑去把牛赶走，向你道歉，如有重大损害，我会帮你修复。

如果我是恶邻，三个小时后才过去，不道歉也不帮忙。你的第一反应是告诉小区居民，说我有失为邻之道。附近的人开始对我不理不睬，没人邀我太太打桥牌，别家小孩不找我家小孩玩。

但那些行为可能不管用；或许我没老婆和小孩，而且生性不喜欢交际应酬。等到我的牛第二次、第三次闯进你的农田，你再也按捺不住，决定升高冲突。你不打电话请我把牛带回去，而是自己把牛赶出农田，而且一直赶到离我的牧场几英里远的地方。我终于发现牛不见了，只好花很多时间和力气把牛找回来。

有些读者可能想到我可以采取更有经济效率的惩罚。你有8头牛闯进我田里。我把其中一头宰了，做成牛肉汉堡放在冷冻柜里，然后打电话给你，说你的7头牛正在蹧蹋我的西红柿。这样的事发生几次之后，你数了数牛，终于知道怎么回事。

这种惩罚可能更有经济效率，但沙斯塔郡的规范体系禁止这么做。我相信理由是因为它过于有效率了——结果是即使你没错，我也会那么做，因为那么做符合我的利益。这套私部门规范体系不只由私人执行，也由私人裁决（这一点与冰岛体系不同）。在我决定对你的牛的恶行施加何种惩罚时，我有如在自己的案子里充当法官和陪审团，但邻居们对于后续的争议不一定接受我的说辞。

如果我能施加的惩罚不但伤害你也伤害我，由我裁决自己的案件就不是个大问题。我可不想花两个小时把你的牛赶离你的牧场。但如果施加某种惩罚伤害你但有益于我，情况就不同了。但你可以告诉我们的邻居，说我其实是偷牛贼、不是受害的农夫，而他们可能相信你。所以这套规范邻居行为的私部门规章体系通过限制可以使用的惩罚范围，避开了球员兼裁判的问题。

这套规范也适用于其他问题，例如邻居共同设立和维护围篱的义务。在这个问题上，沙斯塔郡规范的效力也大于加州的法律。理由很简单：其中最重要的规范是邻居不控告邻居。任何人只要上法庭主张自己的权利，他在最重要的法庭——当地的舆论上便会自动败诉。

当然了，这套规范体系没有涵盖每一样事情。加州法律仍然适用于谋杀、婚姻和其他许多事情，甚至包括牛被汽车撞倒。开车经过沙斯塔郡的人不是邻居，不是自律规范体系的一员，因此对郡民提出控告绝对合法，不过若被郡民控告则是很头痛的事。

埃里克森研究过沙斯塔郡的私部门规范体系之后，继续探索其他各种私部门规范制度，包括19世纪的捕鲸人和现代的美国学术界。他提出证据显示，在美国学术界，教授影印彼此的文章总是肆无忌惮，不理会相关的著作权法，却又坚守教职上的规范，以满足学术界的利益为依归，有些时候不惜牺牲出版商的利益。他的中心论点很简单：关系紧密的群体容易发展出符合经济效率的规范。他得出结论：虽然正式的法律很重要，却不如一般所认为的那般重要。在许多情况中，人们不仅能够不诉诸法律就解决冲突，而且所依赖的运作机制远比法律体系要好。

这些故事引出两个重要的问题，一是规范如何形成，二是为何它们往往符合经济效率。如果法规设计得很好，一定是人为的结果。虽然这或许能解释某些宗教规范形成的原因，但在沙斯塔郡牛群闯进农田和兴筑围栏，或者19世纪两艘船一起捕杀的鲸鱼为谁所有等事情上，规范的形成则无从解释。

另一种解释是演化。随着时间的推移，规范良好的社会将征服、吸收规范不良的社会，或为后者所效法，共同产生一个规范得宜的世界。这种解释的问题在于，这个过程需要花费好几个世纪的时间，和埃里克森报告的事实不符。比方说，捕鲸规范似乎能够随着猎捕的鲸种的改变而迅速调整。

或许，发生演化的是规模较小、流动性较高的群体，不是整个社会。比方说，"诚实"的规范可能只有社会中一小群人遵守，只适用于这个群体内部。具有经济效率的规范的群体会逐渐茁壮，并且因为吸收新人而成长。其他群体会开始模仿他们。有相似规范的群体会倾向融合，以取得规模扩大的利益。如果某种规范制度运作得比别种好，最后终将扩及整个社会。环境改变和新问题出现时，这个程序便会从头来过，产生修正后的规范，以应付新的问题。

从以上的推论可以预测：即使某种规范具有经济效率，如果它的收益有赖于每个人都遵守，或许就无法产生。两艘捕鲸船船长会事先协议让一艘船负责叉捕鲸鱼，另一艘船负责将鱼拖到船边，因为这个具有经济效率的规则对双方都有好处，正如两个人愿意彼此诚实。但要抑制捕鲸总数以保存鲸鱼数量的规则，需要每个人都遵守才会成功，因此并不存在。所以，19世纪的捕鲸人以有效率的方式将各种鲸鱼捕杀殆尽——这或许不是符合经济效率的结果。

为什么消失了？

今天的冰岛是传统的斯堪的纳维亚民主国家，设有检察官、公部门执法单位，以及我们熟悉的其他机构。今天英国的法律体系和目前的美国很像。但他们从前的体系发生了什么呢？

冰岛体系最终崩溃的一个可能解释是受到外部的压力。13世纪时，挪威摆脱了长期的内战，出现强大且富庶的君主政体。冰岛在史特隆（Sturlung）时期的最后五十年，暴力冲突日增造成体系瓦解，而挪威皇室不断干涉冰岛的政治，希望扶植一位臣服于挪威的统治者。他们一直未能如愿以偿，因为当扶植的人选一发现不必靠挪威也能成功时，便不再归顺挪威。但是内战持续不断，大部分冰岛人终于觉得有必要放弃独立。

另一个解释是，冰岛的体系有赖于政治力量（尤其是高齐权的所有权）广泛分散。但在史特隆时期，权力却日益集中，少数派系控制了许多高齐权。这可能破坏了权力的竞争性平衡，而后者正是冰岛体系所需要的。

不过另一个可能的解释是，外来的意识形态摧毁了冰岛的体系。这个意识形态就是君主政体（monarchy）。只要争论的功能是化解不同的意见，冰岛的体系就运作得很好，但当争论演变成内

Ⓦ

战，以决定传统体系崩溃后的统治者时，那就是不同逻辑的另一场游戏了。假使我们选出法官的主要功能是把敌对政党的成员拘捕下狱，或者如果陪审团不断无罪开释杀人犯，理由是他们赞成杀人，那么法律体系会是什么样子？制度的形式还会和今天一样，但其实质已经完全不同。

18世纪末和19世纪初的英国体系发生了什么变化，变成了接近现代的公部门刑事起诉制度呢？一个可能的原因是，私部门起诉制度有赖于建立声誉上的诱因，也就是潜在的受害者，不管是个人或所属的起诉组织，愿意提起诉讼以建立声誉，吓阻他人对他们犯罪。这种诱因在每个人彼此认识的小镇中运作得比在城市中好，而城市还会愈来愈大。于是在1830年代，罗伯特·皮尔（Robert Peel）在伦敦建立英国第一套有薪酬的专业警察制度。

这能够解释从私部门起诉制度演变到公部门起诉制度的过程，但死刑、流放、赦免到监禁的演变又怎么解释呢？也许这有一部分反映了收入的提高。监禁的成本比死刑昂贵，但和有时只因小罪就把人吊死的法律体系相比，监禁能够建立比较连续的惩罚范围，而且比较不会激起大部分人的厌恶。因此当英国已经相当富有，有能力把暴力刑事犯关起来之后，它便开始这么做。此外，交通成本降低使流放的效果已不如从前，因为遭放逐者比较容易脱逃，非法返回英国。

第二个因素似乎和意识形态有关。18世纪的刑法理论家对刑事犯罪行为的看法，和20世纪的经济学家很像：罪犯之所以犯罪，是因为值得。要阻止他们成为罪犯，应该施加相当重的惩罚，好让犯罪失去吸引力。这种惩罚的观念在19世纪初转向改过自新：罪

　　　　　　　　　　　　经济学与法律的对话

犯之所以犯罪，是因为不知道如何向善。如果经由宗教和劳动，给予适当的再教育，他们可以成为循规蹈矩和有生产力的社会成员。感化教育因此兴起，罪犯必须忏悔品性上的缺失，立志此后重新做人，不再犯罪。

我们能够学到什么

本章谈了三种不同的社会，它们各有一套法律体系，用不同的方式处理相同的问题，或者至少处理的问题有部分相同。我们的法律体系能从它们那里学到什么？

第一个和最为一般性的经验是，我们习惯使用的解决方法，不是唯一可行的方法。刑事犯罪行为不必由警察和检察官起诉。惩罚甚至不必由政府执行，如冰岛和沙斯塔郡的例子所示。

这些社会的运作显示了不同的法律体系确实可行，也告诉我们会遭遇什么问题，以及可以如何解决。私部门起诉制度（包括现代的侵权法）必须依赖某个人有起诉违法行为的适当诱因和资源。在这个问题上，冰岛人和18世纪的英国人都提出了有趣的解决方法。

埃里克森对私部门规范所做的研究，也有助于了解美国目前的犯罪率。以其他发达国家的标准来看，美国的谋杀率不只异常高，分布也非常不平均——大部分地方很低，但市中心的贫穷地区非常高。或许原因在于法律学者（包括经济学者）研究的刑法体系在芝加哥南部根本不是很重要，一如在沙斯塔郡。在美国大部分地方（其实在世界大部分地方也一样），不犯罪的主要原因可能是如果邻居怀疑你是罪犯，他们将不愿给你工作，不肯把公寓租给你，或者不准女儿和你约会。

如果社会次群体的这种私部门规范制度瓦解，而这些群体中的人们主要的收入来源是社会福利和犯罪所得，性和养儿育女跟婚姻没有太大关系，父母也无法管教子女，那么刑法纵有替代能力，力量也十分微弱。

延伸阅读：

对本章所谈的三种法律体系有兴趣的读者，可以参考我写的两篇论文和一篇书评，以及埃里克森的书：

1.《解析十八世纪英国的法律制度》(Making Sense of English Law Enforcement in the Eighteenth Century)，1995 年发表于《芝加哥大学法学院圆桌论坛》(University of Chicago Law School Roundtable)，第 475—505 页。

2.《法律的私人创造与执行》(Private Creation and Enforcement of Law: A Historical Case)，1979 年发表于《法学研究期刊》，第 399—415 页。

3.《法律没表面上多》(Less Law Than Meets the Eye) 是对埃里克森《无需法律的秩序》(*Order without Law*) 的书评，1992 年发表于《密西根法律评论》(*Michigan Law Review*)。

4.埃里克森的《无需法律的秩序》，1994 年在哈佛大学出版社出版。

18 刑法与侵权法的难题

　　美国的法律体系设计了两套相当不同的系统，目的是做相同的事：通过让伤害别人的代价变得高昂，来吓阻人们不要去伤害别人。两者明显叠床架屋，这可由最近两件众所瞩目的案件看出来。第一件案子是辛普森（O. J. Simpson）案。他原本在刑事案中没有因杀害妻子而被判刑，后来在民事案中却因杀害妻子而被判侵权。第二件案子是迈克尔·杰克逊（Michael Jackson）被控猥亵儿童。这件民事案在庭外和解后，刑事案也撤销，据推测是因为证人不愿再出庭作证。

　　为了相同目的而并存的两套法律，至少引出三个有趣的问题：

　　1. 一套在处理某些违法行为上更有优势另一套在处理另一些违法行为上更有优势，这是否为两套法律并存提供了很好的功能上的理由？或者，将现行的侵权法或刑法稍做修改后，我们是否能有一套可以运作的法律体系，把所有违法行为都视为侵权行为（torts）或刑事犯罪行为（crimes）？

　　2. 这两种违法行为的划分有什么理由？比方说，为什么盗窃通常被视为刑事犯罪行为而不是侵权行为，为什么车祸被视为侵权行为而不是刑事犯罪行为？

3. 侵权法和刑法各有一套法令规定。它们的法规组成有何道理？比方说，由受害者提出诉讼的违法行为和由公部门起诉的违法行为，为什么前者被定罪的举证标准较低，而且较常用金钱来惩罚？

第一部分：刑法应该废除吗？

我们知道，一套所有违法行为都属侵权行为且能够运作的法律体系是有可能建立的，因为冰岛人曾经有过这种制度，而且实施超过三个世纪。但我们不知道这种制度在美国（或其他地方）是否行得通，也不知道对我们（或对冰岛人）来说，它是否优于同时有侵权法和刑法的体系。所以我们必须探讨下面这个理论问题：某些违法行为由公部门起诉（如现行刑法），是不是有很好的理由？

以下是四种支持公部门起诉的理由：

1. **违法行为的受害者可能欠缺足够的资源提起诉讼。**要解决这个问题，可以允许侵权求偿权转让，就像冰岛在萨迦时期的做法。资源不足的受害者可以把求偿权给予或出售给更有能力提起诉讼的人。他的损失虽有可能因败诉而无法获得补偿，但依目前的刑法，受害者是完全得不到补偿。

2. **有些违法行为对许多人造成伤害，所以没有人有适当的诱因去提起诉讼。**这种事情依目前的法律是用集体诉讼的方式处理。尚未起诉的侵权求偿权（包括尚未发生者）最好是用可转让的方式处理。中间人向可能提起诉讼的原告购买一组小额求偿权，然后重新组合，卖给起诉公司；每家起诉公司各自购买与特定违法行为有关的求偿权。

3. 有些违法行为对单一受害人造成可观察的伤害的同时，还产生了难以观察的扩散性伤害。典型的例子是，某些刑事犯罪行为不但伤害受害者，也让潜在受害者心生恐惧。依侵权法，这个问题较不严重，因为受害者或起诉者如果胜诉，所受伤害将可获得赔偿，但依刑法，受害者将一无所得。但即使依侵权法，受害者也无法在事前获得充分赔偿，因为仍可能因败诉而无法获得赔偿金，而且必须负担自身的诉讼成本，所以人们有理由害怕成为受害者。解决这个问题的一个方法是利用惩罚性赔偿。

4. 如果违法者没有偿付能力，受害者就没有对他们提起诉讼的诱因，因此必须由检方起诉。关于这个问题，至少有三种可能的响应方式：

被告有无偿付能力，有一部分要看法律上对收取赔偿所做的规定。如果被告被判有罪，但无力支付赔偿金，可以用劳役折抵罚款或移植身体器官。如此一来，没有偿付能力的被告人数会减少，因为有些人服劳役或捐赠身体器官虽有其价值，但这种结果缺乏吸引力，违法者宁可确保自己有能力支付赔偿金。这种制度的风险已在第15章讨论过。

国家可以代替无偿付能力的违法者支付赔偿金给受害者或起诉者，让后者有起诉的诱因，并对违法者处以刑罚来吓阻违法行为。这种奖励制度有如学校的教育折价券，结合了私人提出诉讼和国家提供资金的优点。

如果法律体系对无力支付赔偿金的被告处以非金钱性的惩罚，那么即使被告无偿付能力，侵权行为的受害者也可能提出诉讼来吓阻违法行为。我们在18世纪英国的起诉组织见过这种例子。

5. 制定能给予受害者起诉的最适诱因的法律，是不可能的事。 因此由私人提起诉讼的制度，再好也比不上由检方起诉的理想制度，但不见得比由检方起诉的实际制度差。

在反对由私人提起诉讼的论点中，兰德斯和波斯纳的看法最复杂也最有趣。我在第15章谈过，任何违法行为都有某种最适惩罚数量和惩罚概率。只是一旦在由私人提起诉讼的制度中制定了惩罚数量，就没办法控制惩罚概率。这将由受害者的利润最大化行为来决定——受害者认为值得花多少金钱和时间举发违法者并将他定罪，以取得损害赔偿。因此我们没有办法取得最适的概率和惩处的组合。

用更数学化的语言来说，私部门执法系统想做的，是把概率和惩罚两个变量分离开来，各自取得最适值。但我们只有一个控制变量可用：惩罚水平。而另一方面，理想的公部门执法系统可以独立设定概率和惩罚，使其优于理想的私部门执法系统。

兰德斯和波斯纳无解证明的解决方法

兰德斯和波斯纳问题的解决方法，是由法律体系制定预期惩罚，而不是被判刑后的惩罚。预期惩罚是指罚款乘以定罪的概率。为了做到这件事，我们必须先在私部门执法系统中加进一组中间人，也就是起诉公司，它们向受害者购买求偿权，提起诉讼，并且收取罚款。和第15章一样，为求简化，我们只讨论单一罪行，如抢劫。

惩罚可以看成是支付罚款和收受罚款的组合。支付的罚款是衡量罪犯被判有罪并接受惩罚后，处境变糟的程度。收受的罚款是衡量对罪犯施加惩罚后，其他人处境变好的程度。支付的罚款和收受的罚款两者之间的差额就是惩罚成本。以下是几个惩罚例子：

1. 现金罚款，收取罚款时没有产生行政成本。支付的罚款等于收受的罚款，惩罚成本等于零。

2. 死刑。支付的罚款等于一条生命的价值。收受的罚款等于零；如果死刑有正成本，收受的罚款还会更低。

3. 徒刑。支付的罚款等于罪犯不入狱服刑的价值。收受的罚款为负值，因为维持监狱运作需要其他人共同负担成本。

假设一位起诉者买了1000件违法行为的求偿权，而法院准许他每件收取的预期惩罚是1000美元罚款。如果他抓到每个罪犯且判刑成立，他可以向每个罪犯收1000美元罚款，总收入是100万美元。如果他只抓到100人且判刑成立，他仍有合法的权利向每个罪犯收1万美元罚款，不过因为许多人交不起那么高的金额，只好把某些人送进监狱服刑——并且支付监狱的费用。因此，在决定抓多少人并定罪时，他必须权衡这两种情况：少抓嫌犯导致的较低的逮捕成本；对被逮捕的罪犯处以较重的惩罚所导致的较高的惩罚成本。

将上述论点推而广之，我们可以看出，起诉者会有意愿去选择最适的惩罚与概率组合，也就是把逮捕成本和惩罚成本之和降到最低的组合（本章末有正式的证明）。他希望把两项成本之和降到最低，因为这两项成本他都必须负担：逮捕成本必须直接支付，因为起诉者必须将犯罪者逮捕和定罪；惩罚成本则是间接支付，因为惩罚成本愈高，违法者的损失归于他的部分就愈少，他也必须支付更多钱去惩罚他们。

所以法院要做的事，是就支付的罚款设定正确的期望值。执法者的利润最大化行为会以最适当的方式产生这个期望值，从而解决兰德斯和波斯纳提出的问题。

但是……

将这种方法从侵权法扩大到私人对刑事犯罪行为提起的诉讼时，会产生问题。假设有种违法行为的逮捕和惩罚违法者的平均报酬为负值：抓到违法者并将他定罪的成本高于收取的罚款。为了让起诉者（prosecutors）能继续运作，受害者必须支付执法者（enforcers），由后者接收自己的求偿权并起诉违法者。这时受害者仍然出售求偿权，只是价格为负值。

受害者以负价格出售求偿权，等于付款给执法者，由他们对违法者处以明确的预期惩罚。这么做的原因是为了产生吓阻效果。受害者要让可能伤害他的人知道，如果他们伤害他，就有受到惩罚的风险。

就某些犯罪行为（例如盗窃）来说，吓阻收益（deterrence）有可能变成私人产品，于是这种方法行得通。一个潜在的受害者付钱给执法者来起诉伤害他的任何犯罪行为。受害者可以在家门口张贴告示，把相关的信息告知可能行窃的人，说某位执法者已经购买他的求偿权并将执行。受害者是事先以负价格出售他的求偿权来换得吓阻收益。

这不是纯粹虚构的安排。即使在目前的法律制度中，刑法执行虽然在名义上完全由公部门负责，却也有一些公司销售类似的服务。而在18世纪的英国，潜在的犯罪受害者会加入起诉组织，付钱来购买吓阻。

因此私部门执法系统（广义的侵权法）适用于以正价格出售的所有违法行为：从被判刑的违法者所获的赔偿，平均而言高于逮捕和定罪的成本。它也适用于以负价格出售，但吓阻收益可以转为私人产品的违法行为。不过它不适用于以负价格出售且吓阻收益不能转为私人产品的违法行为，因为违法者对受害者的认识不够清楚，吓阻效果便无法产生。这种违法行为便是**针对陌生受害者的违法行为**（anonymous victim offense）。对18世纪英国私部门刑法执行系统来说，这种违法行为（如公路抢劫）构成了特别的问题。

这个问题到底有多严重，有一部分要看犯罪的技术以及逮捕和惩罚的技术，另一部分要看影响逮捕和惩罚成本的法律体系的特色。法律体系如果允许采用劳役刑，或者允许遭处决的重罪犯出售身体器官，或者整个社会重视个人名誉，使名声受损成为一种强大且有经济效率的惩罚，惩罚成本就会比较低。

第二部分：将违法行为分类

在现代法律体系中，有些违法行为被当作侵权行为，由私部门提起诉讼，其他则被视为刑事犯罪行为，由公部门起诉。这引出一个明显的问题：现代法律中侵权行为和刑事犯罪行为的区分，与由私部门执法系统来适当处理的违法行为和不由它来适当处理的违法行为的区分，是否紧密对应？

兰德斯和波斯纳表示，两者确实相互呼应。他们指出，大致来说，侵权行为被发现的概率几近于一，因此取得合适的概率与惩罚组合不成问题。

但即使许多侵权行为的侦查成本很低，诉讼成本却不低。受害者花的钱愈多，胜诉的可能性愈高。如果胜诉所获的赔偿金额愈高，花钱以求胜诉的诱因愈大。法律设定的损害赔偿包括对侵权行为的惩罚和诉讼成功的报酬，所以我们没有理由认为，相同的损害赔偿会使惩罚和起诉同时达到最适水平。由此可知，兰德斯和波斯纳为了说明将侵权法用于刑事犯罪行为会缺乏经济效率而提出的问题，也显示将侵权法用于侵权行为会缺乏经济效率！

认为目前刑事犯罪行为和侵权行为的区分有道理的另一种说法指出，刑事犯面对最适惩罚无偿付能力的可能性较高，也就是无法缴纳法院判定的罚款，而侵权者无偿付能力的可能性较低。换句话说，这表示侵权行为和刑事犯罪行为相比，更可能以正价格出售，获得的损害赔偿更可能高于诉讼成本。

刑事犯比侵权者更可能缺乏偿付能力的理由有二。其一是（某些）刑事犯罪行为（如盗窃）难以侦破，所以最适定罪概率偏低，导致罚款必须很高才能提供适当的预期惩罚。另一个理由是，如果刑事犯罪行为难以侦破，即使为了获得很低的定罪概率，成本也可能很高。这两个理由都起因于犯罪是故意的行为，所以刑事犯可能动用资源以求隐匿犯罪行为。

这种比较有个问题，那就是它根据的是有偏差的侵权行为样本：走上法院的侵权行为。由于侵权法是由私人提起诉讼，价值为负的陌生受害者侵权行为（anonymous victim torts）不会被起诉。所以我们观察到的走上法院的侵权行为，往往具有正价值。

还有一个问题是，虽然现在归类为刑事犯罪的违法行为，比侵权行为更有可能是价值为负的违法行为，但和侵权行为比起来，是针对陌生受害者的违法行为的可能性较小。窃贼行窃时可以避开有保全装置的房子（即贴着告示说房子主人已事先付了钱给起诉者，谁行窃谁就会被起诉），但汽车驾驶人却无法刻意避开已经事先付款以起诉撞车人的车主。因此故意的违法行为（通常是刑事犯罪行为，而非侵权行为）比较不可能针对陌生受害者，受害者就比较可能把吓阻变成私人产品。

另一个重要的问题是蓄意欺诈的求偿权（在第15章谈过）。不管在哪一种法律体系下，只要违法行为是以正价格出售，就会产生诱因去编造不实的情节，用来陷害可能的被告。因此为了让惩罚更具经济效率而做的任何法律更动（例如让受害者更容易收取罚款），也会鼓励不实的指控。

英国在18世纪中叶的刑法体系遭遇过这个问题。由于皇室担心私部门提出诉讼的诱因太低，于是对成功起诉公路抢劫等犯罪行为的人给予丰厚的奖励。结果闹出了一连串的丑闻，被判有罪的人不是被人设计犯下罪行而后被出卖以让控告人诈领奖金，就是遭人诬陷。现代社会有不少财产没收和惩罚性赔偿的案件也是如此。

这个问题可以解释侵权法比较难以理解的一个特色——缺乏概

率乘数。胜诉者有权获得赔偿，赔偿金额等于他遭受的损害。但由于侵权受害者的胜诉概率小于一，因此预期惩罚将低于侵权损害。明显的解决方法是加进一个概率乘数，提高败诉侵权者所受的惩罚，以平衡其他未被起诉成功的侵权者未受到的惩罚。

缺乏概率乘数的一个原因，是这么做将引来欺诈。依现行的美国法律，侵权受害者的处境绝不会变得更好；即使他胜诉，获得的赔偿也只能弥补他受到的损害。如果概率乘数很高，可能会有人设下侵权骗局，安排证人以保证自己胜诉，好从中谋取暴利。他面对的诱因和屋主投保理赔金额为房价两倍的保险相同。

由此可见，由私人提起诉讼的体系在另一类违法行为上也运作得不好：有正价值的违法行为容易被做出"假正"（false positive，误报）的判决。但我们不清楚公部门执法体系是否就没有这个问题。公部门执法者必须有将违法者定罪的诱因才会去执行他们的工作，也因此会产生误判的诱因。此外，公部门执法者经常以将人入罪为要挟，以获取情报或证词。从无数的案例可以看出，这种威胁不需要针对真正的违法行为，例如1995年美国费城的警界丑闻。虽然法律体系限制执法者只能使用不具经济效率的惩罚，使得起诉的寻租行为变得较为困难，却没有将这种寻租行为完全消除，因为不具经济效率的惩罚可以借由庭外和解而变成具有经济效率的惩罚。

由此可以看出很重要的一点：如果执法者的目标是产生私人吓阻收益，那么其所有的诱因效果，优于从有效率的刑罚中获利或借维持高定罪率以汲取政治或官僚系统利益的执法者的目标所产生的诱因效果。例如，如果逮捕经过犯罪现场的第一位穷人，并在动辄判人绞刑的法官面前定罪、处决，拍卖他的身体器官，这种做法可能是从私部门或公部门起诉制度赚钱的有效方式。但在这种做法下，遭受惩罚的概率不是看犯罪与否，所以吓阻犯罪的效果很差。结论是，私人吓阻是唯一能让起诉者找到真正的罪犯来判决的诱因。 ®

第三部分：组合法律规定

以上所述，是把刑法和侵权法的差异，视为公部门起诉制度和私部门起诉制度的差异。在经济学家眼里，这似乎是很自然的方法，但从其他角度接触这个问题的学者，可能认为别的差异更重要。举例来说，有时人们认为刑事犯罪行为代表品格上有缺陷，是难以洗刷的污名，侵权行为则不是；也就是说，指控某人犯下刑事罪比指控他侵权对他来说是更大的侮辱。刑事犯罪行为也会让人想起直接的惩罚方式，尤其是徒刑和死刑。此外，刑法在其他许多方面也不同于侵权法，至少在现代的英美法律体系内是如此。例如，刑事犯罪行为的举证标准高、需要证明意图、审判时一定设有陪审团、受到的惩罚通常远高于造成的伤害、罚款是给国家而非受害者，等等。

由此引出一个明显的问题：刑法为何会具备这些特色？我们将某组法规用于处理"侵权行为"，某组法规用于处理"刑事犯罪行为"，是不是有很好的理由？

的确是有一些理由，但不见得总是很有说服力。我先把侵权法和刑法的特色列成一张表（见表4）。

表 4　侵权法和刑法的特色

特色	侵权法	刑法
起诉者	受害者	国家
赔偿归属	受害者	国家
惩罚形式	罚款	徒刑、死刑
举证标准	优势证据	超越合理怀疑
概率乘数？	无	有
审判时有无陪审团？	可能有	有
适切的违法行为数量	＞0	＝0
需要意图？	不需要	需要
定罪的污名	没有	有

　　刑法中的罚款通常用于某些跟侵权行为类似的违规行为，如超速或违规停车。违规停车的罚单不会留下污名，而且实务上不需要刑事罪的举证标准。惩罚性赔偿可以视为一种概率乘数，一些学者也这么认为，不过它也会留下污名。为了简化起见，表4忽略了这种中间性质的例子。

　　表4也忽略了已经从现代法律中消失的一些特色。18世纪的英国刑法曾经结合私人起诉和刑罚。而在中世纪初的英国法律中，这种结合更是彻底：重罪的起诉和现代侵权行为一样，完全由私部门执行——私部门起诉者可以撤诉，皇室可以不赦免已经定罪的违法者——起诉成功便会处以刑罚。这些制度提供了重要的证据，显示法律规定可以用其他的方式组合。

从表4中可以看出，不论哪一套法律制度，起诉和求偿都是同一个行为者。这么做有两个明显的理由。第一是求偿提供了起诉的诱因，第二是决定起诉与否的人也可以撤销起诉。如果法律制度的设计是由一方起诉、另一方求偿，那么前者透过庭外和解将赔偿收归己有的可能性会提高。

求偿权和起诉权为同一人所有的组合也有缺点：让不实指控有可乘之机。如果求偿权和起诉权分别由不同人拥有，那么求偿者和起诉者必须进行交易，才会有不实指控的情形发生。

违法行为的受害者有起诉的诱因，以吓阻将来再有人伤害他们。他也常常是主要的目击证人。让他成为求偿权的所有人，可以把起诉的两个诱因和为胜诉而进行的重要投入结合在他身上，消除了要由两个不同角色的人进行合作的交易成本。然而，这里面也可能有缺点：受害者胜诉的诱因愈高，证词的可信度愈低。18世纪英国的奖励制度最终被废除的原因之一，是陪审团晓得证人可能分享奖金，自然不相信他们的证词。时至今日，当陪审团知道在刑事案中出庭作证的证人是收费网民，或同意作证以交换减刑时，同样的问题也会出现。

将求偿权归于受害者同时有优点和缺点，只要它会影响受害者预防违法行为的诱因。理由将在本章稍后讨论。

读者还可以发现，侵权法使用较有经济效率的惩罚，刑法则使用相当没有效率的惩罚。根据前面的分析，这是有道理的，因为违法行为如果需要被处以不合经济效率的惩罚，它们很可能是负价格的违法行为，因此较难由私人起诉。当然，违法行法在当下被处以不合经济效率的惩罚，不代表它就应该被这么判。

第1章指出，刑事处罚缺乏效率为处以刑罚需要较高的举证标准提供的一种解释。惩罚成本愈低，惩罚不当的（净）成本也愈低。所以把经济效率较低的惩罚和高举证标准加以结合是有道理的。

但也可能不是如此。符合经济效率的惩罚有个问题，那就是有利可图的胜诉会鼓励不实指控。要解决这个问题，一个方法是设定高举证标准，另一个方法是将不实指控视为侵权行为。英国的法律制度便利用后者，规定侵权官司败诉之一方要支付另一方的法律费用，但美国不是。

侵权法不用概率乘数有三个可能的理由。其中一个已经提过：计算乘数是使用平均概率，如果诉讼成功的概率高于平均概率，那么概率乘数会使违法行为的受害者有利可图。在私部门起诉制度中，这会替不实指控制造诱因。

第二个理由是，因为侵权行为并非故意，通常没有被刻意隐匿，所以被逮捕和裁决确定的概率应该高于刑事犯罪行为。如果是这样，侵权法就不是那么需要概率乘数。不过反过来看，在概率偏低的地方，私部门执法制度特别需要乘数。两种制度中，为了提供适当的吓阻力量，最好都有乘数。私部门起诉制度可能也需要乘数，才能给起诉者适当的诱因。我在第一部分谈到符合经济效率的私部门起诉制度时，已把其间的关系讲得很明白，而这和实际存在的侵权法大不相同。

第三个理由把缺乏乘数和惩罚符合经济效率的重要性联结在一起。惩罚愈重，违法者愈不可能支付罚款。因此概率乘数的一个问题是，它可能把惩罚定得太重，实际收到的罚款可能会减少，使起诉的诱因降低。

英美法保证刑事案的被告有机会接受陪审团审判而民事案不见得都有（美国除外），这令人不解。可能的原因是，这种做法可使不实指控更难得逞。在刑事系统中，检察官、法官和原告在某种意义上属于同一方；法官虽然力图保持司法独立，终究是国家的雇员。因此在腐败的刑事制度中，凭单方的力量就足以起诉和定罪。引进陪审团改变了这种情势。当然了，在没有陪审团的民事制度中，腐败的法官仍有可能与意图欺诈的原告勾结。政府机构成为民事案的原告时（如财产没收案件），这种可能性更高。

"适切的违法行为数量"（desired level of offenses）一词需要稍做解释。在某种意义上，适切的谋杀案数目是正值有一定道理——因为预防谋杀需要成本。而如果我们不必负担成本而避免汽车碰撞，适切的车祸次数就是零。

我在此处所说的"适切的数量"，是指如果法律体系达成那个数量的成本是零，该数量便是符合经济效率的。如果不必负担成本就能吓阻所有的谋杀案，我们就会那么做。但如果不必负担成本就吓阻所有的车祸，我们并不会去做，因为当预期惩罚很高时，人们避免发生车祸的方式是不开车，而不开车的成本比车祸减少所产生的价值更高。

如这个例子所示，适切的刑事犯罪数量通常是零的部分原因，在于刑事犯罪起于故意；犯案者能从成功的罪行中得利，因此会动用资源去实现。这表示刑事犯罪可能缺乏经济效率的原因有二。第一，许多刑事犯罪是一种移转，如果考虑实现移转的成本，结果是净损失。第二，既然偷车贼通常会选择偷谁的车，那么他也就可以改为从这个人手里购买。只要市场交易可行，通常比强迫交易便宜，因为另一方会动用资源来防止交易发生。

这就牵扯到意图的问题。既然故意的违法行为更有可能缺乏经济效率，因此如果不需要成本就能吓阻，就值得去吓阻，那为什么要由公部门起诉而非由私部门起诉呢？

前面的讨论已经给出两个答案。第一，故意的违法行为较有可能隐匿，所以较难侦查，因此更有可能是负价格的违法行为。第二，故意的行为和偶发行为相比，更有可能有市场替代物，所以符合经济效率的可能性更低，而且也许更能吓阻。如果是这样，以刑法来执行财产法则，而不以侵权法来执行补偿法则，便是有道理的。但从另一方面来说，故意的违法行为较不可能是针对陌生受害者的违法行为，所以较容易把吓阻收益变成私人产品来吓阻。

最后是有关污名的问题。污名是一种带有负成本的惩罚，在另一个层面上，也是不寻常的惩罚形式：施加这种惩罚，直接获得的利益是公共产品，不是私人产品。诉讼成功后，和被告有关的信息对将来与他往来的人很宝贵，但这种宝贵信息不能帮支付诉讼成本。不过，污名确实能够协助吓阻惩罚成本很高的违法行为。所以见到污名和缺乏经济效率的惩罚（即刑罚）并用，并不用感到讶异。

假使我们希望用污名来惩罚我们想限制但不想消除的违法行为（如车祸），这可能有过度吓阻之虞，特别是因为污名不像罚款规模或徒刑长短，可以被刑事制度直接控制。不过这对谋杀案的处理不构成问题，所以污名与刑罚而非民事罚结合是有道理的。另一个理由是，因为污名对被告构成成本，产生的利益则归起诉者以外的其他人，所以私部门起诉者经过适当考虑后，可能同意在庭外秘密和解。这使得本来可以从被告败诉判决中获得的信息，其他人将无法用来作为未来与被告往来的参考。

为什么盗窃应该算侵权，而撞凹挡泥板算犯罪？

法律会多方面影响行为。它会影响违法的诱因、起诉违法行为的诱因和预防违法行为的诱因。对某些违法行为，侵权法可能在某些方面提供优于刑法的诱因，在其他方面提供的诱因则较差。如果是这样，侵权行为与刑事犯罪行为的界限将变得很模糊，至少在理论能准确预测法律对各种诱因的影响结果和程度之前是如此。

接下来，我将从某个角度，比较另一种法律机制所提供的诱因，来说明美国的法律相当落后。我们视为刑事犯罪的行为，如窃盗，应该属于侵权行为；我们视为侵权的行为，如车祸，则应该属于刑事犯罪行为。我希望能够借此说明为什么思考美国目前的违法行为区分是否符合经济效率是很棘手的事。

我要探讨的诱因是潜在受害者预防违法行为的诱因。侵权法和刑法在这件事上有一个简单但明显的差异。侵权受害者虽然受到伤害，却也得到一项资产，亦即对违法者提出损害赔偿的求偿权。刑事犯罪行为的受害者受到伤害，却没有得到类似的资产，因为罚款是交给国家。所以把一项违法行为视为侵权行为而非刑事犯罪行为，减低了受害者承受的净损害，从而降低他预防违法行为的诱因。

降低预防违法行为的诱因不见得是坏事；重要的是适当的诱因，不多也不少。从这个观点来看，理想的法律体系应该能让潜在受害者从他的预防措施获得净收益，因此他在且只有在值得去预防的情况下，才有诱因去采取预防措施。不管是哪一类违法行为，我们想探讨的问题是：侵权法降低诱因，是让潜在受害者趋近还是远离有经济效率的预防措施？

没有执法成本的世界

为了便于说明，我们从逮捕和惩罚违法者不需要成本的世界谈起：所有的违法者都会被发现，也都有偿付能力。在这个简化的架构里，受害者预防违法行为的适当诱因是什么？哪种法律制度会给他这个适当的诱因？

我们先谈车祸。为了简化，假设是汽车撞到行人，而且只有行人受伤。我们可以用侵权法来吓阻这种意外，规定汽车驾驶人必须赔偿受害者；也可以用刑法，规定驾驶人要交罚款，只是受害者拿不到。

站在驾驶人的角度，这两种法律（有相同的惩罚）产生相同的诱因。驾驶人采取预防措施会使意外发生的概率降低，从而减轻他的责任，净社会成本也同幅降低。而从行人角度看，根据侵权法，行人不因被撞而负担成本，因为他受到的损害由驾驶人完全补偿。因此行人并没有采取预防措施的诱因。但若依刑法，行人必须自行负担全部的意外成本，所以他有诱因去采取任何成本合理的预防措施以防止意外。所以为了让受害者有采取预防措施的诱因，车祸这种违法行为应该算是刑事犯罪，不是侵权行为。

由这个只有一方受伤的简化例子可推出，符合经济效率的法律是由每一方承担自身的损失，并且缴付等于另一方损失的罚款。如此一来，每一方都会承担全部的意外成本，就有诱因去采取任何成本合理的预防措施，以降低意外发生的概率。

接着讨论盗窃，且同样假设不必负担执法成本。法律将窃贼的

经济学与法律的对话

惩罚定为等于造成的损害，也就是失窃财物的价值。只要窃贼愿意支付这种代价就会犯案，所以法律只创造符合经济效率的盗窃，窃贼从中获得的收益高于受害者的损失。波斯纳举过另一种盗窃的例子——迷路的猎人。猎人因迷路而饥饿难熬，无意中在森林里中发现一间上锁的小屋，于是破门而入，饱食一顿，并打电话求救。

在这个例子中，屋主替门上锁只是浪费自己的钱和窃贼的时间而已。他不如把门打开，而且（不花成本地）收回失窃财物的价值。因此，防止盗窃的最适预防措施水平，和超级市场防止顾客买蔬菜的最适预防措施水平一样，都是零。

在侵权法之下，受害者采取的预防措施水平是零。他晓得不管自己损失多少，都会获得全额赔偿，因此没有诱因动用资源来防止盗窃。相反地，在刑法之下，罪犯从受害者窃取财物后是向国家赔偿，所以受害者有诱因去防止盗窃。因此，至少在没有执法成本的简化世界中，而且只考虑受害者保护自己的诱因时，盗窃应该视为侵权行为。读者如想了解在更符合现实的世界中如何获得相同的结论，请参考本书网页上的正式说明。

当然，如果从其他层面的诱因来分析这个问题，无法保证会获得相同的结论——例如受害者（依侵权法）或检察官（依刑法）起诉违法行为的诱因。如果我们发现侵权法在某些人做某些决策时提供适当的诱因，而刑法在其他人做其他决策时提供适当的诱因，那么对于哪些违法行为应归属哪种法律制度管辖的问题，我们无法得出理论上明确的答案。这个问题（在两个不完美的解决方法中应该选择何者）同样也是棘手的实务问题。

本章结论

针对陌生受害者的负价格违法行为，私部门执法系统处理起来特别困难。面对这些违法行为，反对纯采用侵权法的论点听来相当合理。另有一些违法行为的被逮捕概率低，需要用到概率乘数才能产生适当的预期惩罚，不管对私部门或公部门来说也很难处理。

根据之前的分析，目前把违法行为划分成刑事犯罪行为和侵权行为两类的做法，不见得符合经济效率。另一方面，将法律划分为侵权法和刑法虽然合理，却不见得总是有说服力和符合经济效率。

具有经济效率的私部门执法制度

假设我是起诉人，已向受害者买到起诉1000件某类违法行为的权利。法院设定的预期惩罚是1000美元。这表示如果我逮捕全部的违法者，将对每人处以1000美元的罚款；如果抓到100人，对每人处以1万美元的罚款；抓到10人，则对每人处以10万美元的罚款。

在选择要抓多少人、各处多少罚款时，我希望将总罚款扣除执法成本后的余额极大化。以F_p代表每位被定罪者所缴付的罚款，F_c代表收得的罚款，因此F_p–F_c是惩罚成本。N是被定罪和惩罚的违法者人数。N/1000＝p就是被定罪和惩罚的概率。E（p）是以概率p逮捕违法者时违法者的人均成本。P_o是执法者付给每位受害者以取得求偿权的价格。

私部门执法者收取罚款，支付执法成本，并花钱买求偿权，所以他的利润公式是：

$$\pi = NF_c - 1000E(p) - 1000P_。$$

$$= NF_p - N(F_p - F_c) - 1000E(p) - 1000P_。$$

已知法院设定 $pF_p = 1000$ 美元，因此 $NF_p = 1\,000\,000$ 美元，并进一步得出：

$$\pi = (1\,000\,000 - 1000P_。) - [N(F_p - F_c) + 1000E(p)]$$

利润＝（支付罚款总额—购买1000件违法行为所支付的价格）— [总惩罚成本（支付的罚款与收得的罚款之差）＋总执法成本]

执法者必须决定花多大的力气去逮捕违法者，这以p来衡量，即逮捕到违法者的概率。这个决定会影响缴付的罚款，而执法者会以最具经济效率的方式收取这些罚款。在第二个公式中，第一个括号内的式子与p无关，所以他要选一个p值使下式的数值达到最小，才能让利润达到最大：

$$N(F_p - F_c) + 1000E(p)$$

$F_p - F_c$ 是一件违法行为的惩罚成本，因此 $N(F_p - F_c)$ 是总惩罚成本，$1000E(p)$ 则是总执法成本。所以执法者选择p值以使惩罚成本和执法成本的和达到最小，也就是说，选择能得到最低成本的概率和惩罚组合。所以法院要做的事，只是设定具有经济效率的预期惩罚值（即缴付的罚款乘以惩罚的概率），而执法机构在追求利润极大化的过程中，会以概率和惩罚的最适组合来产生那个值。

19　习惯法具有经济效率吗？

习惯法是将责任分摊到参与互动的人身上，追求最高的共同价值，用另一种方式来说，是将活动的共同成本降到最低。

——波斯纳，《法律的经济分析》1973年版，第98页

约三十年前，当时担任法学教授的波斯纳曾提出一种简单的看法：把习惯法视为使经济效率达到最高的一套法规。此后他和其他人提出许多论点，说明为什么这是正确的，但我觉得都不是很有说服力。不过波斯纳也提供了大量的经验证据。在一项延续数十年、吸引法学界和经济学界投入大量心力的研究计划中，他和共同研究者遍览习惯法，试图确定哪种法规在案例中会具有经济效率，它们又对应于哪些实际存在的法规。

前面几章已提过这项研究计划的一些结果——当然了，我侧重于我感兴趣和有贡献的部分。在本章，我会先谈为什么我们可以期望习惯法具有经济效率，然后简短介绍一些证据。

经济效率先验说

法院一向要求找到一个相对客观和公平的标准，所以法官在寻找这种标准时，不太可能不考虑损失是否来自浪费、不经济的资源运用。在资源稀缺的环境中，这是不可逃避的急迫问题。而在大部分案例中，法官至少可以用直觉和常识得到很接近的答案。

——波斯纳，《法律的经济分析》1973年版，第99页

以上这段文字对于我们为什么可以期望法官制定具有经济效率的法律，提出了一半的解释：经济效率是人们普遍追求的目标，即使法官缺乏经济理论的专业训练，也多少能够判断什么样的法律具有经济效率。至于另一半的解释是说，人们普遍追求的其他目标并不需要法官去达成。

收入再分配即是一种人们普遍会有的目标，但很难透过一般性的法规去达成，理由已在第1章讨论过。如果法院在解释合同时，一直偏袒某一类诉讼当事人，例如与房东发生争议的租客，或者与雇主发生争议的劳工，那么双方交易的其他因素就会随之调整；租金会升高或工资会下降，以应对相关条件的改变。迫使合约双方采用较无效率的条款，而不是采用双方协商同意使用的条款，其最终结果不大可能使受偏袒一方受益，反而可能导致两败俱伤的局面。所以法官（即使是讲究平等的法官）把心力集中在使社会大饼极大化的目标上，并把如何切割大饼的争议留给议会去处理，或许才是明智之举。波斯纳把这个目标称作财富极大化，我则称之为经济

效率。

即使法官无法在群体之间重新分配收入，还是能够在讼案当事人之间做重新分配的工作，而且这些人受法官判决的影响最明显也最直接。如果在某些类别的争议中，例如房东和租客间的诉讼，有一方通常显得比另一方更值得帮助，结果导致采用与经济效率无关的法规，从而可能出现对效率的持续偏离。法律体系把制定法律的上诉法院与讼案当事人分离开来，可以减轻这个问题，但没办法完全消除。

波斯纳的论点有一个更严重的问题。他假设法官对经济学有充分的认识，晓得自己不能利用一般性规则去偏袒某些群体。任何经济学教授都能出面作证，说他的大部分学生和朋友都相信"偏袒租客"的法规使租客受益，"偏袒劳工"的法规使劳工受益，"偏袒商业"的法规使资本家和企业高管受益。所以，为什么我们应该期望法官懂得更多？20世纪有相当多的法律（包括附合合同和不平等谈判力量等没有经济说服力的观念），似乎都有不懂经济学的特征。波斯纳本人在《法律的经济分析》中就曾批评M女婴案的判决（主张执行代理孕母合约有违美国新泽西州的公共政策）："法院列举了支持这个结论的许多理由，反而暴露其缺乏经济素养，也证明了我写这本书的必要。"

进一步的问题是，法官可能关心经济效率或收入再分配以外的价值观。这些价值观以模棱两可但感情强烈的"正义"（justice）或"公平"（fairness）等名词而呈现。有人可能会说，这些价值观本身可被视为反映了社会对经济效率的关切。我在第17章说过，关系紧密的群体所制定的私部门规章往往符合经济效率，而这些私部门规章可能是我们对正义和公平的直觉的一个来源。

即使法官非常懂经济学，晓得他们应该制定符合经济效率的法律，却不表示他们真懂得怎么去做。判断哪些法律具有经济效率是相当困难的问题。波斯纳本人是当代最聪明和最有经济头脑的法官之一，可是在他的学术著作中，还是经常以不正确的经济学论点提出错误的结论，所以我们很难希望其他法官做得比他好。

经济学家一向期望企业的行为具有经济效率，但我们没有理由期望企业高管比法官还聪明。不过两者有个重要的不同点。做出错误决策的企业高管会损失金钱。市场会提供反馈、正向或反向的强化作用，来引导企业做出具有经济效率的行为。但我们找不到相当机制能促使法官追求经济效率。法官做出的坏判决如果产生灾难性的影响，可能在十年后使国民收入减少0.1%。一个人就能制造这么庞大的损害，数十亿美元就此付诸东流，但做出坏判决的法官不可能由此得到反馈并调整其作为。 Ⓑ

法律应该具有经济效率的另一种说法，是着眼于诉讼当事人的诱因，不是法官的诱因。不具经济效率的法律会使当事人承受净损失，因此他有诱因不断尝试订立合同或打官司以规避损失。滴水终能穿石；在累积一定的法律案例后，法院终将得到正确的答案。 Ⓑ

但这个论点无法解释那些具有广泛影响力的法律的效率问题，因为没有一个受影响者拥有必要的诱因去兴讼以求改变。即使法律的影响范围很集中，也没有理由期望不同法律所产生的收益和成本也一样集中。如果特定的法律更动为组织良好的小群体创造了收益（这个群体的组织相当良好，有资金可不断打官司以建立必要的判例），而且成本能被广泛地分摊，那么从这个论点可以推断，即使法律更动缺乏经济效率，我们仍可期望促使法律更动。过去一个世纪喜欢挖苦法律更动的观察家，可能指出那种事的确发生过。这个集中度高的利益团体包含律师；在他们积极努力下所设计出的法律，目的是使人们对他们服务的需求达到最高。

说穿了，波斯纳和其支持者所建立的不过是一种可能性——法官做出的判决往往能产生具有经济效率的法律。19世纪的文化重视经济效率，当时的法官更有可能如此。然而，对其论点的严格辩护不是先验说，而应该是证据。

辩方的说辞：具有经济效率的法律

我在第5章介绍过财产法则和补偿法则的差异，也就是"偷我车者坐牢"与"撞我车者会被起诉"间的差异。依财产法则，法律权利是透过自愿性交易而分配到价值最高的用途上。如果使用你车子的权利对我的价值高于对你的价值，我会买下你的车子。依补偿法则，是由法院裁决侵占者赔偿受害者之后分配法律权利。

我们已经知道，当私人交易成本很低且透过诉讼来分配的成本高昂、效果不准确时，财产法则具有经济效率；若情况相反，则补偿法则具有经济效率。大致说来，这与我们观察到的实际法律吻合。虽然有一些例外（例如我不能卖肾给你），但应该经由财产法则分配且交易的事物，确实是如此进行的；不能以合理成本这么做的事物（例如你有不被我意外撞上你车的权利），则改以补偿法则处理。

以上所述给了波斯纳的立论一些证据，但不是很多。问题在于这么说太过于简单。假设在另一种体系中，我想用车时随时都可以偷你的车，你唯一的反制之道是告我造成损害，但我要开车上路，必须先向路上其他每位驾驶人买到许可。这种体系不只不合经济效率，也根本行不通。经济分析帮助我们了解为何这种体系行不通，但我们不需要假设法律具有经济效率才能预测不会出现那种体系。我们只需要某种机制以消除立即产生灾难性后果的法律。

和财产有关的基础法律——尤其是，如果我拥有一项权利，在大多数情况下我可以将所有权转让给他人的事实——也几乎是我们在符合经济效率的法律体系下所期望的。第2章曾谈过，所有权移转提供了一种简单的机制，能把财物移向评价最高的人。而且法律体系纵有例外，至少其中一些可以解释成是为了避免对第三人产生影响。例如我们不能未经法律许可，就把对子女的父母权移转给别人，或者公然出售我的选票。

不动产法律的一般模式，即土地产权相关权利的组合方式，也似乎至少与经济效率大致吻合。有权在土地上种植作物的人，也拥有决定谁能走过土地的权利。这么做有道理，因为两种权利合在一起的价值远高于分开来的价值。但地主没有权利决定飞行器能不能飞过土地上空1英里处，或者广播电台的电磁波能不能穿越他的土地。基于经济效率的理由，这么做也是有道理的。第11章详述的知识产权法，尤其是专利和著作权的差异，看起来也是符合经济效率的法律体系。

侵权法的一般模式大抵上也符合经济效率。要求侵权者使受害者恢复到侵权发生前的状态，在外部性问题上给了我们庇古式的解决方法——对应该负责者处以等于外部成本的损害赔偿。至少只要诉讼成本和某些侵权者可能不受惩罚的风险可被忽略，这种解决方法便有效。过失责任原则对科斯的双重成因提出了解决方法：侵权者会采取最适预防措施以免过失伤人；受害者晓得侵权者不必负过失责任，于是采取最适预防措施，因为他本人必须负担侵权所产生的成本。允许与有过失抗辩的严格责任也能达成相同目标：潜在受害者会采取预防措施，以免承担与有过失，所以侵权者晓得他将要负责任，也愿意采取最适预防措施。这两种原则在习惯法中都观察得到。

过失责任原则在法院不易监视的预防措施上产生了不合经济效率的诱因，如活动水平：我开车外出，结果撞上你的车（非过失），那么这次出门是否不合经济效率？习惯法处理这个问题时是采取严格责任原则，即在异常危险的活动上，对侵权者而非受害者提供正确活动水平的诱因。对于这些异常危险的活动，如果降低其活动水平，很可能减轻问题且符合经济效率。至于正常且为使用土地所必要的活动，因不可能被吓阻，所以一些法院以过失责任原则取代严格责任原则。如果严格责任原则产生了额外的诉讼成本，却几无或毫无吓阻作用，我们最好采用过失责任原则，如德州最高法院在特纳告大湖石油案的判决。

侵权法和刑法的一些差异也有经济效率上的意义，如第18章所述。侵权行为通常以金钱赔偿来惩罚，刑事犯罪行为则以徒刑或死刑加以惩罚。前者是比较有经济效率的惩罚，因此判决错误的成本较低，这也说明了为何侵权法的举证标准较低。

法律体系中其他许多法规似乎也符合经济效率。一个例子是紧急避险原则，如波斯纳举的迷路猎人。根据这一原则，饥饿的猎人能成功避免为闯入无人小屋和使用电话求救的行为承担刑事责任。

他的违法行为符合经济效率，所以法律不会吓阻。此外，由于他没有试图掩盖其罪行的行为，他当然就会被发现，从而使得侵犯的损害赔偿足以吓阻他在不饿时闯入房子的行为。另一个例子是可预知性原则。在相片冲洗店遗失摄影师的喜马拉雅山底片一案中，摄影师得承担大部分的成本，因为他晓得底片具有特殊价值，由他采取预防措施比由冲洗店采取预防措施的成本低。第三个例子是在救援沉船的案例中，海事法并不采用契约自由无限制的原则，因而避免船长在海水高过足踝时还在谈判。

控方的说辞：无经济效率的法律

如果从一般模式进一步触及法律细节，波斯纳的立论就变得很没有说服力。所有者出售器官的非法行为是其中一例。器官移植市场如果完全自由可能会带来问题，因为杀人后取出器官将成有利可图的事，对潜在受害者产生严重的负外部性。但设立市场让个人自由交换死后对身体器官的使用权，则没有这个问题。一个较普通的例子是，现行法律不支持在产品责任和相关议题上给予契约自由——而我在第14章已经论证过在这些方面给予契约自由具有经济效率。

波斯纳为现行的产品责任法辩护。他表示在复杂的现代社会中，消费者评估自由契约所创造出的各种免责声明和保证书，成本将高得吓人。如果一般性法律规则（general rules）优于具体个例的具体决策（case-by-case decisions），理性的消费者会采用一般性法律。然而，如果是这样，产品责任就不必像现在那样订立强制性条款，而是可以由法院要求凡是偏离法院预设条款的合约必须标示清楚（在合同第一页上用红色的粗体打印）。如果消费者同意波斯纳的看法，相信法院比自己更有能力制定产品合约条款，那么消费者在凡是第一页有红色字的合约就都不会签；消费者如果相信法院经常做错事，则可以采用不同的做法。如果波斯纳的看法正确且消费者具有理性，结果会和没有契约自由一样；如果波斯纳的看法错误，理性的消费者可以且将会订立合约，以规避不合经济效率的预设条款。波斯纳的论点不只假设消费者不懂最适合约的细节，还必须假设他们不晓得自己是无知的，因此选择放弃法院提供的优越的赔偿责任机制。

现代法院不愿执行放弃产品责任求偿权或医疗过失求偿权的协议，可以说明过去八十年来慢慢舍弃契约自由的趋势。另一个例子是法院不愿认可大量的格式合同，即所谓的附合合同。第三个例子是法院不愿执行惩罚性条款，即法院认为违约金过高的协议。我在第12章指出，合约中的惩罚性条款只是私人磋商的财产法则。它适用的情况和其他的财产法则相同：把资源移动到价值最高的用途上时，透过私人交易（一方向另一方买得毁约的许可）所花的成本低于透过诉讼所花的。

习惯法有其他许多不合经济效率的特色。其中最显著的或许当属习惯法在计算不当致死的损害时，不考虑生命对受害者的价值。另一个例子是习惯法不允许侵权求偿权（包括未来侵权的求偿权）具有市场性（即可以出售）。第9章说明了这么做有助于解决与丧失生命侵权损害赔偿有关的问题，第17章说明了如何用它来解决受害者太穷而无力起诉的问题，第18章说明了它可能优于集体诉讼。

我曾表示知识产权法符合经济效率。但波斯纳的立论谈的是习惯法，不是议会制定的法律——而且专利和著作权是联邦法律的产物。当然，法条必须透过法官解释，因此在运用到诉讼当事人身上时，即使是成文法也带有大量的习惯法成分。但如果我们从这个角度看知识产权法，它是否有经济效率就不是那么明显。

以机器代码写成的计算机程序是否拥有著作权？在早年的案例中有些法院认为没有。他们提出振振有词的理由：不是供人阅读的东西不算著作。后来国会修改了著作权法，把源代码和目标代码形式的软件都包括在内。知识产权法的这个特色符合经济效率，也因此可见成文法符合经济效率。

至于其他方面的证据，可以看看专利持续期间的问题。专利保护最适当的期限取决于创造和营销发明的技术。创新的速度愈快，你今天的发明被我在明天发明出来的可能性就愈高，因此保护期限如果很长，你的发明获得过度奖励的可能性就会愈高。过去一个世纪，创造和营销发明的技术的变化很大。而这段时间内，美国专利法提供的保护期限介于14到21年之间。

模糊的法律和更模糊的经济学

到目前为止，我在评估习惯法具有经济效率的立论时，采用的方法是列出法律的特色是否符合它的预测，是否具有经济效率。而正如你所看到的，两种情况都有很多。测试这个立论时，一个更严重的问题是我们往往不知道具有经济效率的法律是什么。在许多情况中，聪明的理论家能够提出合理的经济论点来选择有利的法律原则，例如采取过失责任原则或严格责任原则、接受或驳回自找妨害的抗辩、在计算侵权损害赔偿时是否考虑概率乘数。

第18章讨论的问题就是一个例子——刑事犯罪和侵权的区分。刑法的存在可以说是为了处理被告无偿付能力（judgement-proof）的问题。但对这种辩护的回应有：可以让被告没那么无偿付能力，提出私部门起诉和公部门资助相结合的奖励制度，或者指出吓阻收益可以变成私人产品，或说明无偿付能力的罪犯也值得吓阻。

兰德斯和波斯纳为现行法律辩护提供了一种比较复杂的说法：为了创造完全有经济效率的私部门刑法系统，必须使用一个控制变量来让两种结果达到最适状态，但在数学上是不可能做到的。除非运气好，否则没有理由期望同样的罚款会同时产生最适惩罚概率（通过把收取罚金的机会让给执行人这个激励）和最适惩罚数量。我的解决方法是建立私部门执法制度，其中执法公司的利润最大化行为会在任何预期惩罚水平下创造出最适的概率与惩罚组合。但如果逮捕和定罪违法者的成本高于他能缴付的罚款，这个解决方法会有问题：受害者必须付款给起诉公司才能起诉违法行为。不过，如果吓阻收益能够成为私人产品，例如18世纪英国的起诉组织系统，刚才的问题又可获得解决，除非是侵犯陌生受害者的问题，因为这种情况吓阻收益无法成为私人产品。

我刚刚进行了7个回合的辩论——关于是否应该废除刑法（这个我们法律体系中的主要特色），比你在其他人的"法与经济学"课上的讨论还要多四五个回合。每一步结论都反转了。我想借此证明，从预设某一规则有效率推出其实际上有效率（预设论点的论证方式）是有多危险。

但分析尚未结束。我省略掉对兰德斯和波斯纳的论点的第二项批评。想以一个控制变量取得两个结果变量的最适值，这不仅在面对刑事犯罪行为时是不可行的，在面对侵权行为时也同样无法成功。正如私部门刑法系统中的罚款既是犯罪行为的反诱因、也是对起诉者的诱因一样，民法系统中的损害赔偿既是对侵权行为的惩罚、也是对胜诉一方的奖励。我们没有理由期望针对两种目的的诱因会有相同的最适值。兰德斯和波斯纳解释了为什么私部门起诉刑事犯罪行为是个错误，但同时也说明了为什么私部门起诉侵权行为也是个错误，因此削弱了他们所提出的现行法律制度具有经济效率的论点。

这个问题不只暧昧不明，也有选择性偏差（selection bias）。假设你是法律学者，并且相信波斯纳的立论。你观察到习惯法接受自找妨害的抗辩：正在开发的土地控告隔壁的养猪场臭气熏天，养猪场可以辩称"我比他先到"。稍微思考这个问题之后，你提出了解释。这个问题不是由养猪场引起的，而是由紧邻养猪场的房屋开发计划引起的。而尚未盖成的房子比较容易搬迁，所以不管谁先谁后，后到者必能以较低的成本来避免问题。

但假使你在数十年后碰到相同的问题，却发现法院愈来愈不愿接受被害人自找妨害的抗辩。你想到：建设公司可以迁移开发地点，地主却没办法迁移土地。如果都市扩张后，在市郊兴建房屋成了养猪场周边土地价值最高的用途，则被害人自找妨害的法律会让猪农对周边地主构成很高的外部成本。所以我们可以驳回这种辩词，强迫猪农考虑这些外部成本——并且搬离。

这个例子显示（其他许多例子也如此），学者如果想找习惯法具有经济效率的证据，几乎都能找到——在他找出适用的法律之后，去思考什么事情具有经济效率。听起来合理的论据多的是，只要下功夫去找，至少能找到一个论据证明现行的法律符合经济效率。有时仔细检视之后，本来看似合理的论点却是错的。有时则非如此。还有的时候，我们观察了多如牛毛的法律条文，却没有仔细检视相关的论点。

我的结论是，波斯纳的立论尚未盖棺论定。习惯法的一些特色符合我们对具有经济效率的法律体系的期望，有些特色却不然。在许多情况中，我们甚至根本没有信心，不知道什么叫作符合经济效率的法律。

如果对这一结论稍加修改，辩护可能会更有力。改为习惯法在过去是有经济效率的，或许是因为承袭了有经济效率的私部门规章系统，或承袭了中世纪英国法院系统创造出来的具有经济效率的法律，但在过去一个世纪，却慢慢偏离了经济效率。这可以解释为什么法律体系渐渐失去契约自由的精神。当然，侵权法有些地方是一直没有契约自由的，如拒绝将受害人损失的生命价值赔偿给受害人或不让侵权求偿权具有市场性。

为波斯纳辩护

因此经济分析师不只可以轻易优游于习惯法各领域之内，也可优游于习惯法各领域之间。几乎任何侵权问题都可以当作合约问题来解决；如果交易成本不是极高，可以问当事人，他们会事先同意做什么预防措施……

同样地，几乎所有合约问题都可视为侵权问题来解决，方法是去问需要什么样的法令才能防止行为方或支付方从事浪费社会资源的行为，如利用谈判时先行方的易受侵害性。而侵权和合约问题又可视为财产权界定的问题……如果交易成本不是极高，财产权的界定可视为双方同意哪些措施的探讨过程。

——波斯纳，《法律的经济分析》1973年版，第252—253页

不管波斯纳对习惯法现状的解释是否正确，他还做了其他同等重要的事情。他（以及其他许多人）在试图证明法律具有经济效率时，未必证明了现行法律本质上的一贯性（the essential unity），但证明了现行法律所要解决的问题在本质上的一贯性。我们不知道法律是否具有经济效率，但我们确实知道："什么是具有经济效率的法律"这个问题把法律研究从众说纷纭的局面转变成单一的问题，其中相同的论证——道德风险、拒绝合作、公共产品问题、逆向选择、事前与事后的规则等——有助于了解庞杂的法律议题。而波斯纳的立论不管正确与否，显然在这个转变过程中十分有用。

延伸阅读：

波斯纳法官在法律的经济分析领域的最佳著作《法律的经济分析》（*Economic Analysis of Law*）。

他对于产品责任法中缺乏契约自由的辩护可在他和兰德斯（W. Landes）的著作《侵权法的经济结构》（*The Economic Structure of Tort Law*）中找到。

更多关于波斯纳学术工作的评论，包括经济学和非经济学方面的，见D. Friedman，"Richard Posner"，*The New Palgrave Dictionary of Law and Economics* (New York，Stockton Press，1988)。

后　记

　　这个世界的空间和资源有限，人们的信仰和目标各不相同。从这个简单的事实可以看出，人与人之间难免发生冲突。我想猎捕跑过农地的一头鹿，但你正在这块农地上种植小麦。你想在河里游泳，但我正要在这里捕鱼。

　　简单和明显的解决方法是直接诉诸蛮力。你在麦田周围筑起树篱，逼我到别的地方猎鹿。我用树枝打你的头，赶你到别的地方游泳。

　　要解决问题，这不是令人满意的方法：这得花时间和力气，弄得满身是伤，而且经常无法达到目的。对于资源有限和目标不同的问题来说，直接使用暴力是很拙劣的解决方法，除了小孩和大国，很少人使用这种方法。

　　比较复杂一点的方法是以威胁代替暴力，运作起来会好得多，历史上很多社会都这么做。比方说，你和我设法划分资源的所有权。我晓得农田是你的，如果我任意践踏，你会做出我不喜欢的事情，例如打我的头，或者在我家的游泳池游泳。你晓得那个游泳池是我的，如果你擅自在里面游泳，我会做出你不喜欢的事，例如打你的头，或者去践踏你的农田。

　　如果世界上只有两个人，为了一劳永逸，我很想趁你睡着的时候，悄悄走近你身边，往你头上重重一击。在人数众多的社会中，我就没办法随便这么做，因为我晓得如果杀了你，你的亲朋好

　　　　　　　　　　　　　　经济学与法律的对话

友会来杀我以求报复。结果将出现冤冤相报的社会。在那样的社会里，法律规则是由私人来执行的，他们会向侵权者发出私人报复的威胁。

我们可以荷马史诗时代的希腊为例。国王阿伽门农打赢特洛伊战争回家后不久，便为其妻和情夫所杀。没有人去找警察逮捕杀人犯，因为没有警察可找。谋杀案（包括谋杀国王）属于私事，留待亲族来报仇。

阿伽门农的儿子是俄瑞斯忒斯，而他面对的杀父凶手之一正是他的母亲。大约两千年后，类似的冲突构成了《吉斯利冒险》(Gislisaga)的大部分情节。吉斯利（Gisli）对索格里姆（Thorgrim）展开报复，因为索格里姆是杀害他的拜把兄弟（也是他姊妹的夫婿）维斯坦（Vestein）的凶手之一。但吉斯利放过另一个凶手——索凯尔（Thorkell），因为索凯尔是他的兄弟。另一方面，俄瑞斯忒斯虽然进退维谷，还是选择了弑母，并为埃斯库罗斯（Aeschylus）和欧里庇得斯（Euripides）等希腊作家提供了悲剧素材。

在历史上的各种社会中，报复的制度运作得还算可以。在某种程度上，目前还是如此。沙斯塔郡由私部门执行的规章，本质上是一种有仇必报的制度，但报复范围跟荷马史诗时代的希腊或萨迦时期的冰岛相比则小得多。其他许多人与人之间的互动方式，也可以看成是由私部门执行的私部门法律系统，一方会威胁做出另一方不喜欢的事情。

我们可以想象一个现代社会就奠基于比较复杂和正式的这类制度，其中法律和法律的执行都已分权化（去中心化）。我在三十年前写的第一本书，花了约三分之一的篇幅来描述这种社会可能会如何运作。在这种社会中，私人公司为其顾客执行权利，并且彼此磋商，建立私部门法院来解决争议。但我们生活的社会不是这样。因此尽管谈到了冰岛和沙斯塔郡，本书仍努力寻找以不同的方法解决人际冲突的问题。

直接诉诸私人力量显然是一种分权式的解决方法。独裁则是明显集权式的解决方法。某人自命为统治者，然后发号施令：某人不准践踏小麦，某人不准把鱼吓走。如果某人做出不许去做的事，独裁者或其手下会将他痛打一顿。

这种解决方法也存在于现代世界的各种情境中。由严父当家做主的家庭如此，公司如此，政府也如此。虽然对小群体和简单的问题来说，它能够运作得相当好，但对各种做复杂事情的大群体而言，却运作得很差，而且往往造成灾难性的后果。

运作得不好有两个原因。第一个原因是个人自私自利，而独裁式的解决方法需要某种机制，强迫他们去做独裁者想做而不是他们自己想做的事。第二个原因是信息分散，对于自身的能力、处境和愿望，每个人都拥有一定程度的了解。独裁式的方法要运作良好，为被统治者产生良好的结果，这些信息就必须设法层层上传到独裁者那里，让独裁者深思熟虑，决定所有的人应该怎么做，然后以命令的形式传回。实际上，大部分信息都遗失在这个过程中——这是由中央控制的庞大组织通常运作得很差的原因之一。

对大型社会来说，我们发现最好的解决方法是分权（去中心化），将其建立在私有财产和交易的制度上。每个人都拥有某些资源，土地和财物多由特定的个人拥有。如果我需要你的服务或使用你的财产，我提出你愿意接受的方案；如果取得我所需的事物对我

　　　　　　　　　　　　　　经济学与法律的对话

的价值高于对你的成本，我必然愿意提出这类方案。

这种解决方法听起来很简单，执行上却会遭遇各式各样的问题。而法律（界定每个人拥有的权利、处理争论或蓄意侵犯）是处理这些问题的一种方法。

财产法、合同法、侵权法和刑法

在私有财产制度中，我们需要某种方法去界定财产的界线，但这指的不只是实体空间，也包括权利空间——邻居财产的哪些用途会触犯到我的财产权，反之亦然。我们需要某种方法去决定谁拥有特定的财产，并在原本无人拥有的财产上建立财产权。我们需要一些机制来执行这些法律，并且解决与财产有关的争议。除了不动产（土地财产）以外，财产还包括其他各种财物和知识产权。

我可以把我的财产卖给你。分权式的方法之所以能够奏效，部分原因在于它允许财物及财产权透过交易而移转给评价最高的人。为了让这种机制能够广泛运作，我们需要合同，也就是规范双方义务的协议，以进行更复杂的交易。双方对合约的解释可能有歧见，所以需要一套法律去确定合同何时生效、争议如何解决。合同法就这样产生了。

为了防止我违反法律，必须有某种机制在我那么做时对我做出我不喜欢的事。这种机制也必须处理双方对违反法律有不同定义的情况。所以我们需要侵权法和刑法，明确制定相关的权利及执行机制，而且需要程序规则和法院体系来解决争议。

经济学

本书是用特殊的方法去了解法律。这个方法由经济学家和受经济学影响的法律学者所提出。它围绕一个简单的中心问题：什么样的法律和制度能把饼做到最大，尽可能让每个人达到他的目标？什么样的法律具有经济效率？

这个问题的产生至少有三个理由。第一，虽然经济效率（大致而言，是指让人们拥有最大的幸福）不是人类关心的唯一事情，却对大多数人很重要。不管是基于自私的理由（饼做得愈大，我可望获得的也愈大）或利他的理由，这种说法都是正确的。由于经济效率的目标对每个人几乎都很重要，我们必须探讨哪种法律最能达到这个目标。

第二个理由是，有证据显示，法律体系有相当大的部分可被视为用来创造符合经济效率结果的工具。若真如此，经济分析或许能够正确说明法律（至少大部分法律）为何有目前的样貌，并且能做进一步了解。如果你晓得工具的设计目的，了解工具会简单得多。

最后一个理由是，经济学家知道如何判断哪种法律会带来更有经济效率或更无经济效率的结果。你有了铁锤之后，每一样东西看起来都像是铁钉。

如何选择符合经济效率的法律？

第一个接近经济效率的法律体系是私有财产和交易。我属于我自己，而每一样东西都属于某个人，如果你要使用我或我的东西，你必须提出我愿意接受的方案。透过交易，所有的产品和服务都流向价值最高的用途，产生符合经济效率的结果。

这段说明隐含了一个假设：真实世界可以切割成互不相关的部分，每一部分都属于某个人。或者，用不同的方式来说，我使用我财产的方式不会影响你，你使用你财产的方式也不会影响我。现实有时的确如此，但它也常替我们带来外部性的问题，空气污染便是典型的例子。如果我不承担自身行为产生的所有成本，即使净效果为负值（包括我对别人造成的成本），我还是可能会采取那种行为。在这种情况下，我的行为便不合经济效率——即使我分得的饼变大，整块饼还是变小了。

外部性问题至少有四种不同的方法能够处理。第一个可能也是最明显的方法是直接管制，由某个人决定并要求大家应该怎么做。如果管制者仁慈、无所不能、无所不知，这个方法行得通。但实际上不太可能。这等于是在社会秩序问题上采取独裁式的解决方法，也就是在分权式的解决方法中应用独裁式方法解决一些问题。

第二个方法是采用补偿法则，要求造成损害的人赔偿国家或受害者。这种方法会让每个人必须承担自身行为所造成的全部成本，所以只有在净效果为正值时才会采取行为，这个行为因此符合经济效率。补偿法则要有作用，需要某种机制能够准确衡量外部成本，并强迫应该负责的一方负担。

"应该负责的一方"（responsible party）的说法隐含一个问题：要我负担的成本不完全是我造成的。要是没有人住在下风处，我污染空气便不会造成任何损害。而我们所称的外部成本，大多是众人行为共同造成的。随意选择一个人要他负责，可能对他造成很高的成本，而如果选择其他人，成本可能低一些。所以我们应该把诱因放在产生最多利益的地方，也就是要设计法律让最有能力降低成本的人去承担成本。

第三个解决方法是利用私有财产和交易。污染空气的权利属于某个人；如果那个人是你，而污染的权利对住在下风处的我更有价值，那么我会向你买那个权利。在私人交易成本很低时，这种方法可以运作得很好，但成本非常高时便无法运作，例如南加州的空气污染案例。

最后一种解决方法十分常见，就是什么事情也不做——容许外部性产生的无效率继续存在，因为解决成本高于价值。

我们可以空气污染为例，但其分析可用在广泛的法律议题上。如果你我之间的合同遭我毁约，我便对你构成成本——即使净效果为负值，我也可能选择毁约。一个解决方法是透过司法制度，由法院裁决我的毁约是否具有经济效率；如果有，就允许我毁约，如果没有，就禁止我毁约。第二个方法是采用预期利益损失赔偿法则（rule of expectation damages）：准许我毁约，但必须赔偿你因此负担的成本。第三个方法是私人谈判：只有在我先向你买得许可时才能毁约。第四个方法是什么事情也不做，因为你我之间的合同可能没有法律效力，例如你答应参加我的晚宴却没有出席，我只能向你抱怨，却没有提出控诉的理由。以上这些方法可以在不同情境下控制外部性，例如用于保险或合同设计上的风险分配，或是应用在产品责任法和侵权法等法律上。

控制外部性不是此处分析的唯一共同主轴，虽然它可能是最重要的。在私有财产制度下，一定要有某种方法来界定所有权包含哪些权利以及权利的所有者。如果我拥有一块土地，我能禁止你在紧邻地界的土地上挖洞，害我的房子下陷吗？我能禁止你在自己的土地上设立矿场，然后挖走我土地下方的煤矿吗？我能禁止你凌晨3点在距我卧室窗口20英尺的前阳台大声播放音乐吗？如果我们住在河边，河道改变时我们的财产权会受到什么影响？如果我在邻居和我都认为是我的土地上盖房子，后来才发现房子有一部分盖在邻居的土地上，那该怎么办呢？

如何执行现有的法律则是另一组问题：如何在事后惩罚和事前惩罚之间做选择？如何给予执法者正确的诱因？逮捕、定罪和惩罚的成本为何？这些成本对最优执法有何影响？

我们从前面19章已得出一套一般性的方法，能用来设计符合经济效率的法律体系：

1. 考虑财产法则和补偿法则的成本之后，选择一个适当的组合。

2. 以一种使界定、保护和交易财产权的成本降到最低的方法来界定和组合财产权。

3. 根据具有适当举证标准和责任规则的法律，并通过公、私部门行动的结合来执行全套法律体系。

4. 在对法律做经济分析的过程中，应考虑所有人（包括执法者）的诱因、交易成本，以及信息分散和不完美的问题。只要有可能，应创造某些机制，促使人们在符合自身利益的情形下使用这些信息去创造合适的法律。

我刚刚说明了法律的经济分析的一个方向，也就是探讨哪些法律符合经济效率。而我们也可以利用它来了解目前的法律体系。

不管往哪个方向分析，有件事必须记住，那就是乌托邦并不可行。正如科斯所说，在真实世界中，所有的解决方法都不完美。我们的工作不是消除成本，而是把成本降到最低，并且找到最不差的法律体系。即使如此，我们也无法做到完美；我们知道的不够多，没办法把法律设计简化为数学计算。我们能做的，是去了解各种法律的优缺点以做进一步选择。

举例来说，侵权法中的严格责任原则对受害者给予补偿，因此没有给他诱因去采取预防意外的措施。过失责任原则可以解决这个问题，但却没有给侵权者不去采取法院无法观察或判断的预防措施的诱因。因此严格责任原则适用在受害者的预防措施不重要、侵权者那无法观察的预防措施很重要的情况下，若是情况相反，则适用过失责任原则。

产品责任中的卖方当心规则没有给消费者把风险和成本降到最低的诱因，而且会产生诉讼和相关的成本。买方当心规则消除了诉讼，让顾客有诱因降低风险，却让制造商没有诱因去控制顾客所不知的风险。因此在选择法律时，要看谁最有能力控制风险（要把诱因放在产生最多利益的地方）、诉讼的成本和正确性如何、消费者对某品牌的平均风险水平了解多少。契约自由则提供了私人机制，能在不同的规则间做选择，但前提是消费者有充分的信息，这信息不是指产品的风险，而是指产品的担保对他们的价值。

超速罚单等事前惩罚是根据执法机构能够获得的信息来提供诱因，而不是根据行为者能够获得的信息（后者通常更详细且成本更低）。车祸等侵权赔偿的事后惩罚，则给行为者使用其私人信息的诱因，但它是以低概率处以高惩罚，因此通常产生很高的惩罚成本。所以要用事前还是事后惩罚，要看执法者和行为者所拥有的信息的相对质量；这些信息包括行为者做了什么事和应该做什么事，以及事后惩罚的大小和因此产生的成本。一个结论是，即使事后惩罚小到几乎不产生风险厌恶或被告无偿付能力的问题，它也无疑优于事前惩罚，除非执法机构拥有比行为者更多的信息。另一个结论是，纯粹事前惩罚的系统几乎不具经济效率，因为可以加进一个不产生重大成本的事后惩罚而加以改善。

法律体系可能将同一个行为视为侵权行为或（和）刑事犯罪行为，也可能不属于任何一种。把一项违法行为视为侵权行为，会有被告无偿付能力的潜在问题，特别是在吓阻收益无法轻易变成私人产品的情况。在逮捕违法者并加以定罪的概率相当低的情况中，如果判决的赔偿金额没有提高以弥补偏低的定罪概率和不实指控的风险，便会产生惩罚不足的问题。把违法行为视为刑事犯罪行为可以解决被告无偿付能力的问题，却会给受害者和执法者制造出诱因问题：受害者可能缺乏报告犯罪且协助起诉的适当诱因。也就是说，它会有集权式生产常遇见的问题。而在吓阻收益可以成为私人产品的情况中，私部门执法体系会有将罪犯绳之以法的内在诱因。

反托拉斯法可能降低企业试图通过限价协议或合并以获取垄断利润而产生的寻租成本，并能减少当这些努力成功时没有效率的垄断高价所带来的无谓损失。但反托拉斯法也提高了阻碍企业进行生产性的交易（如为降低生产成本的合并）及生产性合同条款（统一零售价）的风险。这些行为能够提高企业的生产价值，而不仅仅是提高产品的售价。最糟的情况是，反托拉斯可能被用来阻碍竞争并促进垄断。

知也有涯

从这些例子可以看出，我们懂得并不够多，没有能力提出精确的方法来看出哪些法律符合经济效率。大部分时候，我们只能期望更了解问题背后的逻辑，以便合理判断什么是好的解决方法。这个过程正是我在第5章分析铁路公司、农民和火花之间的法律问题时所经历的。

我在本书提供的不是答案，而是寻找答案的方法。这倒不是因为我对法律的应有形貌没有自己的主见，而是因为在大部分情况中，我不认为我有够强烈的论证，能让理解这些论证的人一定同意我的见解。我会有这种想法，是因为其他的一些经济学家（包括我十分敬重的），他们明白我的论证，却往往得出不同的结论。

举例来说，我对反托拉斯法的看法是：除了法院拒绝执行的贸易限制的合同，如果没有反托拉斯法，我们会过得更好。但我希望读者接受的不见得是这个结论，而是引导我得出结论的分析。不过，相同的分析可能引导别人得出不同的结论。此外，我对美国法律体系的看法是：如果美国大幅转向冰岛在10世纪的体系，即重新界定刑法与侵权法的界线，而更加依赖私部门执法系统，并对相关法律做适当调整，法律体系将更有经济效率。但我同样希望读者接受的不是以上的结论，而是希望读者了解私部门与公部门执法系统的差异及合适法律制度的选择过程，这有助于我们思考问题。至于契约自由、器官市场和亲权等其他议题，我也持同样的想法。

经济学既不是一组问题，也不是一套答案。它是了解行为的一种方法。经济分析的结果不只取决于经济理论，也取决于现实。我对真实世界懂得很多——你和其他头脑清醒的人也一样——但不懂的东西更多。当我探讨法律的逻辑时，因为个人能力和时间都很有限，我往往必须忽视可能十分重要的复杂情况。

因此，最后我要列出我忽略的一些重要部分。我忽略了：

1. 一套适当的交易成本理论，但部分的理论可以在第5章和其他章节中找到。

2. 一套适当的公务员（如警察和法官）诱因理论。我的分析主要是依赖非常薄弱的假设，即公务员一定有某种诱因去做他们正在做的事，否则不会去做，同时也假设他们的愿望和其他人一样。

3. 一套适当的创造狭义法律（成文法和习惯法）机制的理论。我在第17章曾简单描述私部门规章的创造机制，在其他章节也曾针对法律和执法是私人产品的系统，分析其中法律的创造机制。

除了这些显著的忽略，我的理论分析也忽视了许多真实世界的复杂性。比方说，我隐含假设所有的违法者被逮捕的概率相同，而这显然不正确。在分析具有效率的惩罚时，我们可以且应该剔除这个假设来重新进行。

此外，我没有认真分析公部门执法系统和凭借声誉和私人规范的私部门执法系统之间的互动。只是对污名如何对一个被定罪的人施加成本进行简短讨论，这些成本是其他社会个体在考虑了其定罪信息后所产生的。

信息成本有时在分析中具有关键地位，而我大致上是采用最简单的经济学理性假设，也就是个人会采取正确的行动，而非假设个人在搜集昂贵的信息后会做出正确的选择，然后根据不完美但认为值得搜集的信息采取行动。比方说，我明里或暗里假设每个人都知道哪些法律会影响他的行为，而这肯定是不对的。

我还可以继续说下去，但我宁愿让读者自己去发现我所忽略的东西——如果读者野心够大，不妨尝试修补其中的错误。